Caroline Ross

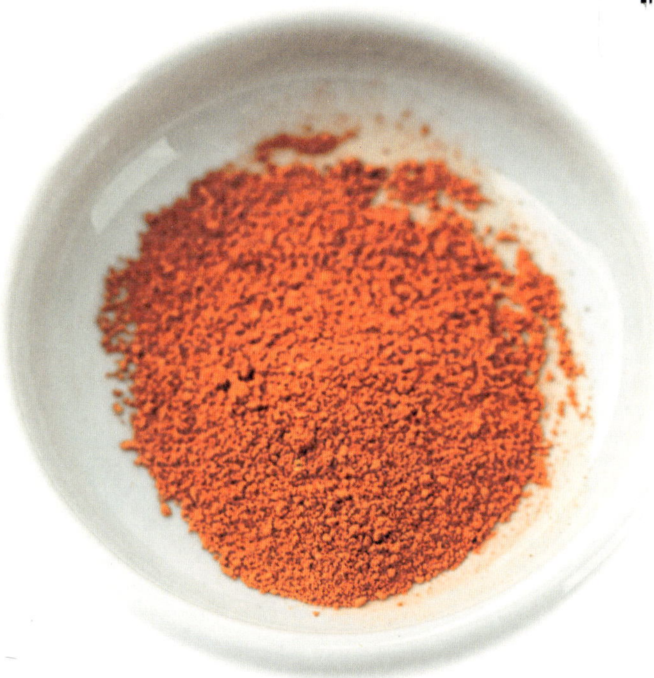

WILDE FARBEN

Haupt
GESTALTEN

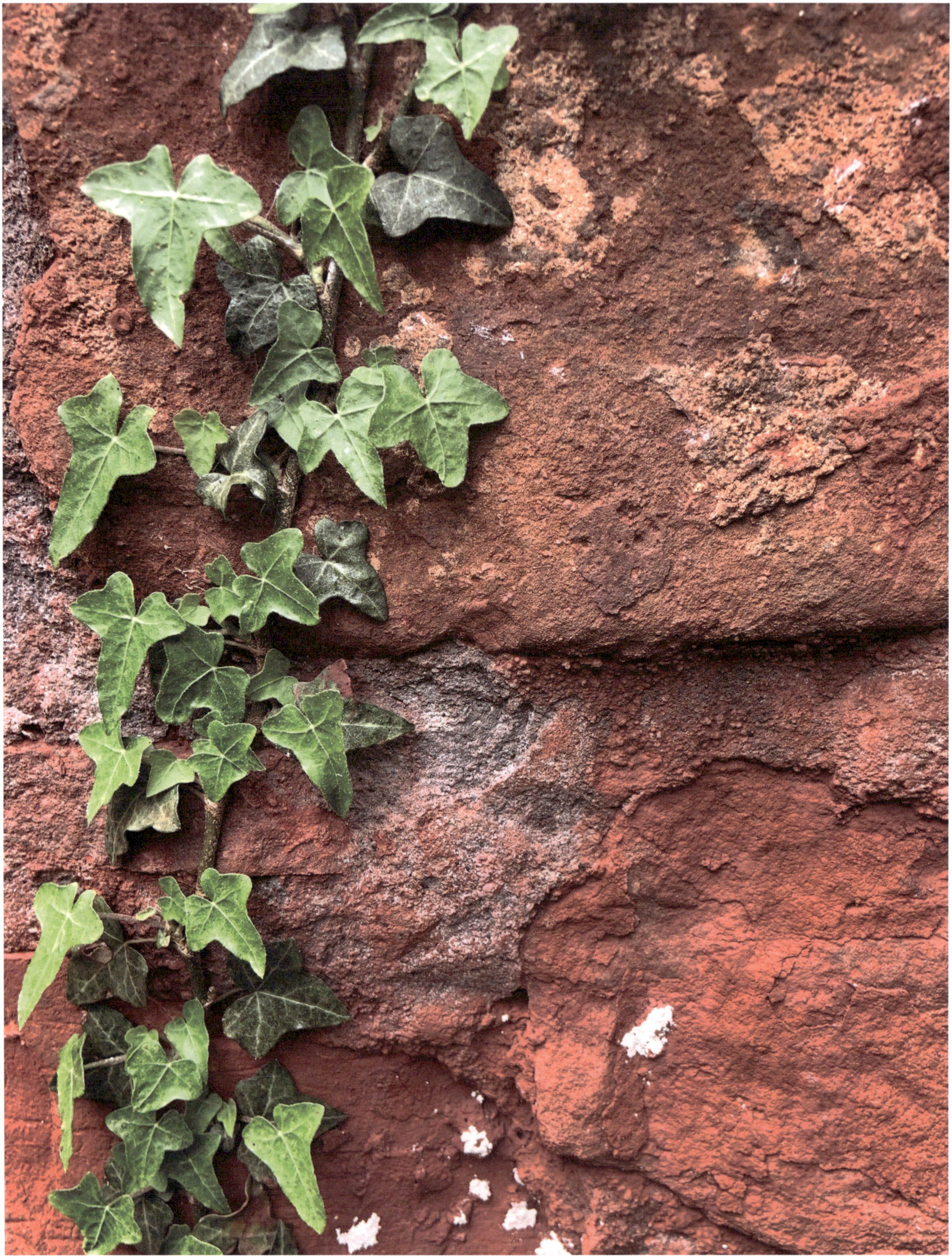

Caroline Ross

WILDE FARBEN

Malfarben aus Naturmaterialien herstellen

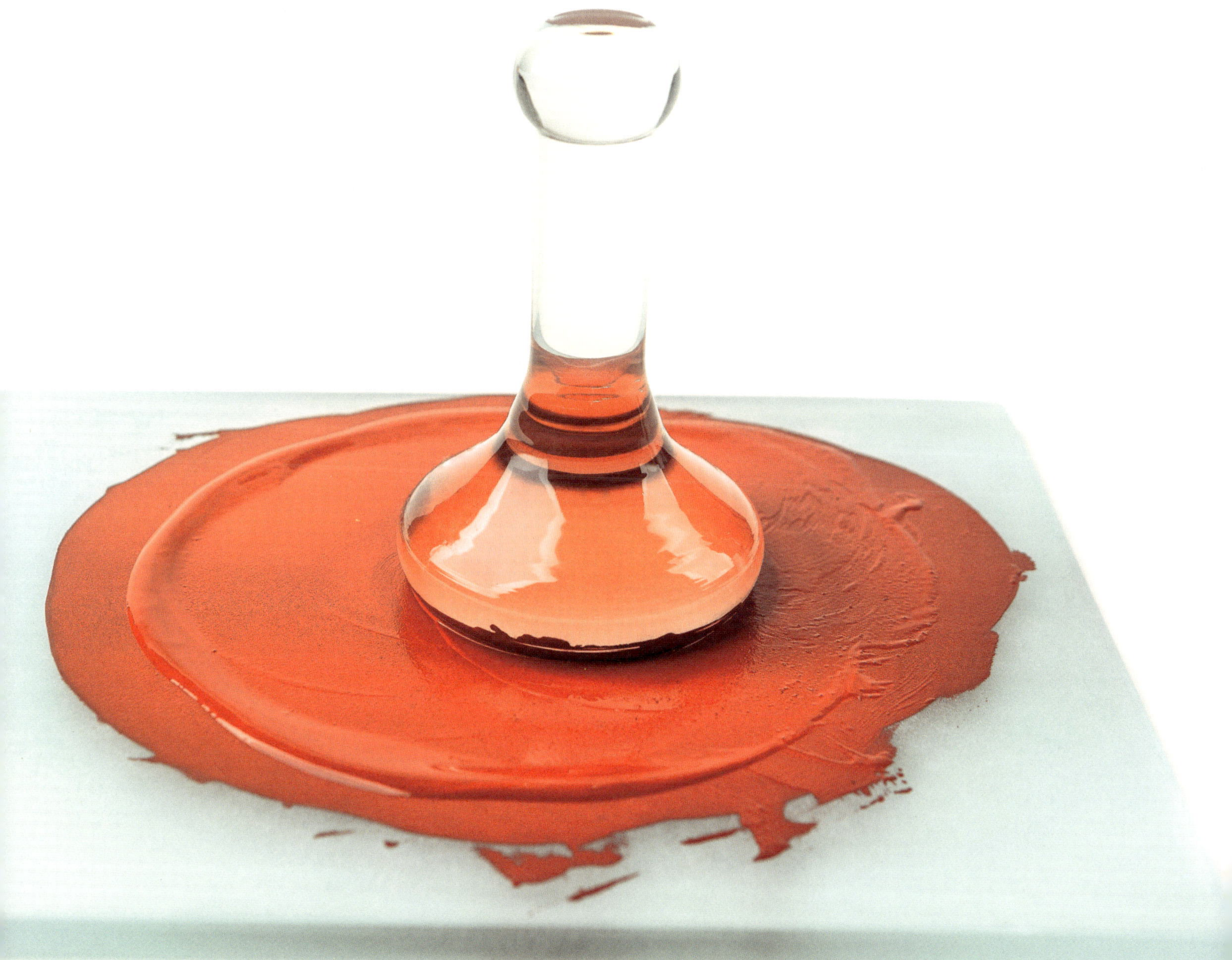

HAUPT VERLAG

DANKSAGUNG

mit Dank an Tilke Elkins vom *Wild Pigment Project* für seine inspirierenden *Guidelines for Reciprocal Foraging* (Richtlinien für das Sammeln in der Natur zum gegenseitigen Vorteil)

WIDMUNG

für Mark Penson

---

1. Auflage: 2024

ISBN 978-3-258-60281-3

Aus dem Englischen übersetzt von Anne Taubert, DE-Berlin
Lektorat der deutschsprachigen Ausgabe: Melanie Schölzke, DE-Stuttgart
Satz der deutschsprachigen Ausgabe: Die Werkstatt Medien-Produktion GmbH, DE-Göttingen
Gestaltung des Umschlags der deutschsprachigen Ausgabe: Tanja Frey, Haupt Verlag, CH-Bern

Die englischsprachige Originalausgabe erschien 2023 unter dem Titel *FOUND AND GROUND – A practical guide to making your own foraged paints* bei Search Press Limited, UK

Gedruckt in China

MIX
Papier aus verantwortungsvollen Quellen
FSC® C012521

Um lange Transportwege zu vermeiden, hätten wir dieses Buch gerne in Europa gedruckt. Bei Lizenzausgaben wie diesem Buch entscheidet jedoch der Originalverlag über den Druckort. Der Haupt Verlag kompensiert mit einem freiwilligen Beitrag zum Klimaschutz die durch den Transport verursachten CO_2-Emissionen. Dabei unterstützt der Verlag ein Projekt zur nachhaltigen Forstbewirtschaftung in der Zentralschweiz. Wir verwenden FSC®-zertifiziertes Papier. FSC® sichert die Nutzung der Wälder gemäß sozialen, ökonomischen und ökologischen Kriterien.

Diese Publikation ist in der Deutschen Nationalbibliografie verzeichnet. Mehr Informationen dazu finden Sie unter http://dnb.dnb.de.
Der Haupt Verlag wird vom Bundesamt für Kultur für die Jahre 2021–2024 unterstützt.

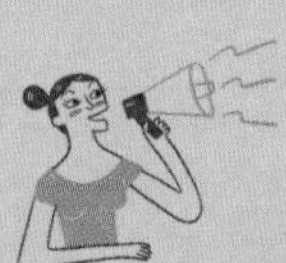

Hinweis

Bildnachweis

Seite 2 (Illustration): Huza Studio / shutterstock.com; Fotografien von Mark Davison, Search Press Studios, mit Ausnahme der folgenden Seiten: 7, 8, 10, 13–25, 28, 30 (o), 33, 35, 37, 39, 41, 43, 45, 47, 49, 51, 53, 55, 57 (r), 59, 75 (o), 79, 90, 92 (l), 93 (o), 95–97, 107 (u), 109 (u), 111 (u), 113 (u), 114, 115 (o), 119 (u) 120–125 Caroline Ross; Seite 92 (l) Ruth Siddall; Seiten 98–99 Peter Ward; Seite 100 (ol) Salal Moon Rinaldo; Seiten 100–101 Shinehah Bigham; Seiten 102–103 Nina Cadzow; Seiten 104–105 Scott Sutton. Bild der Autorin Jane Knight.

INHALT

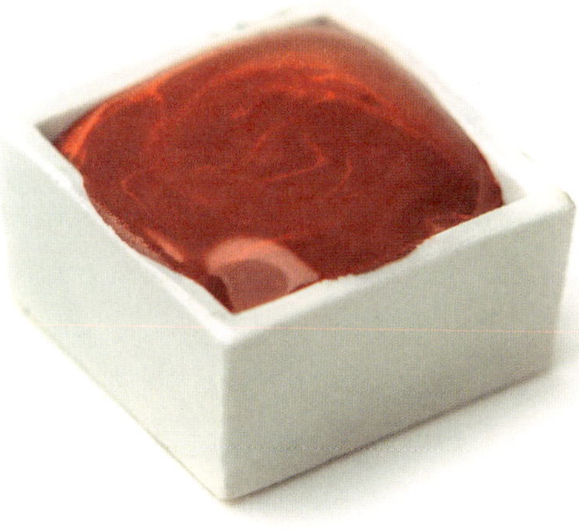

VORWORT

von Paul Kingsnorth

Es begab sich einmal bei einem meiner Streifzüge durch den Wald, dass ich dort einer Frau begegnete. Sie trat auf mich zu und zeigte mir ihren Korb. Ich sollte mir dessen Inhalt anschauen. Ich kannte die Frau nicht, aber einem so mysteriösgeheimnisvollen, geradezu märchenhaften Anerbieten könnte sich wohl kaum jemand entziehen.

In dem Korb befand sich eine bunte Vielfalt von Dingen. Da gab es Malfarben, die aus reinen Erden gewonnen waren – aus Kreide, Lehm, Holzkohle und Ocker. Es gab Pinsel und Stifte, gefertigt aus Fuchshaaren und Schwanenfedern, aus Zweigen und Schnüren. Es gab Papier, das aussah, als hätten uralte Handschriften bereits auf ihm geruht. Der ganze Inhalt des Korbs erschien mir wie ein magischer Schatz aus dem Mittelalter.

Der Korbinhalt hätte zu einem großen Teil gut aus meinem Roman *The Wake* stammen können. Dieser spielt im Jahr 1066 und ist in einer Art altenglischem Dialekt geschrieben, den ich mir selbst ausgedacht habe. Das Buch war der Versuch, mich in die Gedankenwelt des alten Englands hineinzuversetzen, und zwar in die Zeit, als es von den Normannen erobert wurde. Damals hat sich das Leben der Menschen von Grund auf verändert. Ich wollte verstehen, wie diese Menschen fühlten, lebten, welche Fragen sie sich stellten, wer ihr Gott war und wie sie sprachen. Mir ist bewusst, dass unsere Ausdrucksformen auf engste mit der Zeit und den Orten verwoben sind, in denen wir leben. Die Erde, auf der wir uns befinden, macht uns zu dem, was wir sind: verschiedenartige Wesen.

Und tatsächlich war es so – mein Buch hatte die geheimnisvolle Korbträgerin angeregt, ihren farbigen Schatz zusammenzutragen. Ihr Name war Caroline Ross, wie sich herausstellte. Mein Versuch, wie ein Angelsachse zu schreiben, hatte für sie die Frage aufgeworfen, wie die Menschen damals wohl gemalt und gezeichnet haben. Welche Materialien verwendeten sie? Wie stellten sie sie her? Und in welchem Zusammenhang standen diese Aspekte zu ihrem Platz in der Welt? Caroline begann über Kunstmaterial aus dem elften Jahrhundert zu forschen und machte sich dann auf in die Natur, um die entsprechenden Zutaten zu finden. Der magische Inhalt ihres Korbs war das Ergebnis. Inzwischen ist an die Stelle des Korbs ein Buch getreten, in dem jede:r stöbern kann, so wie ich es damals voller Neugier in dem Korb tat.

Es gefällt mir, dass meine Arbeit eine kleine Rolle bei der Entstehung dieses Buchs spielen durfte. Caroline ist mir nach unserer ersten Waldbegegnung nicht nur eine Freundin, sondern auch Kollegin geworden. Den Inhalt ihres magischen Korbs hat Caroline genutzt, um meinen Roman zu illustrieren (eines ihrer Bilder ist auf der Seite gegenüber zu sehen). Wir haben zudem gemeinsam Kurse entwickelt und angeboten, in denen heimische Landschaften zum Schreiben inspirierten – die so entstandenen Texte wurden mit Tuschen und Malfarben ausgeschmückt, die im wahrsten Sinne aus der Landschaft gemacht waren. Das Ziel dieser Kurse war dasselbe Ziel, das auch dieses Buch hat: Die Menschen wieder fest mit dem Boden unter ihren Füßen zu verbinden und sie daran zu erinnern, dass die Landschaft um sie herum das Lied des Lebens singt – und zwar ganz unabhängig davon, woher sie kommen oder wo sie sich gerade befinden. Selbst in der Großstadt gibt es Steine, Erden, Federn und Blätter, die es nur aufzusammeln gilt. Aus ihnen können Werkzeuge hergestellt werden, mit denen Sie all die Geschichten, die Sie in sich tragen, gestalten und aufzeichnen können. Und zwar so, wie es schon Generationen vor Ihnen getan haben.

All das erklärt, warum ich mich so sehr darüber freue, dass dieses Buch in der Welt ist. Die Techniken, um das Band zwischen Hand, Herz und Boden zu knüpfen, kennt niemand besser als Caroline Ross. Und wie ich es selbst unter ihrer Anleitung erfahren durfte, brauchen Sie kein Kunststudium, um sich einen Schwanenfederhalter zu basteln oder Steine kleinzumahlen und damit zu gestalten. Sie werden feststellen, dass allein der Prozess des Tuns dazu ausreicht, und dass dieses Buch ein einzigartiger Wegweiser bei diesem Unterfangen ist.

Paul Kingsnorth ist Mitbegründer des *Dark Mountain Projects* und Autor von *The Wake* sowie zwei anderen Romanen, zwei Gedichtbänden und vier Sachbüchern.

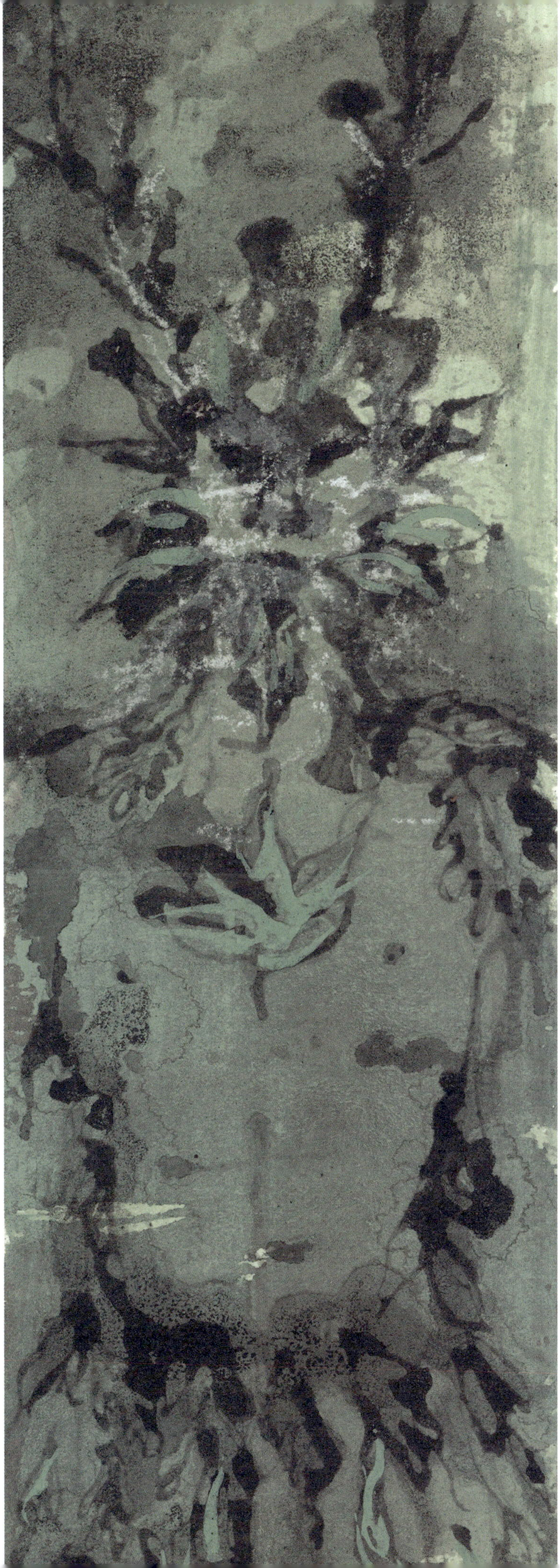

GREEN MAN
10 × 29 cm

Handgemachte Farben und Tuschen mit Kreide

Aus der Sammlung von Paul Kingsnorth

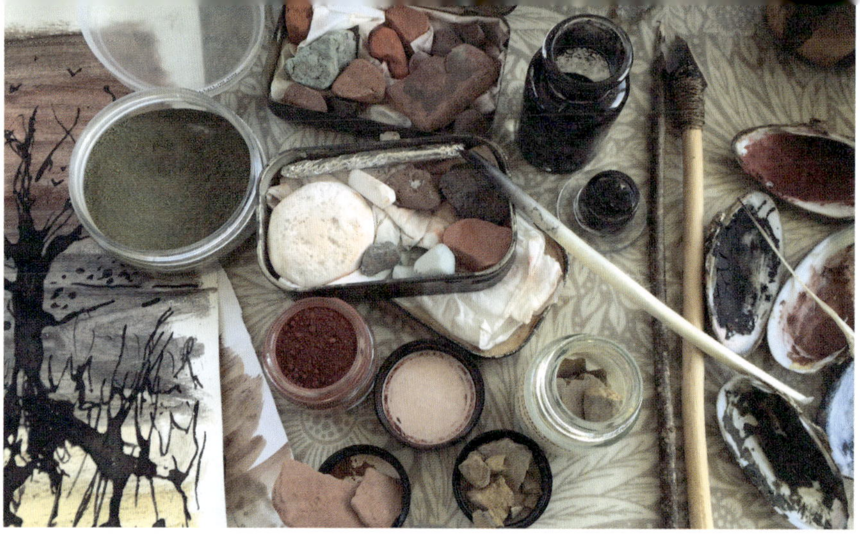

EINLEITUNG

„Die Erde ist voller Leben und wir sind Teil von ihr."

Diese Aussage mag radikal klingen – vor allem, wenn Sie (wie ich), in einem geschlossenen Raum an einem Tisch und vor einem Bildschirm sitzen. Unsere heutige Lebensweise umfasst aber nur eine kurze Zeitspanne im Vergleich dazu, wie Menschen über Tausende von Jahren auf diesem wundervollen Planeten gelebt und dies künstlerisch zum Ausdruck gebracht haben.

Es ist noch gar nicht lange her, dass eine größere Erdverbundenheit die Norm war. Als meine Großmutter ein Kind war, gehörte das Melken der Kühe zu ihren Aufgaben. Ein besonders widerspenstiges Tier stieß sie mit dem Kopf einmal über eine Steinmauer in den tiefbraunen, torfigen schottischen Schlamm. Ihre Kleidung wurde schmutzig und sie wurde dafür gescholten. Meine Großmutter hat mir häufig von dem weißen Pferd erzählt, das sie jeden Tag auf dem Hügel nahe des Dorfs sah. Und sie berichtete, wie sehr sie es liebte und dass es ihr ein Gefühl von Zuhause gab. Viele Jahre lang fragte ich mich, wie das gleiche Pferd immer auf demselben Hügel sein konnte, bis ich schließlich selbst in den Ort Strichen kam. Dort erblickte ich dann das riesige weiße Kreidepferd auf dem Mormond Hill.

Das Weiß der Kreide auf grünem Gras, das ist Teil meiner frühesten Farberinnerungen. Die weiße Kreide der *Needles* (das ist eine Gruppe von drei Felsen bei der Isle of Wight) gehört für mich genauso zu meiner Heimat wie für manche Amerikaner:innen das glühende Rot des Grand Canyons oder für die Isländer:innen der tiefschwarze Sand vulkanischer Strände.

Dieses Buch ist eine Einladung an Sie, die große Farbvielfalt zu erkunden, die direkt vor Ihrer Nase und unter Ihren Füßen liegt. Nehmen Sie sie wahr und lernen Sie sie schätzen. Entdecken Sie Ihre Heimat neu und beginnen Sie, auf Dinge zu achten, die Sie normalerweise übersehen.

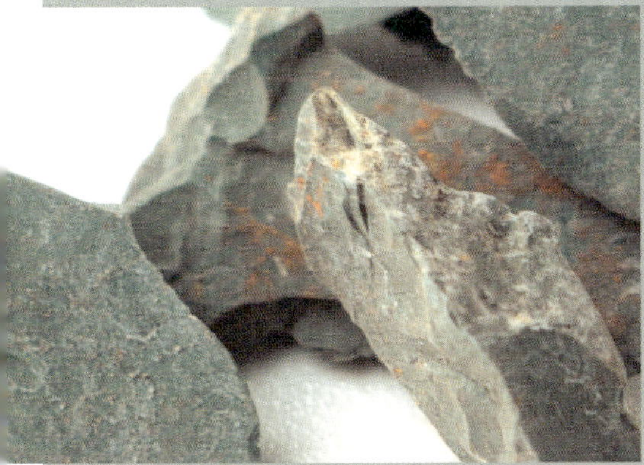 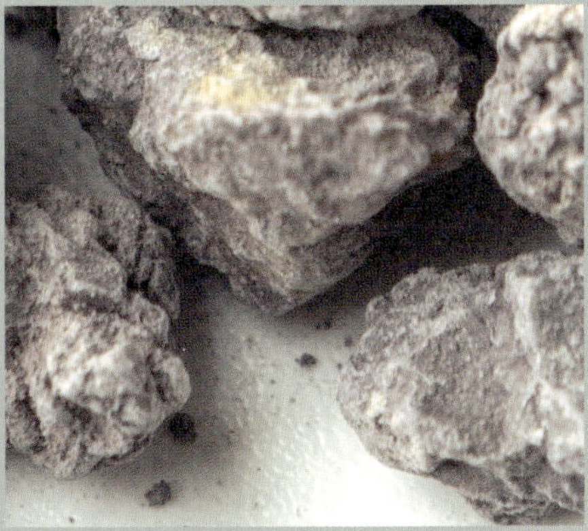 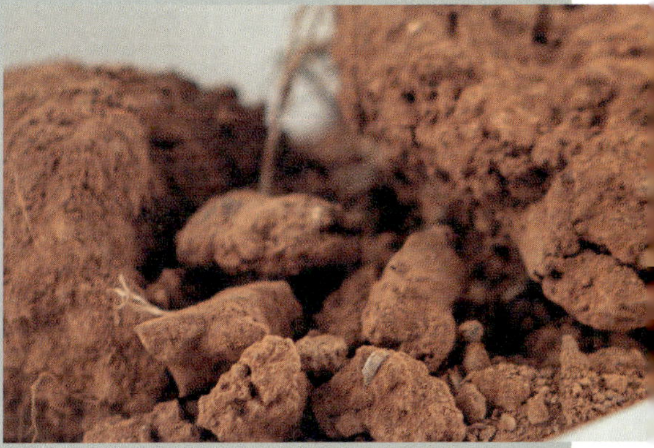

Mögliche Pigmentquellen (von links nach rechts): grüne Steine, violetter Splitt, rote Erde

> **Farben, die direkt aus der Erde stammen: Steine, Kreiden und Lehm.**

Wir sind eine Welt voller Bilder gewöhnt – Bilder mit den bunten und hochgesättigten Farben des kompletten Regenbogenspektrums, Bilder, die dank synthetisch hergestellter Farbmittel möglich sind. Beim Bilder- und Buchdruck lassen sich fast alle Farbtöne unkompliziert anmischen und aufeinander abstimmen – das gilt auch für die Acrylmalfarben in Tuben. Vor dem Vormarsch der Petrochemie und den neuartigen Farbstoffen und Pigmenten, die sie ermöglichte, waren bestimmte Farbtöne jedoch extrem selten, teuer oder schwer zu beschaffen. Einige waren nur in bestimmten Gebieten und dabei geografisch sehr beschränkt zu finden.

In begrenztem Rahmen haben die Menschen seit Jahrtausenden Farben künstlich erzeugt. Schon in der Antike wurde beispielsweise das leuchtende Pigment, das wir heute als Ägyptisch Blau kennen, aus gemahlenem Glas hergestellt. Abgesehen von wenigen Ausnahmen wurden in Kunst und Kunsthandwerk bis in die Neuzeit hinein jedoch fast alle Farben aus Naturmaterialien gewonnen – angefangen bei Höhlenmalereien bis hin zur Decke der Sixtinischen Kapelle. Dazu stehen Pigmente und Farbstoffe aus einer Vielzahl natürlicher Materialien zur Verfügung, etwa aus Pflanzen, Gesteinen, Muscheln, Tieren, Insekten, Edelsteinen, Flechten und Pilzen.

In diesem Buch werden wir uns darauf konzentrieren, Farben unmittelbar aus Erde zu gewinnen. Speziell werden wir hier Sand, Lehm und die Steine nutzen, wie sie bei Ihnen vor Ort zu finden sind. Die Farbpalette, die Sie dabei erschaffen werden, wird so zum unverwechselbaren Ausdruck Ihrer Region. Natürlich spielen überdies Ihre Wahrnehmung und Ihr persönlicher Geschmack hier hinein, sodass das Ergebnis weit entfernt von all dem sein wird, das Sie im Laden kaufen können. Ich hoffe, dass Sie die Erkundung Ihrer Umwelt als ebenso bereichernd und faszinierend empfinden werden, wie ich das tue. Dabei werden Sie auch neue handwerkliche Fähigkeiten erwerben und einen genaueren Blick dafür entwickeln, was direkt vor Ihrer Haustür liegt.

> **Ihre Farbpalette wird unverwechselbarer Ausdruck für Ihre Region, Ihre Wahrnehmung und Ihren persönlichen Geschmack sein.**

Warum Farben selber machen?

Eigentlich ist jede Wunschfarbe im Handel verfügbar. Warum also sollten wir uns die Mühe machen, eigene Farben und Bindemittel zu suchen und herzustellen? Diese Frage ist schnell beantwortet, wenn wir das Wort *Farben* durch *Lebensmittel* ersetzen. Viele von uns kochen immer noch zumindest einen Teil ihrer Gerichte selbst, bauen etwas Gemüse im eigenen Garten oder in einer Kleingartenanlage an oder kennen jemanden, der Hühner oder Bienen hält. Warum macht man sich die Mühe? Weil vielen Menschen die Herkunft der Produkte wichtig ist. Deswegen kaufen sie Lebensmittel aus regionalem Anbau oder gehen auf die Suchen nach wildwachsenden Brombeeren, Äpfeln, Kräutern oder Pilzen.

> **„Ihre regionalen Farben sind Alleinstellungsmerkmal Ihres Wohnorts“**

In der Slow-Food-Bewegung wie auch in den traditionellen und regionalen Küchen rund um den Globus und insbesondere bei der Weinherstellung spielt das Anbaugebiet, das *Terroir*, eine zentrale Rolle. Es sind die spezifischen Eigenschaften von Boden, Klima, Geologie und Topografie, die den gleichen Rebsorten jeweils unterschiedliche Geschmacksnoten verleihen. Der Begriff des *Terroir* beinhaltet, dass jeder Standort einzigartig ist und dass ein einheitlicher, pauschaler Ansatz weder weise noch wünschenswert ist. Selbstredend sind auch die Vorkommen an Pigmenten nicht überall auf der Welt identisch.

Mit diesem Buch möchte ich Sie dafür gewinnen, sich in der Umgebung, die Ihnen vertraut ist, näher mit den Böden und Gesteinen, landschaftlichen Gegebenheiten und Pflanzenvorkommen zu befassen. Entdecken Sie, welche einzigartigen Farbspektren diese bereithalten.

Darüber hinaus gibt es für jede:n Künstler:in noch andere gute Gründe, Material selbst herzustellen. Erstens verschafft es Befriedigung, Werke mit Farben gestalten zu können, die hundertprozentig den eigenen Vorstellungen und Vorlieben entsprechen. Zweitens entwickelt man durch das eigenhändige Sammeln der verwendeten Werkstoffe eine innigere Beziehung zu seiner Region, der Landschaft und den Jahreszeiten. Drittens werden Sie auf diese Weise zum Selbstversorger und viel weniger abhängig vom kommerziellen Handel. Und schließlich werden Sie die sinnliche Fülle kennenlernen, die dieser Teil des Lebens zu bieten hat. Sie werden Dreck unter den Fingernägeln haben, frische Luft in der Lunge und mit etwas Glück die Taschen voller bunter Steine.

Aquarellfarben und andere Farben

Aquarellfarben werden mit wasserlöslichen Bindemitteln wie etwa Gummiarabikum hergestellt, was zur Folge hat, dass sie mit Wasser angerührt und verdünnt werden können. Man benötigt nicht die Lösemittel, die zur Verwendung von Ölfarben erforderlich sind. Aquarellfarben kommen auf Papier oder anderen feinen Malgründen zum Einsatz, auf denen sie matt auftrocknen und in der Regel transparent anmuten. Darunterliegende Malschichten bleiben sichtbar. Gouache (Plakatfarbe) ist auch eine wasserlösliche Farbe, der man aber Kreide zugesetzt hat. Dies verleiht ihr den sogenannten Körper, wodurch sie undurchsichtig wird. Sowohl Aquarell- als auch Gouachefarben können wieder angelöst werden, das heißt, man kann nach dem Trocknen noch einmal nachbessern. Zudem können die Farben untereinander gemischt werden.

Ferner gibt es wasserlösliche Farben, bei denen Ei als Bindemittel verwendet wird: Bei Temperafarben kommt Eigelb zum Einsatz, bei Lasuren ein aus Eiweiß gewonnenes Bindemittel. Diese Farben haben nach dem Trocknen einen dezenten Glanz, sind aber nicht so leicht wieder zu befeuchten. Sie werden traditionell auf Gesso-Grundierungen verwendet, stellen aber auch auf Papier einen guten chemiefreien Ersatz für Acrylfarben dar.

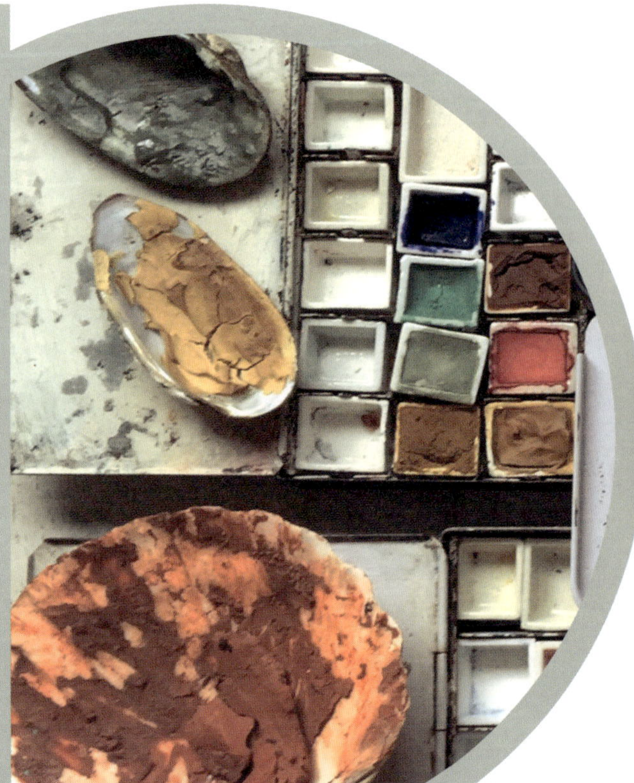

Dies ist eine Auswahl an selbst gemachter Aquarellfarbe der Autorin.

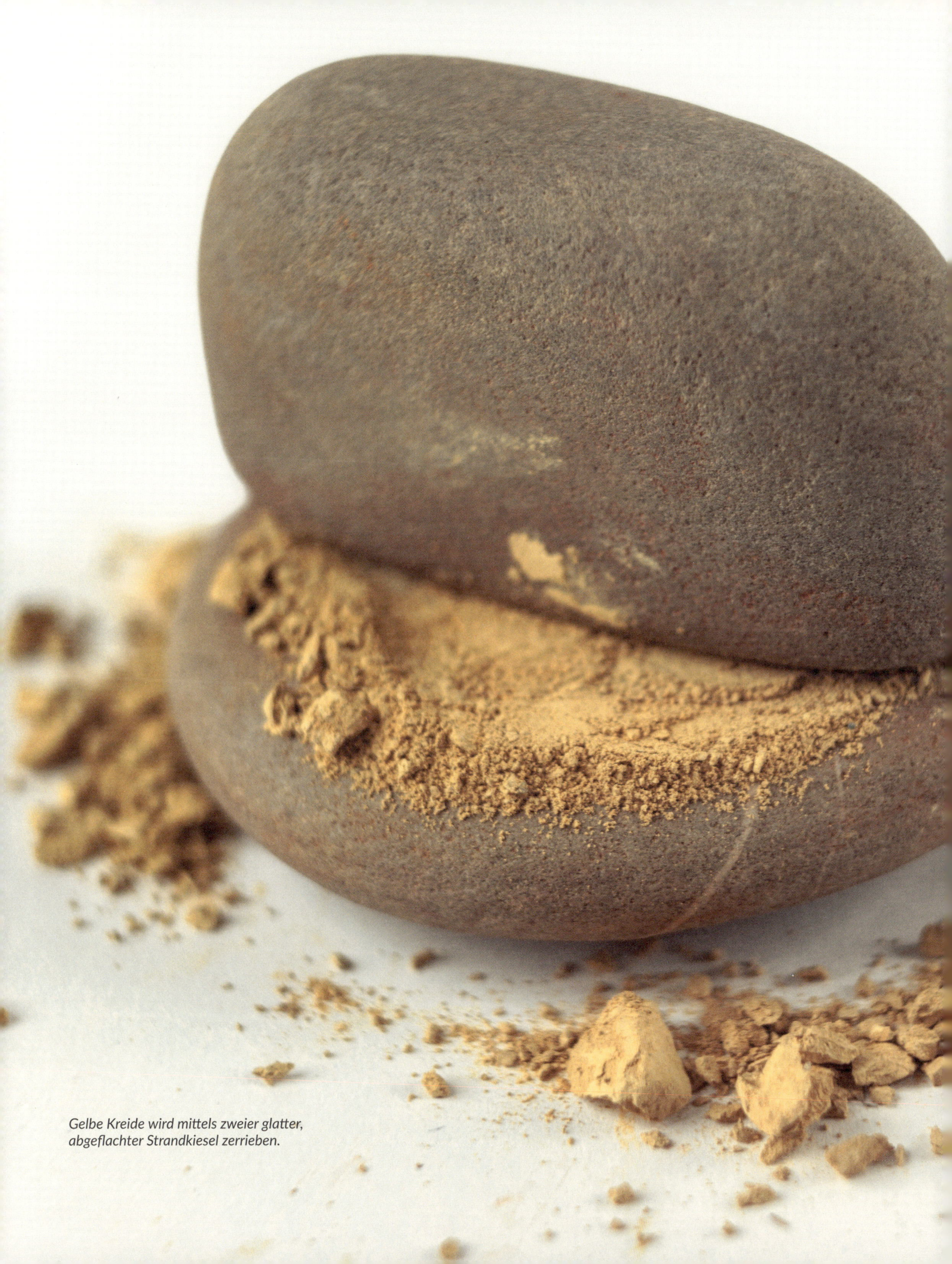

Gelbe Kreide wird mittels zweier glatter, abgeflachter Strandkiesel zerrieben.

Sowohl zu Hause als auch in der Schule wurde ich in meinen beiden Leidenschaften unterstützt: im Zeichnen und in den Naturwissenschaften. Und so konnte ich nach der Schule eine traditionelle Kunstausbildung aufnehmen. Während eines zweijährigen Grundstudiums in Shelley Park, Bournemouth, England lernte ich im Rahmen der Farbenlehre, wie man Farben richtig kombiniert, miteinander mischt und verwendet. Daneben standen Zeichnen, Fotografie, Druckgrafik, Textilkunde, Keramik, Malerei, Bildhauerei und anderes auf dem Lehrplan. Leider sind Grundkurse dieser Art so gut wie verschwunden. Junge Künstler:innen starten an der Universität oder Kunsthochschule mit weniger praktischen Kenntnissen, als dies bei meiner Generation der Fall gewesen ist. Wir konnten diese noch in einem oder zwei zusätzlichen Ausbildungsjahren vor dem Bachelor-Abschluss erwerben.

Selbst an meiner exzellenten Hochschule mit ihren großartigen Dozent:innen lernten wir nichts über die Herstellung der Farben, Kreiden, Zeichenkohlen oder Grundierungen, mit denen wir arbeiteten. Unsere Materialien wurden fertig gekauft und waren standardisiert; andere Möglichkeiten kannten wir nicht. Im Keramikunterricht bekamen wir unseren Ton abgepackt, ohne dass wir erfuhren, wie man das natürliche Ausgangsmaterial erkennt, gewinnt, reinigt, knetet oder verarbeitet. Glasuren wurden anhand einer Tabelle ausgewählt, ihre Zusammensetzung nicht thematisiert. In den Werkstätten standen fabrikfrische Holz- und Metallplatten wie auch andere vorgefertigte Werkstoffe und Arbeitsmaterialien bereit. Keiner brachte uns bei, wie man Wildwachsendes und gefundene Materialien einbinden kann – von Recyceltem gar nicht zu sprechen. Traditionelle Bindemittel, Klebstoffe oder Verbindungstechniken standen nicht auf dem Lehrplan.

Nach jahrelangem Sammeln, Experimentieren und Forschen auf eigene Faust hatte ich innerhalb der letzten zehn Jahre das Glück, zwei Semester lang an der *Royal Drawing School* bei Daniel Chatto lernen und einmal in Suffolk an einem einwöchigen Intensivkurs bei David Cranswick teilnehmen zu können – beide sind Kunstmaler und verfügen über viel Wissen über Kunstmaterialien. Ihr umfassendes praktisches und theoretisches Wissen hat mir geholfen, meine Materialkenntnisse weiterzuentwickeln.

Es ist kaum möglich, zu ignorieren, wie stark die Menschen auf den Planeten einwirken und wie schnell die Dinge sich verändern. Wenn wir die heute üblichen Materialien für Künstler:innen gegen solche austauschen, die auf Naturstoffen basieren, die recycelt, weniger giftig oder plastikfrei sind, werden wir die Maschinerie des modernen Lebens nicht sofort zum Stillstand bringen. Doch wir können sehr wohl Änderungen herbeiführen, indem wir uns der Abfälle bewusster werden und unsere Rohmaterialien vorsichtiger auswählen. Tun wir das alle gemeinsam, werden wir viel größeren Einfluss haben als im Alleingang. Dies war mein Beweggrund, *WILDE FARBEN* zu schreiben: Zu zeigen, dass wir unsere künstlerische Tätigkeit auch mit Rücksicht auf die Erde ausüben können.

„Wir können Kunst mit Rücksicht auf die Erde erschaffen."

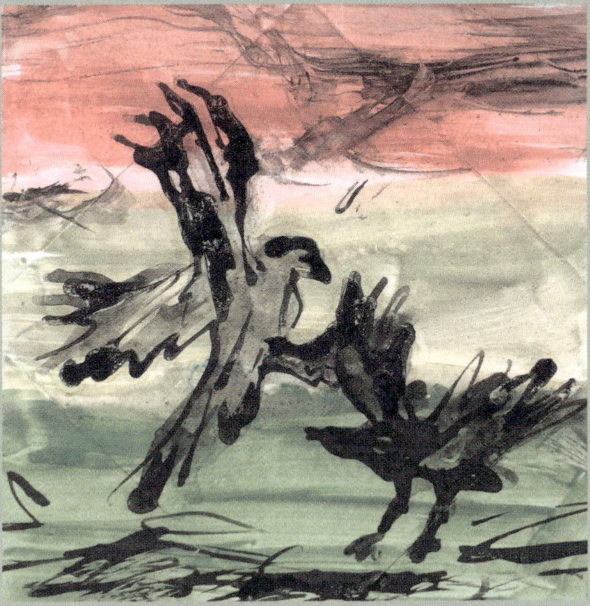

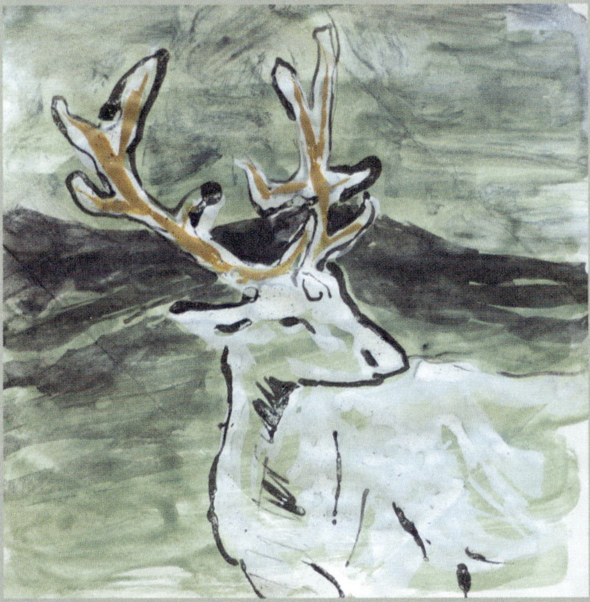

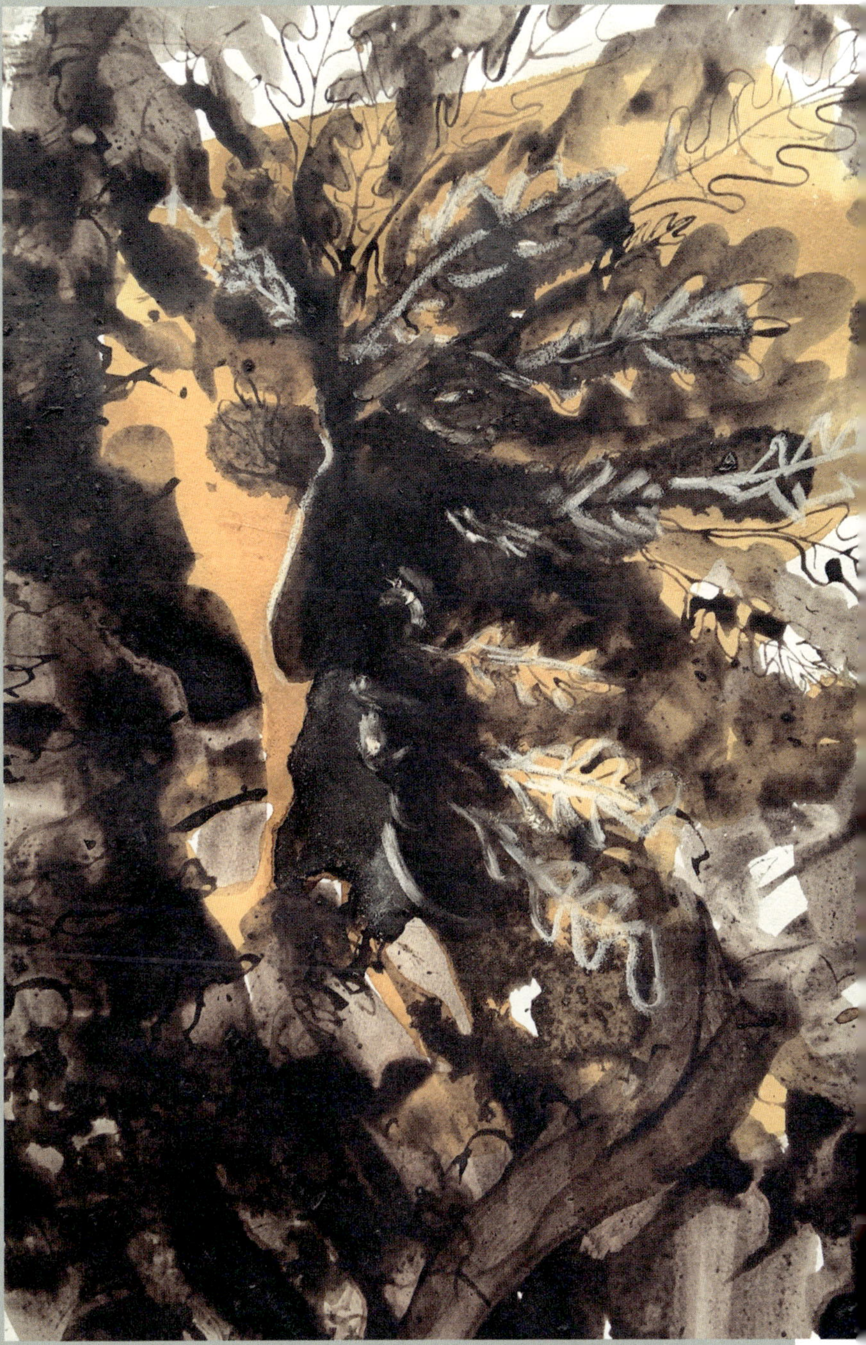

Links oben
HAWK AND CROW
21 × 21 cm
Handgemachte Aquarellfarben aus Ocker, Grünerde und Färberkrapp mit Eisengallustinte auf gebrauchtem Briefumschlag

Links unten
THE STAG WITH THE GOLDEN ANTLERS
21 × 21 cm
Handgemachte Aquarellfarben, Gouache sowie Eisengallustinte auf gebrauchtem Briefumschlag

GREEN MAN 30 × 42 cm
Gallapfel- und Eisengallustinte sowie Kreide auf Papier
Das Goldbraun im Hintergrund dieses Bilds ist reine Gallapfellösung ohne Eisenzusatz. Die darüber gelegte dunkle Sepiatinte besteht aus der gleichen Lösung mit Eisenzusatz. So viel Abwechslung können einfache Zusammensetzungen bieten. Die weißen Highlights sind mit einem rohen Kreidestein hinzugefügt – der Stein wurde genutzt, direkt nachdem er von der Erde aufgehoben wurde.
Aus der Sammlung von Daniel Slife

Pigmente und Erdfarben

Pigmente sind farbige Substanzen, die die Basis von Malfarben bilden. Pigmente können aus Pflanzen, Mineralen, Tieren oder mittels chemischer Prozesse gewonnen werden. Erdpigmente, im wahrsten Sinne des Wortes aus Erde, Ton, Schlamm, Gestein und anderen in der Erde vorhandenen Mineralen stammend, bilden auch heute noch die Ausgangsstoffe für die gängigsten kommerziellen Farben und stehen im Fokus dieses Buchs.

Erdfarben sind deshalb beliebt in der Anwendung, weil sie sich im Gegensatz zu vielen anderen natürlichen farbgebenden Substanzen durch Stabilität, zuverlässige Lichtbeständigkeit und Langlebigkeit auszeichnen. Wer jemals Metall grundiert oder einen Garagenboden gestrichen hat, kennt Eisenoxidrot. Das ist derselbe Farbton, den wir von rostigem Eisen und rotem Ocker kennen. *Ocker* ist dabei die Bezeichnung für Erdpigmente, die Eisen (Fe) enthalten. Diese vielseitigen Pigmente kamen im Laufe der Menschheitsgeschichte rund um den Globus für so unterschiedliche Zwecke wie für Höhlenzeichnungen, Medizin, Sonnenschutz, Rituale und Körperbemalungen zur Anwendung.

Vorteile von Erdfarben

Menschen verwenden Erdfarben seit mindestens einer Viertelmillion von Jahren: Somit befinden Sie sich mit dem Herstellen Ihrer eigenen Farben in guter Gesellschaft. Im Folgenden finden Sie eine Auswahl von Eigenschaften, die Sie bei handgemachten Erdfarben erwarten können, beziehungsweise die Sie beachten sollten.

Stabilität Von unseren Vorfahr:innen gemalte Höhlenmalereien sind auch heute noch farbstark und farbecht, sogar an Stellen, die dem Sonnenlicht ausgesetzt sind. Farben, die man aus Erde herstellt, halten länger als ein Leben lang.

Körnung Ocker, Erden und Minerale können sehr glatte, hochdeckende und brillante Farben ergeben, man denke beispielsweise an Tizianrot. Fein gemahlen werden sich Ihre selbst gesammelten Pigmente genauso gut verarbeiten lassen wie kommerziell hergestellte Farben. Da wir jedoch keine Maschinen einsetzen, um die Farben auf eine bestimmte Partikelgröße zu mahlen, könnten sich Ihre Aquarellfarben als grobkörniger erweisen als handelsübliche Pendants. Vielleicht sind es gerade diese Eigenschaften, die Sie bei Ihren Farben irgendwann besonders schätzen.

Natürliche Schwankungen Zwischen den einzelnen Chargen Ihrer Pigmente oder Farben kann es zu leichten Abweichungen kommen. Diese können mit einer Verwitterung des Geländes zusammenhängen oder mit einer Versandung, die zwischen Ihren Sammeltouren aufgetreten ist. Sie können auch mit Verunreinigungen zu tun haben oder auf die Art der Aufbereitung zurückzuführen sein. Machen Sie sich deshalb Notizen zu Fundstellen und Verarbeitung. Doch anstatt eine Vereinheitlichung Ihrer Prozesse anzustreben, können Sie sich auch an genau diesen Differenzen erfreuen! Selbst bei handelsüblichen Pigmenten bestehen oft leichte Unterschiede zwischen verschiedenen Produktionseinheiten. Ich pflege meine gekauften Proben zu datieren, damit ich die Veränderungen zwischen den Lieferungen verfolgen kann.

Toxizität Obwohl Minerale wie roter Ocker in vielen Teilen der Welt für Zeremonien, Kosmetika, Medizin oder Insektenschutzmittel verwendet werden, können wir ohne genauen Test nicht davon ausgehen, dass eine Probe tatsächlich ungiftig ist. Eine Fundstelle kann durch Abgase, Abwässer, Pestizide oder Mikroplastik verunreinigt sein. Wenn wir mit den trockenen Pulvern und Partikeln arbeiten, empfiehlt sich das Tragen von Handschuhen und einer Atemmaske. Obwohl Ocker im Handel bei den ungiftigen Pigmenten einsortiert wird, gehe ich vorsichtig damit um und behandle es so, als sei es in seinem Risiko nicht abschätzbar.

Bezugsquellen

Zur Erweiterung Ihres Farbsortiments (siehe Seiten 93 bis 95) steht Ihnen online ein reichhaltiges Angebot an Pigmenten und Farben aus natürlichen Rohstoffen zur Verfügung. Mit ein wenig Recherche können Sie sicherstellen, dass Sie mit Ihrer Bestellung lokale Kunstschaffende, regionale Handwerksbetriebe und Unternehmen mit ethischen Standards unterstützen.

Prüfen Sie sorgfältig, woher das Rohmaterial stammt. Ob groß oder klein, seriöse Anbieter:innen sind immer bereit, mit ihrer Kundschaft ins Gespräch zu kommen. Sie beantworten gern Fragen nach der Zusammensetzung, den Inhaltsstoffen und der Herkunft der Waren. Eine Liste von Bezugsquellen finden Sie auf www.haupt.ch/wilde-farben.

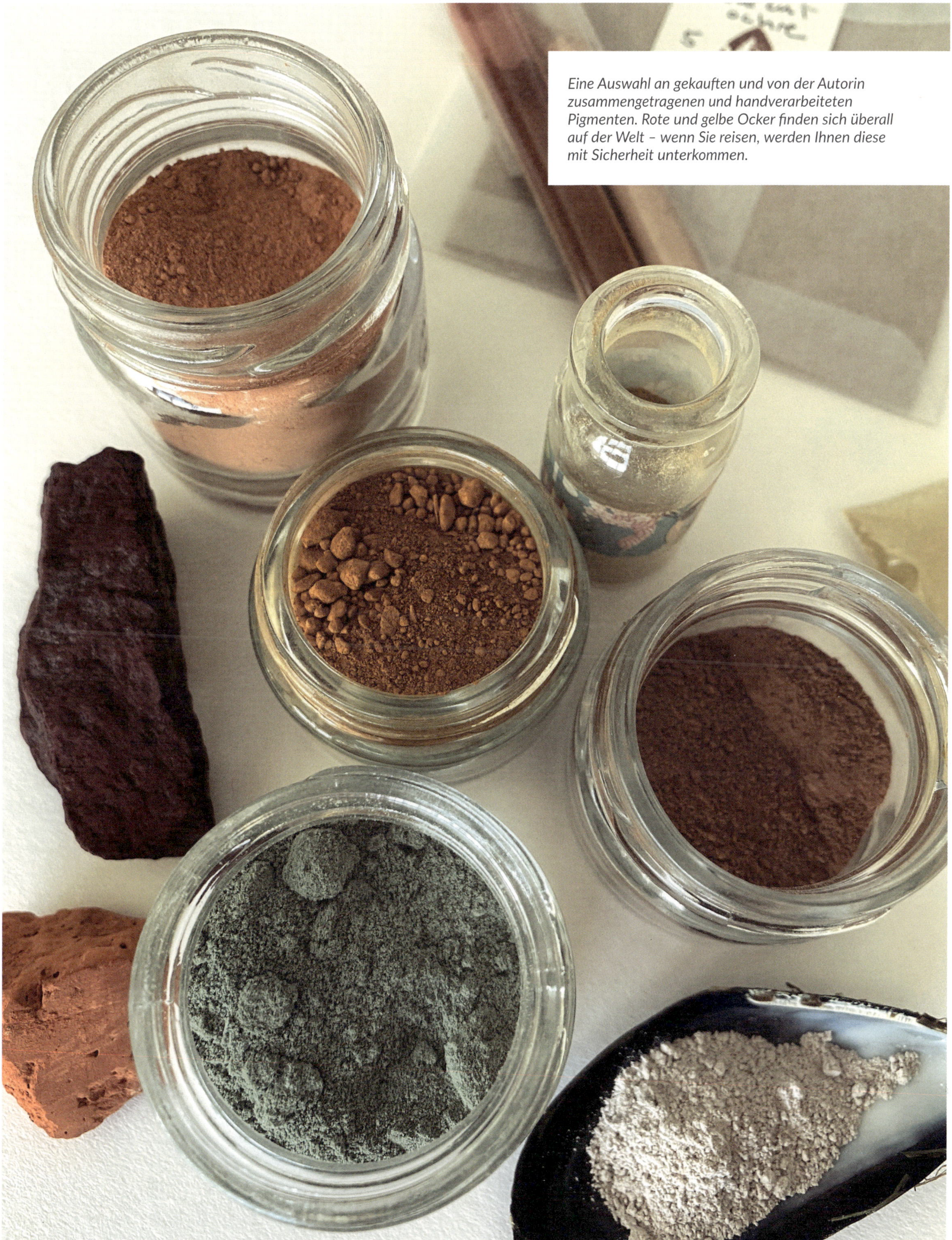

Eine Auswahl an gekauften und von der Autorin zusammengetragenen und handverarbeiteten Pigmenten. Rote und gelbe Ocker finden sich überall auf der Welt – wenn Sie reisen, werden Ihnen diese mit Sicherheit unterkommen.

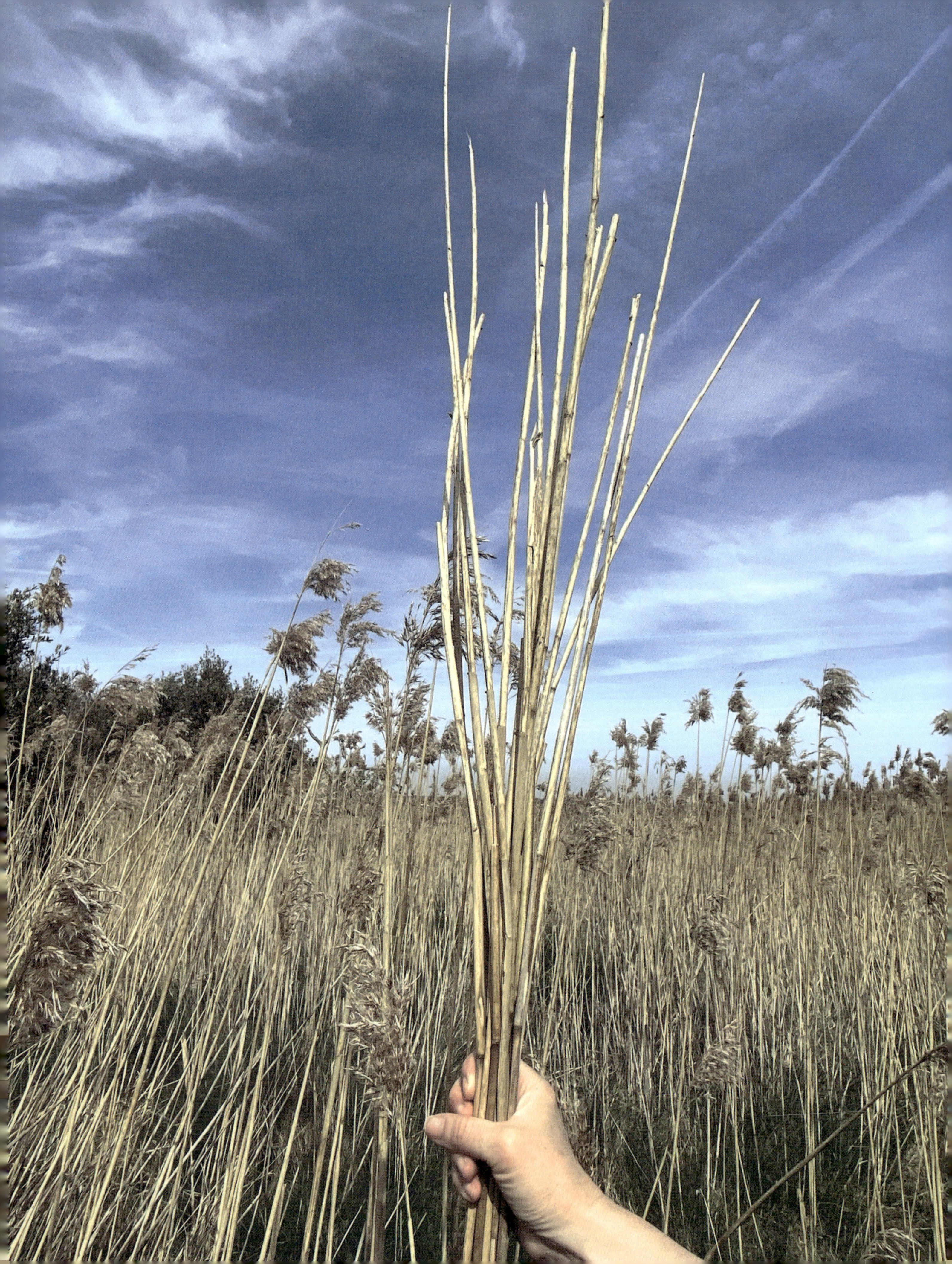

UNDERHILL WOOD
29 × 21 cm
Ocker und Eisengallustinte auf Khadi-Papier
Aus der Sammlung von Nick Hunt

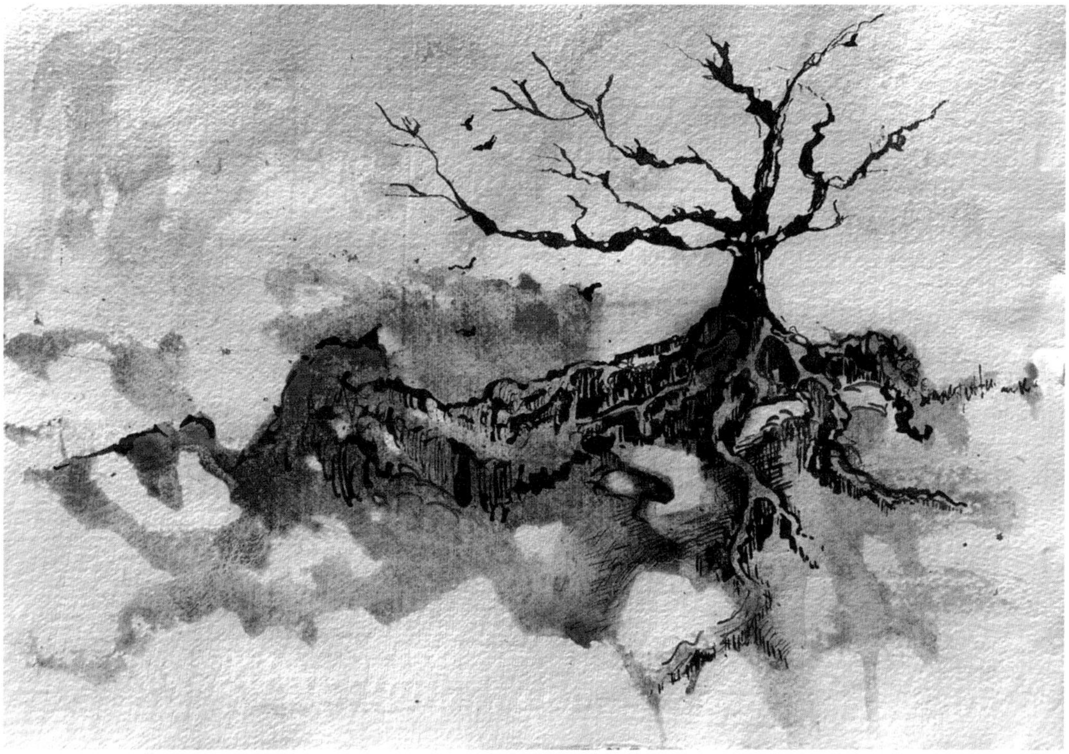

FARBEN FINDEN

Lassen Sie Ihre konkreten Planungen, Erwartungen, Vermutungen, schwere Taschen und To-do-Listen zurück. Und legen Sie auch das Gefühl ab, Sie könnten das nicht.

Nehmen Sie feste Schuhe, einen Mantel, eine kleine Tasche, einen alten Löffel und einen Joghurtbecher oder ein paar alte Plastiktüten. Wenn Sie möchten, stecken Sie auch ein Notizbuch und einen Stift ein. Oder Sie gehen einfach aus der Tür, wie Sie sind.

Wichtiger als jede Ausrüstung ist es, dass Ihre Abenteuerlust geweckt wird. Machen Sie sich auf die Suche nach den schönen Dingen und lassen Sie Ihre Ohren achtsam und sensibel sein für das Knirschen von Kies oder das Schmatzen des Schlamms. Denn überall da draußen könnte Farbe zu finden sein.

**„Was wir suchen, ist keine Sache.
Was wir suchen, ist ein Weg."**

GRUNDSÄTZE BEIM SAMMELN

„Land und Mensch stehen seit jeher in regem Austausch miteinander. Alles, was wir tun müssen, ist loslassen und aufmerksam sein.“

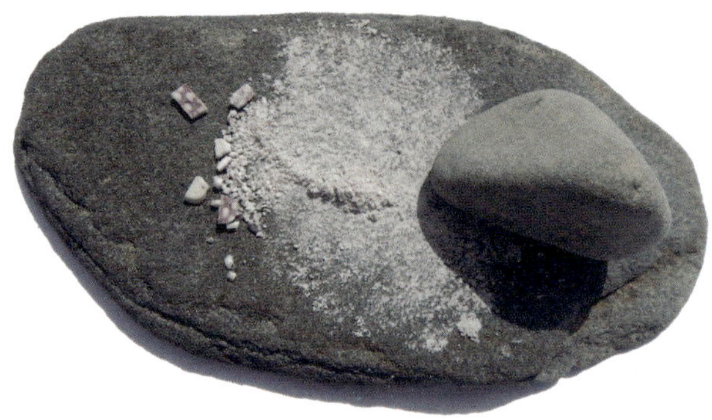

Sich öffnen

Das Faszinierende an Beutezügen in der freien Natur ist, dass man nie genau weiß, was man entdecken wird. Für den modernen, an Zeittaktung und Normierung gewöhnten Verstand ist Ungewissheit eine neue Lernerfahrung. Und so kann es ein Weilchen dauern, bis Sie daran Vergnügen finden und diesen Zustand wertschätzen können. Mit etwas Übung kann die Pigmentsuche für Sie ein Weg werden, um Ihr Bewusstsein zu öffnen und die Natur mit allen Sinnen wahrzunehmen. Kann sein, dass Sie von zu Hause losgehen, um ein paar schöne bunte Steine zu finden. Zurück kommen Sie aber und haben vielleicht zusätzlich die Frühlingsrufe der heimischen Vögel, die Lieblingstanne des Eichhörnchens und den Standort von Obstbäumen mit Harzfluss kennengelernt. Nebenbei bemerkt eignen sich die von den Eichhörnchen zurückgelassenen Nussschalen perfekt als kleine Farbtöpfchen. Möglich, dass Sie ein paar Beutezüge brauchen, um Ihre Augen zu trainieren. Wenn das geschafft ist, werden Sie es merken. Was einst wie öde Felder oder unscheinbare Landstriche anmutete, wird für Sie plötzlich voller Dinge sein, die gestern in Ihrer Wahrnehmung noch nicht da waren.

Sinn für Humor und Fantasie im Gepäck können dabei nicht schaden: Denken Sie wie eine Elster, drehen Sie Fundstücke um wie ein Käfer. Mit der Vorstellung, sehr klein zu sein oder hoch zu fliegen, lässt sich Erstaunliches finden.

Verantwortungsvoll sammeln

Zu allen Zeiten und überall auf der Welt haben Menschen zur Gewinnung von Farbe Steine vom Boden aufgesammelt. An sich ist das ganz natürlich. Die Bedingungen können sich jedoch in Ihrem Land oder Ihrer Region stark von denen unterscheiden, die ich vorfinde. Tilke Elkins vom *Wild Pigment Project* hat umfassende Richtlinien für das Sammeln in der Natur aufgestellt. In den Richtlinien geht es sowohl um die Ethik als auch um Ihre persönliche Gesundheit und Sicherheit, weshalb ich Sie gern auf diese Seite hinweisen möchte: www.wildpigmentproject.org/reciprocal-foraging (die Website ist auf Englisch. Mehr Informationen dazu finden Sie auf www.haupt.ch/wilde-farben.)

Leitfaden für den Einstieg

Dieser kurze Wegweiser soll Ihnen den Einstieg erleichtern, egal wo auf der Welt Sie sich befinden.

- Informieren Sie sich im Voraus, ob Sammeln in dem Gebiet überhaupt erlaubt ist: Ist es in Privatbesitz, ein Naturschutzgebiet, ein Nationalpark, eine Kulturstätte oder ein Gebiet von besonderem wissenschaftlichem Interesse?
- Gibt es in diesem Gebiet indigene Volksstämme oder angestammte Volksgruppen, denen das Land gehört? Dann informieren Sie sich über deren Geschichte und Gebräuche und finden Sie heraus, ob Sie eine Erlaubnis zum Sammeln benötigen. Wir halten uns daran, nichts mitzunehmen, wenn wir aus kulturellen, religiösen oder historischen Gründen dazu angehalten werden.
- Unterstützen Sie Organisationen, die das Gebiet schützen, mit Spenden oder Ihrem Engagement. In dem Zusammenhang finde ich den Rat von Julian Cope aus seinem Buch *The Modern Antiquarian* nachahmenswert, stets eine Tüte zum Auflesen von Abfall mit sich zu führen.
- Sammeln Sie nur auf, was im Überfluss vorhanden ist, und nur so viel, wie Sie für Ihr Vorhaben brauchen. Eine gute Faustregel besagt, nur mitzunehmen, was man in den hohlen Händen tragen kann. Es geht weder ums Horten, noch ums Sammeln um des Sammelns Willen.
- Sammeln Sie niemals an schadstoffbelasteten Geländen wie etwa bei verlassenen Bergwerken, stark befahrenen Straßen oder intensiv gedüngten Agrarflächen.
- Tragen Sie Handschuhe und eine Atemmaske, es sei denn, Sie sammeln Steine ausschließlich auf nicht staubendem Gelände.
- Danken Sie für Ihren Fund: Sprechen oder singen Sie ruhig Worte des Dankes. Sollten Sie sich Sorgen machen, was die Leute denken könnten, wenn Sie mit einem Stein sprechen: Das brauchen Sie nicht! Kinder machen das ganz selbstverständlich, wenn sie etwas vom Boden aufheben. Nehmen Sie sich an ihnen ein Beispiel!
- Wenn Sie das Gefühl beschleicht, Sie sollten etwas nicht mitnehmen, selbst wenn es offenbar reichlich vorhanden ist, dann hören Sie auf diese innere Stimme und gehen Sie weiter. Manchmal ist es richtig, Dinge einfach sein zu lassen. Sich an Ort und Stelle ohne ausbeuterische Gedanken über Dinge freuen zu können, spricht für eine großzügige Geisteshaltung, die es zu fördern gilt.
- Und zu guter Letzt: Nutzen Sie Dinge, die andere Menschen ausrangiert haben! Plastikverpackungen, weggeworfene Behälter, ja selbst Flaschenverschlüsse können bei der Herstellung und Aufbewahrung unserer Farben gute Dienste leisten. Durch Wiederverwenden oder Umfunktionieren bereits einmal hergestellter Produkte verhindern wir, dass die Abfallflut noch größer wird.

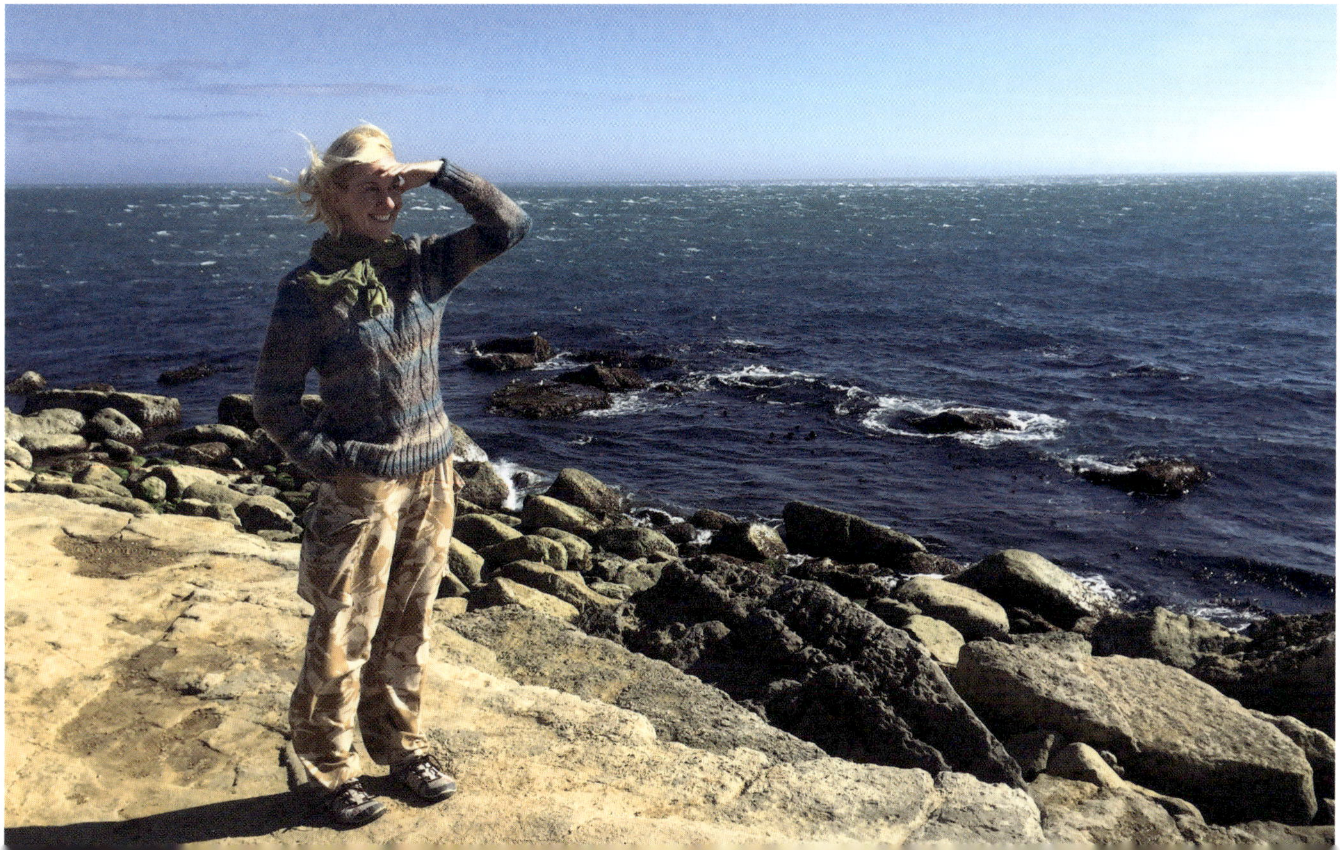

Fülle und Knappheit

In einer konsumorientierten Welt ergibt sich der Wert von etwas aus dessen Knappheit. Lernen wir stattdessen das Gewöhnliche schätzen, eröffnen sich immense Freiheiten. Bei Ihren Streifzügen werden Sie bestimmte Materialien und deren Fundorte besonders lieben lernen. Diese Beziehung ist sowohl für Sie als auch für den Naturraum ein Gewinn. Denn es ist weitaus wahrscheinlicher, dass Menschen Gebiete schützen, die etwas für sie Schönes, Nützliches oder Liebgewonnenes beherbergen.

Betrachten wir den weiteren Kontext für unsere Kunst: Während dieses Buchs entsteht, ist es in den Polarregionen der Erde wärmer, als es sein sollte. Das hat das Abschmelzen der Polkappen zur Folge. Was früher als Wetterkapriole eingestuft wurde, ist heute Normalzustand geworden. Was unserer Erfahrung nach bisher im Überfluss vorhanden ist, kann schon bald knappes Gut sein. Umgekehrt können bestimmte Pflanzen- oder Tierarten, Materialien oder Rohstoffe viel häufiger beziehungsweise verfügbarer werden. Die Dinge ändern sich, und wir werden uns anpassen müssen.

Indem wir nach den Grundsätzen handeln, nur zu nehmen, was entbehrlich ist, können wir verhindern, dass unsere Farbenherstellung der Umwelt schadet. Wir sollten den Fokus also auf das richten, was im Überfluss vorhanden ist und knappe Güter zurücklassen. Wir haben die Möglichkeit, über Kontakte und Freundschaften zu anderen Künstler:innen, die ebenfalls mit natürlichen Materialien arbeiten, ethisch unbedenklich gewonnene Farbstoffe auszutauschen. Wir können dies persönlich oder per Post tun, innerhalb unseres Orts, in unserer Region oder über größere Distanzen weltweit. Indem wir die Natur in unserer Region schützen und in urbanen Räumen Materialien wiederverwerten, sorgen wir dafür, dass auch zukünftige Künstler:innen Material finden. Zudem tragen wir etwas dazu bei, dass andere Lebewesen überhaupt Lebensräume haben. Manchmal spricht nichts dagegen, sich die Taschen zu füllen, zu anderen Zeiten muss ein sehnsüchtiger Blick reichen.

In einigen Ländern mag es spezielle Regeln geben. Aber zu den Dingen, die Sie bei der Materialsuche in der Regel ohne Bedenken mitnehmen können, gehören Galläpfel nach dem Schlüpfen der Wespen, Vogelfedern, farbige Erden aus Straßengräben, Ziegelstücke, Holzkohle, rostige Nägel und Baumgummi sowie Gegenstände, die auf dem Boden liegen – diese würde ohnehin irgendwann die Straßenreinigung beseitigen. So manches, was als Abfall eingestuft ist, kann mit wunderschönen Farben aufwarten!

Suchen Sie auf Ihren Streifzügen nach dem, was typisch für Ihre Gegend ist. Und achten Sie unbedingt auf Veränderungen: Ein Erdrutsch oder ein Kahlschlag kann im Handumdrehen einen Wandel bringen. Gartenarbeiten bei den Nachbar:innen oder aufgegrabenen Straßen bieten übrigens besonders gute Bedingungen für reichhaltige Funde. In zerbrochenen Ziegeln verbergen sich zukünftige Malfarben!

Vertrauen Sie auf Erfahrung, Forschergeist und Intuition. In meinen Kursen lehre ich keine festen Handlungsabläufe, sondern sporne die Teilnehmenden dazu an, ihr Wahrnehmungsvermögen zu schulen. Zudem sollen sie ihre praktischen Kenntnisse ausbauen, um dann vor allem ihrer Eingebung folgen zu können.

> **„Der richtige Weg gegen die Verknappung in der Zukunft lautet: Nimm wenig, selten und nur das, was du brauchst."**

Gegenüber: Reiche Beute eines einzigen Streifzugs: essbare Haselnüsse, Eichelkappen und Galläpfel für Tinte

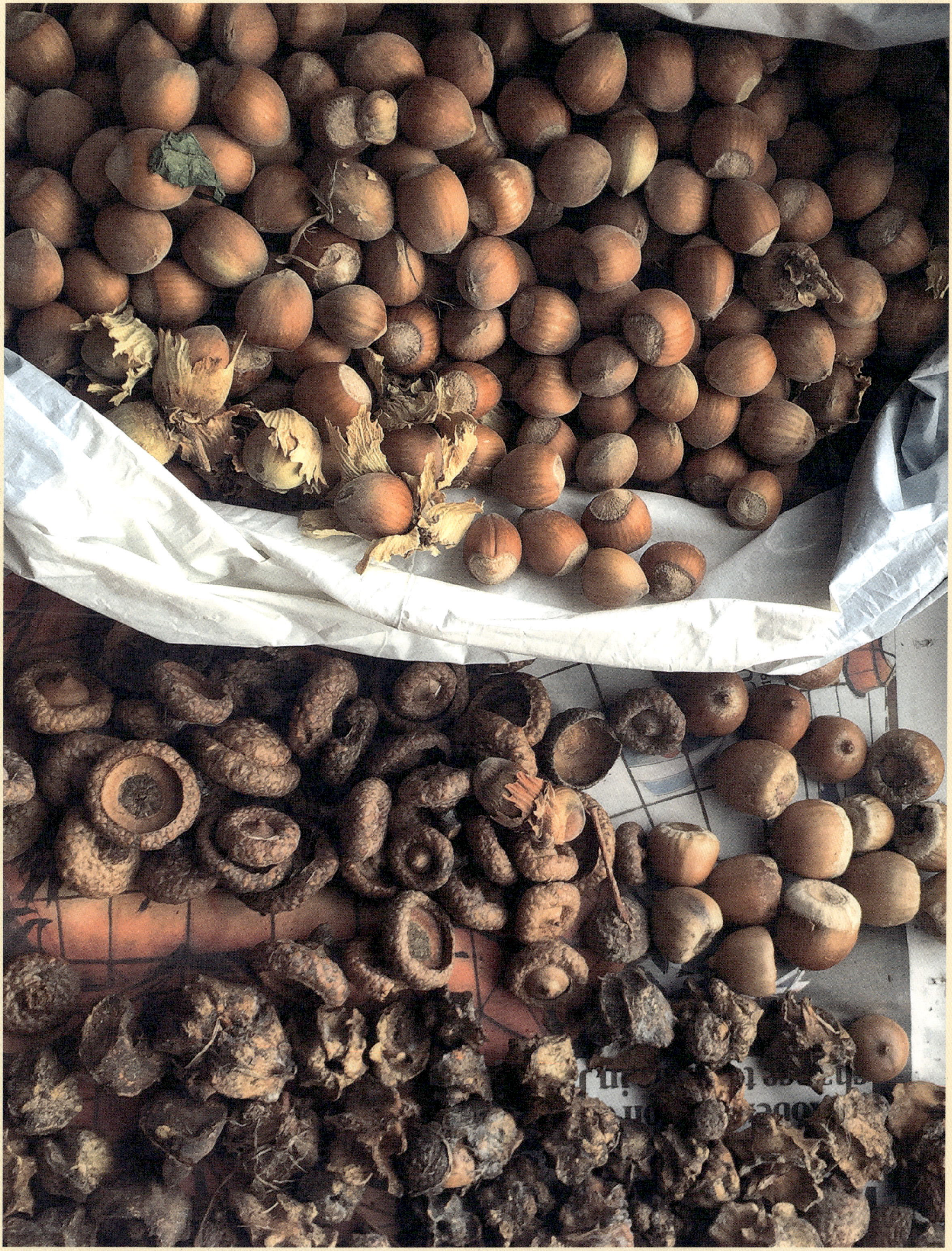

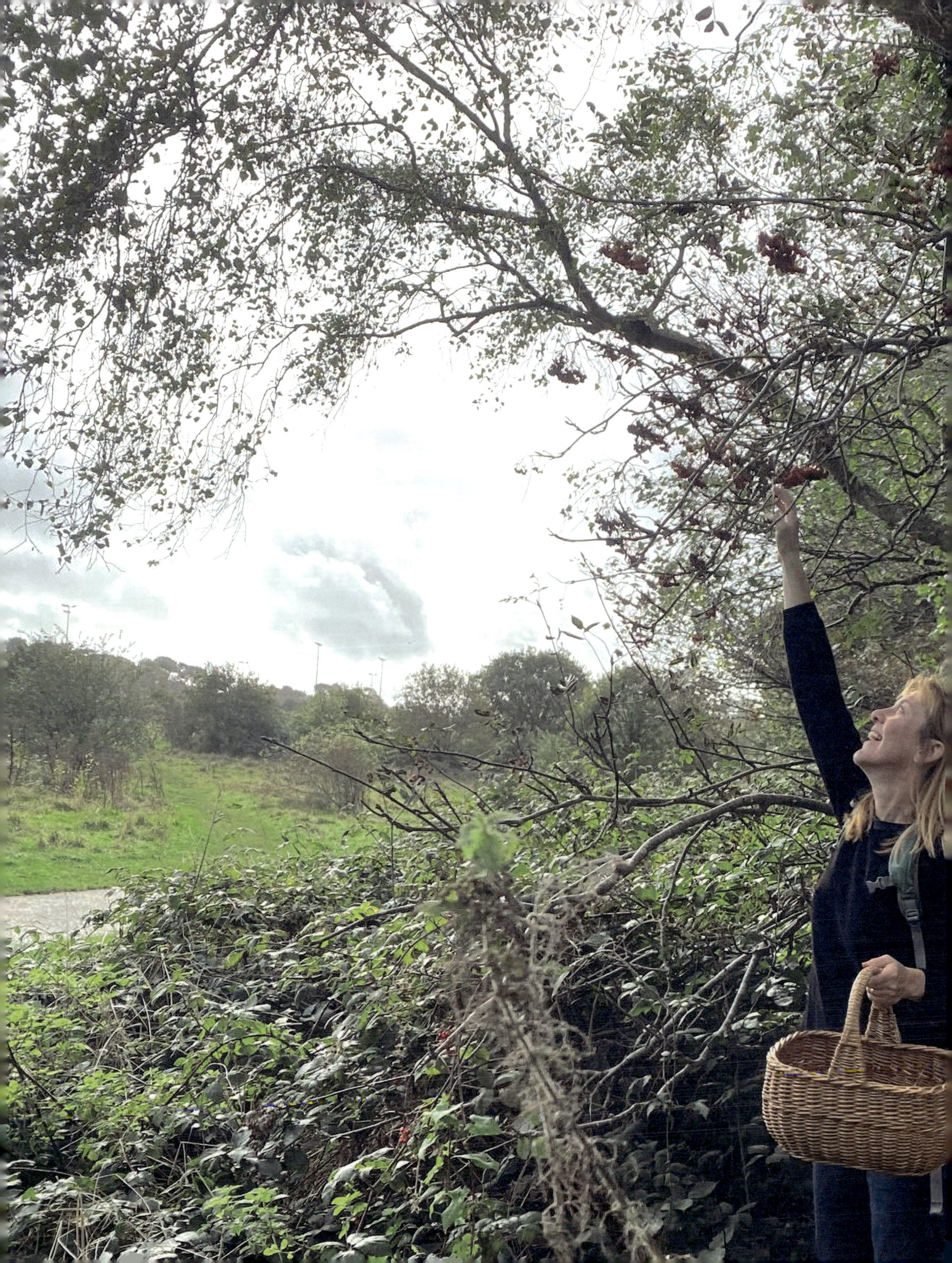

GEEIGNETE FUNDORTE

Der beste Ort zum Sammeln ist der, an dem man sich gerade befindet. Ich lebte mehrere Jahre auf Hausbooten auf der Themse, davor am Flüsschen Graveney in London und sechs Jahre lang in einem ländlichen Weiler in den Hügeln von Aberdeenshire in Schottland. In jedem dieser Gebiete fand ich eine Menge Dinge, die ich für meine Kunstwerke gebrauchen konnte. Das gelingt auch Ihnen dort, wo Sie leben.

Fast jeder Ort, zu dem der Zugang nicht verwehrt ist, eignet sich für den Einstieg. Wenn Sie mit einem nahe gelegenen und bequem erreichbaren Gebiet beginnen, entfällt der Anreiseaufwand beziehungsweise die detailgenaue Vorplanung. Sie können vielmehr, sobald das Wetter und die Umstände es erlauben, spontan losziehen. In diesem Kapitel werden Sie unterschiedliche Landschaftstypen kennenlernen und mehr darüber erfahren, was diese für Streifzüge interessant macht.

Zu den Zielen, die man allerdings meiden sollte, gehören kontaminierte oder durch die Schwerindustrie belastete Gelände, aber auch Gebiete, in denen man Wildtiere stören könnte. Letztgenanntes hängt von der Tages- oder Jahreszeit ab. Zu Zeiten, zu denen bodenbrütende Vögel gerade ihre Eier ablegen, sollte man zum Beispiel einem ansonsten geeigneten Areal fernbleiben. Und zu guter Letzt sollte man natürlich Orte meiden, an denen man sich unwohl fühlt.

Courage und Eigenschutz

In meinem Familien- und Bekanntenkreis gibt es – je nachdem, wie selbstbewusst der- oder diejenige ist – die unterschiedlichsten Einstellungen zu allein unternommenen Abenteuertouren. Wie es Ihnen damit geht, darauf finden Sie nur eine rein persönliche Antwort; hier gibt es kein Richtig oder Falsch. Wenn Sie sich in Begleitung sicherer fühlen, dann könnte der Anschluss an eine Wandergruppe eine wunderbare Lösung für den Anfang darstellen.

Sind Sie allein unterwegs, sollten Sie sich im Voraus über den Einbruch der Dunkelheit, Fahrzeiten der öffentlichen Verkehrsmittel oder gute Parkmöglichkeiten informieren. Sie können auch jemandem Bescheid geben, wohin Sie gehen und wann Sie zurück sein möchten. Ich habe immer mein Handy dabei und verwende dessen Kamera, um besonders ergiebige Fundstellen festzuhalten. Zwar stelle ich das Handy auf Flugmodus, da ich in der Natur nicht gestört werden möchte. Jedoch gibt es mir insgesamt Sicherheit für den Notfall.

Perspektivwechsel

Wenn wir uns in der Hektik des urbanen Lebens an den Umgebungskarten orientieren, die uns das Handy zeigt, verfallen wir leicht dem Glauben, wir lebten in einer gerasterten Welt und bewegten uns auf einer eigenschaftslosen Fläche. Aber das ist die technische Sichtweise. Sie ist zwar nützlich, aber wir sollten sie doch erweitern und wieder mit Leben füllen. Alle Menschen auf der Erde befinden sich in der Nähe von Wasser und in Landschaften, die – selbst wenn es keine Hügel gibt – doch zumindest einige Erhebungen aufweisen. Sind Sie normalerweise mit dem Auto oder der U-Bahn unterwegs, brauchen Sie vielleicht einen Moment, um Ihren Wohnort mit seinem dreidimensionalen Terrain zu erkennen und ihn nicht nur als zweidimensionale Landkarte zu sehen. Dann aber wird sich Ihr Gespür, dass diese beiden Dinge nicht dasselbe sind, entwickeln.

Ich lebe in einer Küstenstadt. Nur einen kurzen Spaziergang von dem Ort entfernt, an dem ich dies schreibe, schimmert der Solent, der ein Teil des Ärmelkanals ist. Das ist mein Bild von den Britischen Inseln.

„Nehmen Sie Ihren Wohnort wieder als dreidimensionales Terrain und nicht als zweidimensionale Landkarte wahr."

Übung: Die Vogelperspektive einnehmen

Hier ist eine spielerische Methode, um Ihren Wohnort einmal anders zu erleben. Sie brauchen dazu ein Blatt Papier und einen Stift.

Stellen Sie sich vor, Sie wären ein heimischer Vogel, eine Krähe zum Beispiel oder eine Möwe. Sie starten an Ihrem Standort und fliegen soweit nach oben, dass Sie Ihr Wohngebiet von oben sehen. Erkennen Sie den nächstgelegenen hohen Baum, auf dem Sie sich niederlassen könnten? Zeichnen Sie auf Papier, wo Sie sind und wo sich der hohe Baum befindet. Wo ist der nächste Fluss oder Bach, auch wenn er kanalisiert oder überbaut wurde? Tragen Sie diesen auf Ihre Karte ein, Genauigkeit spielt keine Rolle.

Stellen Sie sich nun vor, dass Sie zum nächsten Park oder offenen Gelände fliegen, und zeichnen Sie auch das ein. Gibt es in der Nähe eine Küste, einen Strand, einen Berg oder eine andere große Landformation, dann fügen Sie diese als Nächstes zu Ihrer Karte hinzu. Markieren Sie verlassene oder ungenutzte Areale, Randzonen, Teiche oder Wanderwege.

Fügen Sie schließlich alles hinzu, was weder ein Gebäude noch eine Straße ist und das Ihrer Meinung nach Ihr Gebiet räumlich besonders prägt. Vielleicht kommen Ihnen die höchsten und niedrigsten Punkte in den Sinn, nahe Wälder, eine Kaimauer, der Kanal, Friedhöfe oder Felder.

Betrachten Sie die Karte, die Sie aus der Vogelperspektive gezeichnet haben. Sie offenbart Ihnen, wo Sie mit Ihrer Suche anfangen könnten.

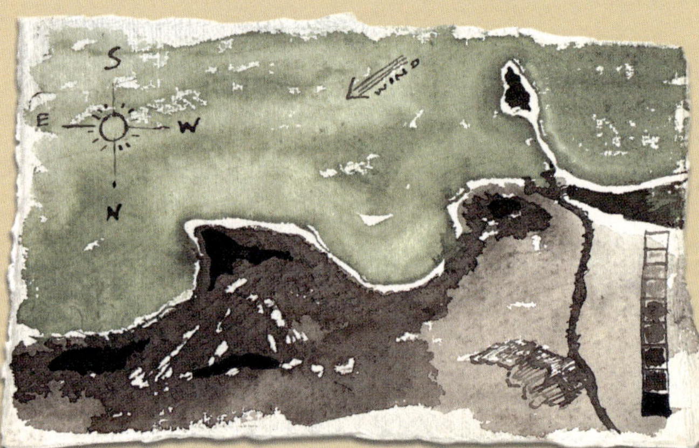

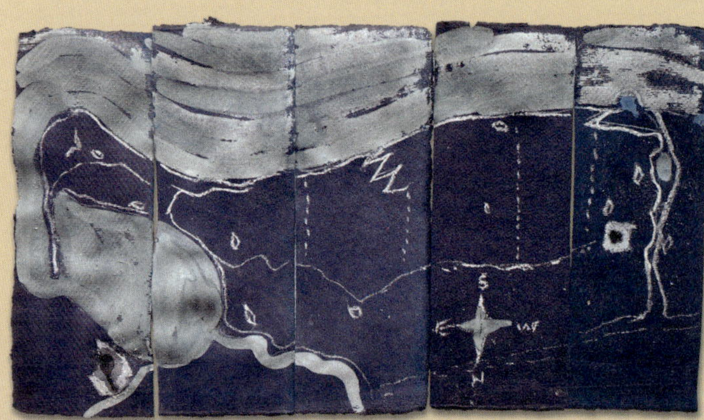

Kartenskizzen von einem meiner Lieblingswandergebiete mit eingezeichneten Höhenzügen und Wegen – angefertigt wurde sie hauptsächlich mit in der Region gefundenen Materialien.

Ein Spaziergang in der Natur verheißt für jemanden mit geschultem Auge, eine Schatzsuche zu werden.

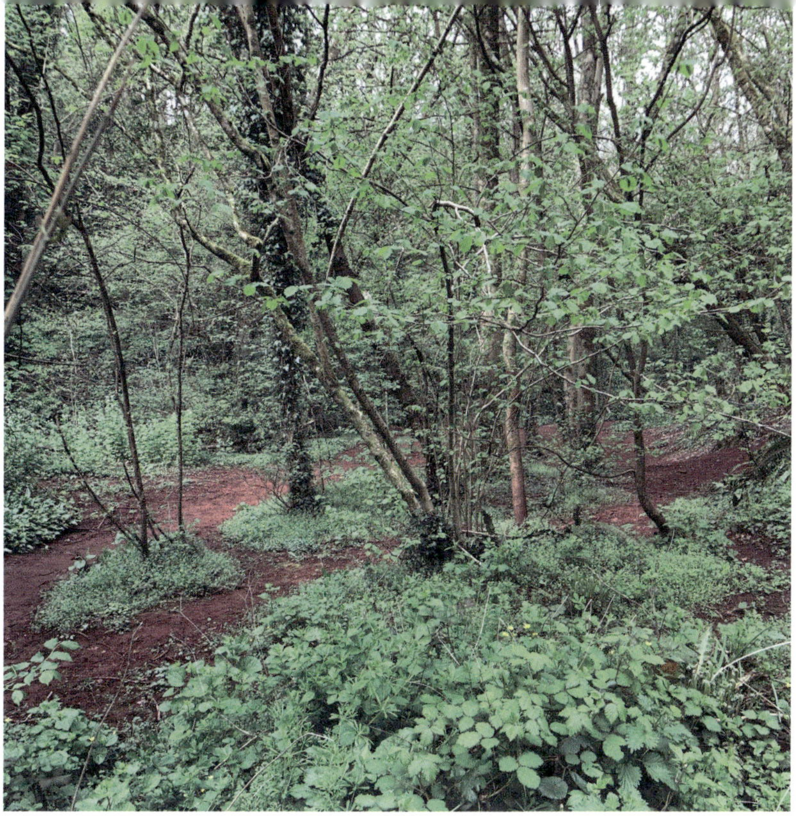

Auf Sammeltour in Ihrer Umgebung

Die Art und Weise, wie ich zu Hause sammle, unterscheidet sich von der Art und Weise, wie ich es als Gast in einem anderen Land tun würde. In England ist der Öffentlichkeit durch die sogenannten *Enclosure Acts* schon seit sehr langer Zeit der Zutritt zu vielen Grundstücken verwehrt. So sind beispielsweise nur acht Prozent der Freiflächen und drei Prozent der Flüsse öffentlich zugänglich. In Schottland gibt es seit 2003 ein allgemeines Zutrittsrecht, ohne dass dies zu Beeinträchtigungen geführt hätte – diese Haltung ist in den meisten nordeuropäischen Ländern die Norm.

Ich bin der Meinung, dass jede:r freien Zutritt zu offenem Gelände haben sollte, natürlich unter der Voraussetzung, dass kein Schaden an Pflanzen, Vieh oder Eigentum verursacht wird. Falls Sie einmal in England auf Sammeltour gehen möchten, müssen Sie sich entscheiden, ob Sie herausfinden möchten, wer die Grundbesitzer:innen in Ihrer Umgebung sind und ob Sie eine Erlaubnis dafür einholen möchten, einen kleinen roten Stein aufzuheben.

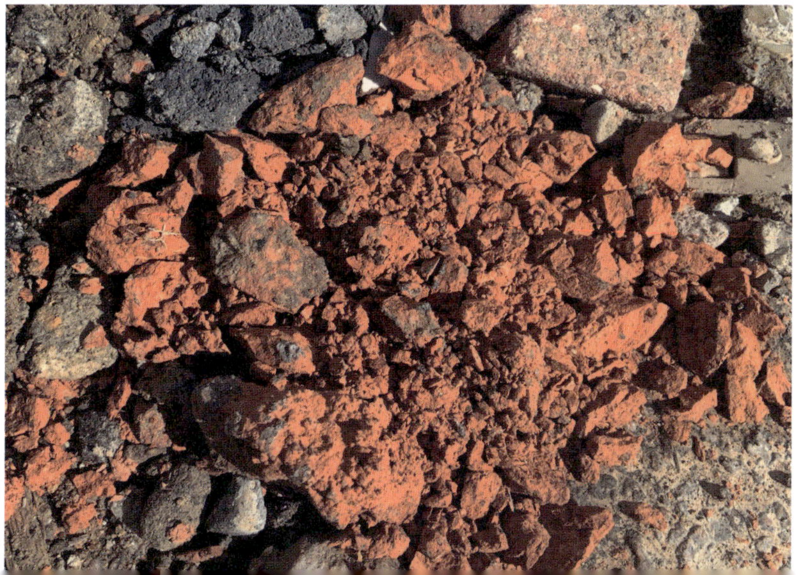

Weiche, leuchtend rote Terrakotta aus alten Ziegeln, gefunden in der Nähe meines Verlags in Kent, England.

Ausrüstung für das Sammeln

Ein wichtiger Teil meiner Philosophie besteht darin, die Dinge einfach zu halten. Ich bin damit groß geworden, zusammen mit meinem Bruder an der Bahnlinie Brombeeren zu pflücken, Äpfel aus Hecken zu klauben und für den Wellensittich von nebenan Tintenfischschulpen vom Strand aufzulesen. Mir war nicht bewusst, dass das etwas Besonderes ist, geschweige denn, dass es dafür einen international gebräuchlichen Begriff gibt: *Foraging*. Oft hatten wir nicht mehr dabei als einen alten Eisbecher oder ein Einkaufsnetz. Im Notfall mussten die Taschen unserer Kleidung herhalten. Mehr als einmal habe ich die Kapuze meines Regenmantels benutzt, um eine überraschende Ausbeute an Galläpfeln nach Hause zu tragen. Oder ich habe schnell einen Snack zu Ende gegessen, um einen vielversprechend aussehenden Klumpen bunten Sedimentgesteins so einpacken zu können, dass er sich nicht in meiner Tasche auflöst.

Ich erzähle das, um Sie zu ermutigen, das zu verwenden, was Sie gerade zu Hause oder in Ihrem Schuppen, Ihrer Garage oder auf dem Dachboden haben. Omas alter Korb? Perfekt! Die hässlichen Plastikdosen, die Sie schon vor zwanzig Jahren aussortiert haben? Ideal. Um Ihre eigenen Farben auf die Art und Weise herzustellen, die ich in diesem Buch vorstelle, ist es wahrscheinlich überhaupt nicht nötig, irgendetwas zu kaufen. Und wenn doch, dann gibt es die Sachen günstig in einem Sozialkaufhaus, einem Secondhand-Laden, auf dem Flohmarkt oder beim Discounter. Hier eine Übersicht der Gegenstände, die ich am nützlichsten finde:

Pflanzkelle Eine handelsübliche Handkelle für den Garten leistet gute Dienste.

Behälter Gebrauchte, saubere Lebensmittelbehälter mit Deckel – dafür können beispielsweise Joghurtbecher verwendet werden. Eine Auswahl an verschiedenen Größen ist nützlich.

Plastik- und Papiertüten Ich wasche und trockne alle Plastiktüten und verwende sie mehrmals. Sie eignen sich einfach am besten zum Verwahren von Muscheln, Ton, Gummi oder anderen feuchten Dingen, die wir finden. Ebenso kann man sie einsetzen, wenn man Müll aufsammelt beziehungsweise mitnimmt. Papiertüten wiederum sind ideal für trockene Steine, Federn und Gallen.

Korb oder stabile Tasche mit flachem Boden Auf der ganzen Welt hat er Tradition – ein Korb mit flachem Boden ist zum Transportieren von Fundstücken perfekt. Genauso tut es aber auch eine stabile Einkaufstasche mit flachem Boden.

Löffel Ein alter Tee- oder Suppenlöffel ist nützlich, um kleinere Mengen von Pigmenten aufzusammeln. Er hat gegenüber einer Kelle den Vorteil, dass er aufgrund seiner geringeren Größe einfacher mitzunehmen ist.

Schere oder Messer Diese werden wir nur selten brauchen, aber manchmal können sie sehr nützlich sein. Zum Beispiel erleichtert ein kleines Messer das Abkratzen von Kirschgummi. In verschiedenen Staaten gibt es sehr unterschiedliche Vorschriften darüber, ob ein Messer legal mitgeführt werden darf. Es empfiehlt sich, die Vorschriften in Ihrem jeweiligen Sammelgebiet zu kennen.

Die richtige Kleidung

Richten Sie sich mit der Kleidung nach dem örtlichen Klima. Bei mir in Großbritannien muss man immer mit Nässe rechnen, weshalb feste Stiefel und gute wasserdichte Kleidung stets zu empfehlen sind. Dort, wo Sie leben, könnten stattdessen vielleicht Sonnencreme und ein breitkrempiger Hut unverzichtbar sein.

Im Großen und Ganzen ist die Kleidung richtig, die Sie normalerweise zum Wandern tragen würden. Zu meinem Outfit gehört immer eine Hose mit vielen großen Taschen: Da sind Militärhosen, Cargohosen oder ein alter Arbeitsoverall viel besser geeignet als Jeans, deren enger Schnitt das ständige Niederhocken oft sehr erschwert.

Ergänzend empfehle ich Ihnen:

Arbeitshandschuhe Sie machen das Suchen zwischen Steinen und stacheligen Pflanzen erheblich angenehmer. Ich verwende Arbeits- oder Gartenhandschuhe, die preiswert und strapazierfähig sind.

Maske Für das Stöbern in staubigem Gelände ist eine normale waschbare Stoffmaske nützlich, wie sie heutzutage viele noch in der Schublade haben.

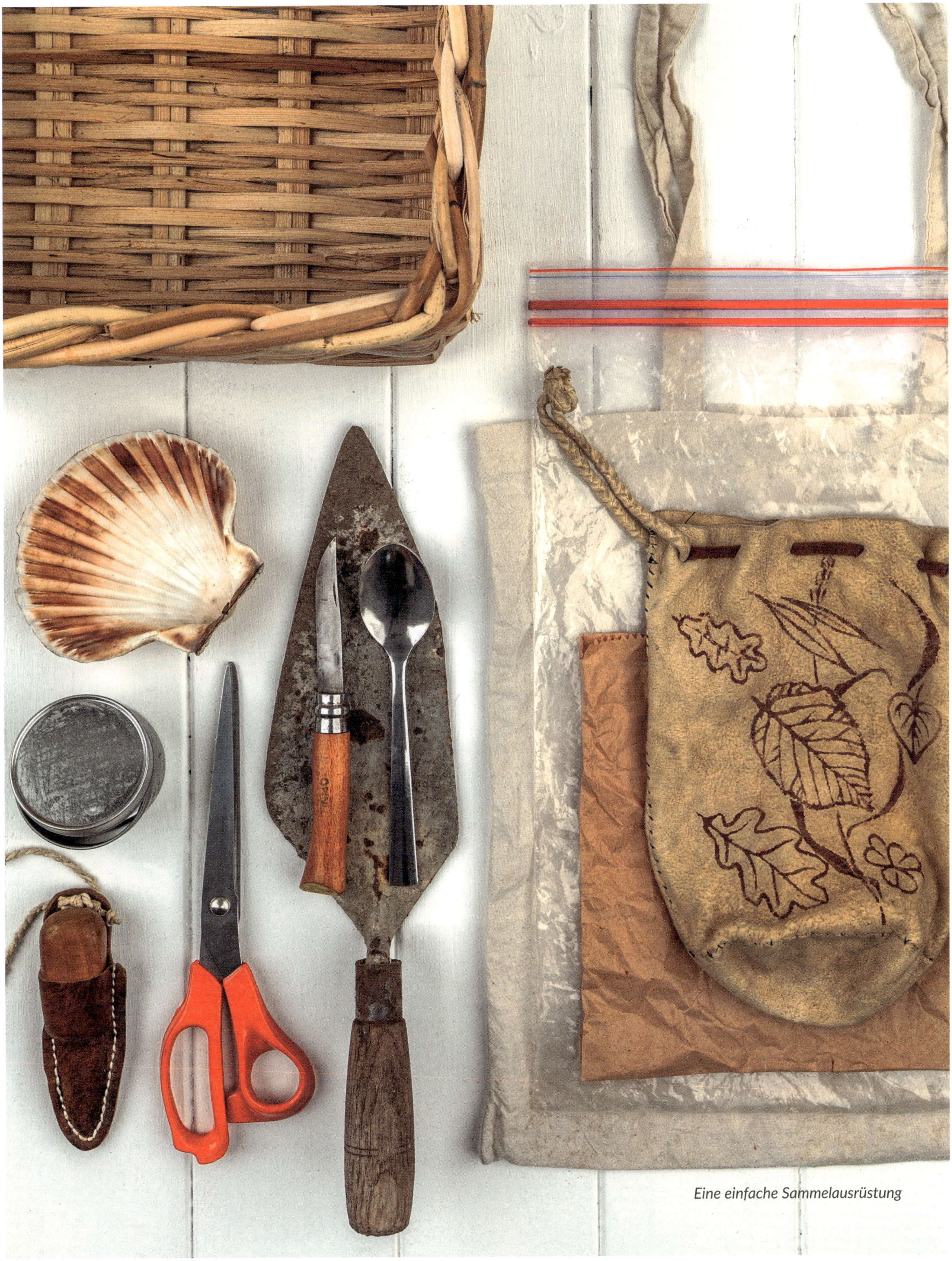

Eine einfache Sammelausrüstung

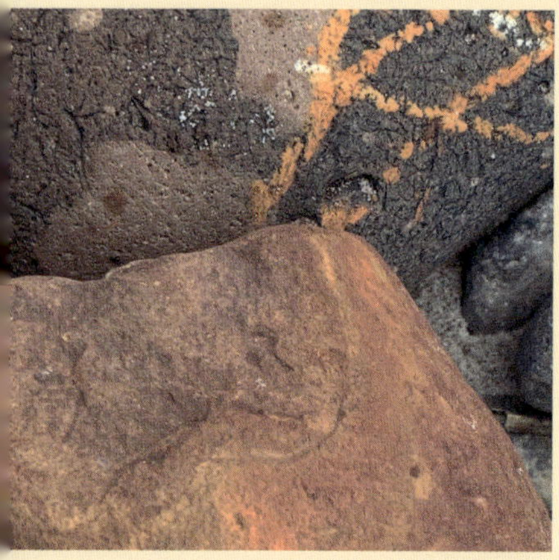

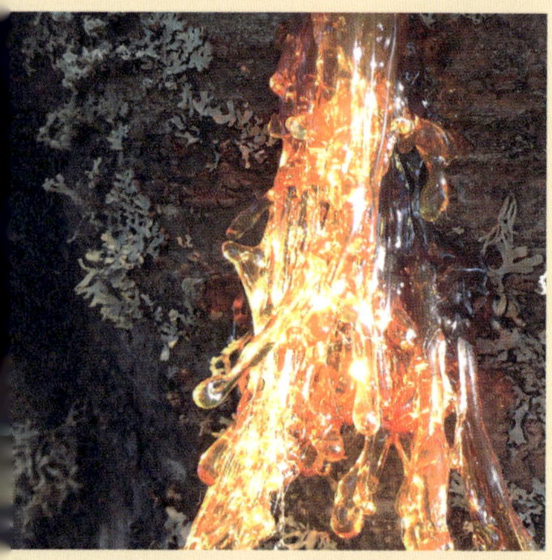

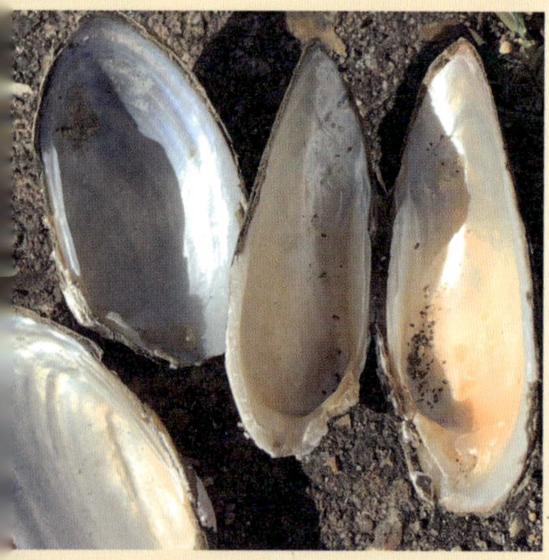

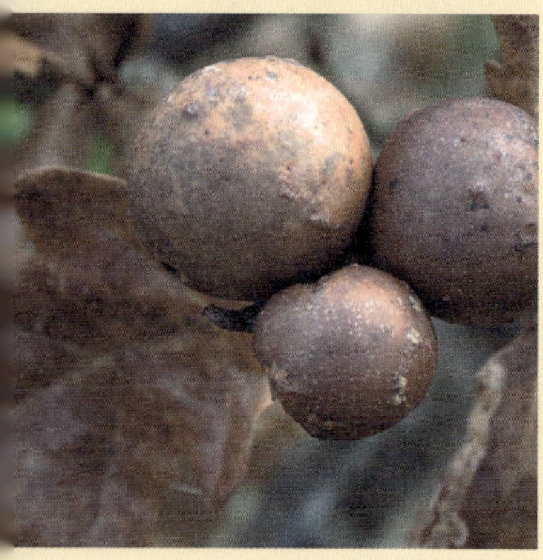

Jahreszeiten

Bei unserer Suche nach Naturfarben, spielt die Jahreszeit eine genauso wichtige Rolle wie der richtige Ort. Die Saisonabhängigkeit ist bei Pflanzen offensichtlich, während sie bei Steinen und Erden nicht per se auf der Hand liegt. Allerdings ist es viel einfacher, eine rote Lehmpfütze zu erspähen, wenn im Winter die frostigen Wege verlassen daliegen und die Brombeeren abgestorben sind. Im Folgenden finden Sie einen Überblick mit den Highlights der einzelnen Jahreszeiten; vergessen Sie aber nicht, dass opportunistische Jäger:innen und Sammler:innen immer bereit sind, etwas Unerwartetes zu entdecken – egal zu welcher Jahreszeit.

Winter In dieser Jahreszeit sind die Bäume kahl. Die hohen Pflanzen sind abgestorben, das bietet die Gelegenheit, im kurzen Gras nach im Herbst übersehenen Eichengallen, rostigen Nägeln und altem Eisen für unsere Rostfarm zu suchen. Vielleicht wurden Felder gepflügt, wodurch Kreide- oder Ockerklumpen zum Vorschein kommen – und auch anderweitig ist es einfacher, farbiges Gestein auf dem nackten Boden zu erkennen. Am Ende des Winters steht bei vielen Leuten der Frühjahrsputz an, eventuell fällt dabei Material ab, das sich für unsere Zwecke eignet: Vielleicht schneiden Ihre Nachbar:innen Bäume und Hecken zurück, sodass Sie gerade Zweige für Pinsel erhalten können und die Baumrinde zum Ernten von Gummi zugänglich wird. Winterstürme treiben Muscheln und Treibholz (als künftige Farbnäpfe und Malerpaletten) an die Küsten und legen frische Kiesel für Farben frei.

Frühling Im Frühling empfiehlt es sich, sich in der Nähe nach Kirsch- oder Pflaumenbäumen umzusehen und sich die Standorte zu merken. Wenn bei den Bäumen die Säfte steigen und sich die Frühlingsblüten öffnen, können Sie rechtzeitig den Gummi sammeln. Dank der längeren Tage können Sie umfangreichere Streifzüge machen und Erdproben und Lehm mitnehmen, bevor diese von Unkraut und Gras überwuchert werden. Oft finde ich im Frühjahr Kreidesteine, die Dachse ausgegraben und in praktischen Haufen neben ihren Bauten abgelegt haben.

Sommer In dieser Jahreszeit mausern sich die Wasservögel. An Kanälen, Flüssen und Wasserstraßen findet man ausgefallene Federn, aus denen sich Schreibfedern und Pinsel herstellen lassen – je größer die Federn sind, desto besser. Auch Süßwassermuschelschalen, von hungrigen Vögeln aus den Flüssen gepickt und beim Fliegen fallen gelassen, sind häufig zu sehen. Ich sammle sie, wasche sie und verwende sie als die ursprünglichste Form aller Farbtöpfe. Im Sommer bilden sich die Eichengallen an den Bäumen: Jetzt ist die Zeit, dies zu bemerken und sich den Fundort zu notieren – die Zeit, sie zu pflücken, kommt jedoch erst später. Vielleicht haben Sie Bekannte mit Legehennen, die einen Überschuss an Eiern haben? Mit den Eiern können Sie sehr gute frische Farben anrühren. Die kalziumreichen Schalen stellen eine prima Alternative zu Kreide für Gouache dar.

Herbst Bei den Eichengallen zeigen im Herbst verräterische Löcher an, dass die kleinen, harmlosen Wespen ausgeflogen sind. Sobald dies der Fall ist, kann man die Eichengallen sammeln. Baumgummis sind im Herbst reichlich vorhanden und fließen langsamer: Vorsichtig können Sie nehmen, was Sie brauchen. Viele Felder sind jetzt abgeerntet. Landwirt:innen kann man um Erlaubnis bitten, sich auf Flächen umzusehen, die vorher wegen der Anpflanzungen nicht begangen werden konnten, manche waren auch vormals Viehweiden. Auch Schilf und Bambus im Garten haben ihre Wachstumsphase beendet und es gibt keinen besseren Zeitpunkt, ein Bündel für Stifte und Pinsel mitzunehmen.

Von oben nach unten:
Winter – Eisenhaltige Steine am Strand
Frühling – Kirschbaumgummi im Licht
Sommer – Muscheln an der Schleuse
Herbst – runde Eichengallen

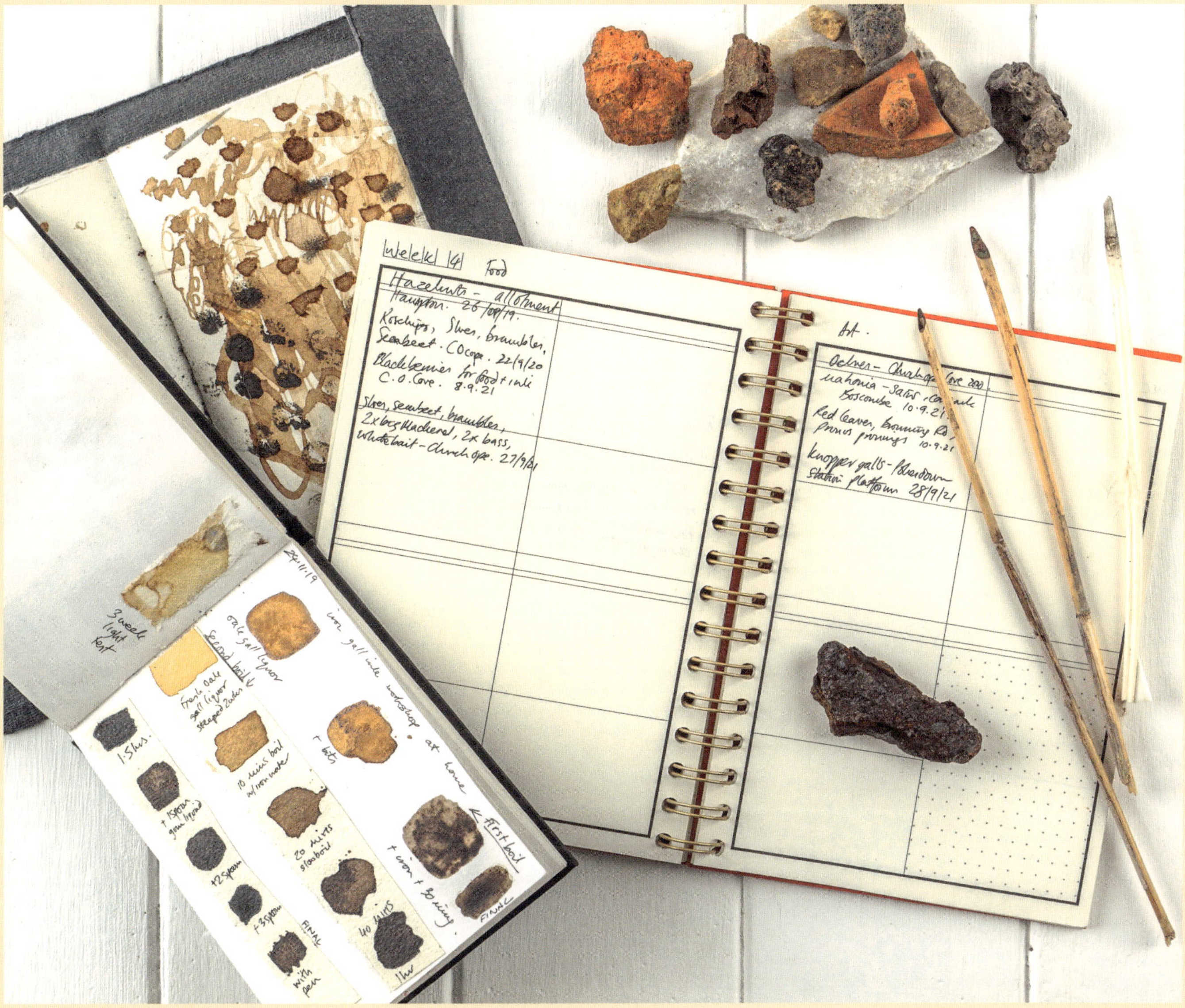

Sammeltagebuch

Ich kann mich noch genau erinnern, wo die jungen Eichen standen, an denen ich einmal auf eine Schwemme von Galläpfeln traf. Und ich weiß noch genau, wo in der Grafschaft Devon der umgestürzte Baum lag, bei dem ich den brillantesten gelben Lehm entdeckte. Man kann aber nicht jeden Standort im Kopf behalten. Wenn ich nach einer Wanderschaft nach Hause komme, notiere ich Ort, Datum und was ich gefunden habe. Dafür nutze ich einen spiralgebundenen immerwährenden Kalender, in dem es schon eine Struktur für die Monate und Wochen verschiedener Jahre gibt (ein individuell gestaltetes Notizbuch wäre genauso gut geeignet). Diese Vermerke mache ich auf einer Seite und verwende die gegenüberliegende speziell für Notizen zu essbaren Entdeckungen. Denn ein Ausflug, bei dem ich Haselnüsse sammle, bringt mir meist auch Ocker, Gallen oder Federn ein.

Ein Sammeltagebuch ist eine wunderbare Sache, um sich in den Fluss der Jahreszeiten einzufinden, falls Ihr Leben bisher ein wenig von der Natur abgekoppelt war. An einem kalten, nassen Tag können Sie in Ihren Notizen blättern, sich an all die Dinge erinnern, die Sie gefunden haben, und Pläne schmieden, um zu gegebener Zeit an bestimmte Stellen zurückzukehren.

Online-Karten-Apps sind nützlich, um genaue Orte festzuhalten. Ich verwende *What3Words*, ein System, das die Welt in Drei-Meter-Quadrate eingeteilt hat. Jedem Quadrat ist ein Name aus drei Wörtern zuordnet. Das ist nützlich, um beispielsweise schwer zu bezeichnende Stellen in einem Waldgebiet zu dokumentieren. Ich schreibe mein Tagebuch von Hand, denn ein Buch voller Naturnotizen ist eine Freude an sich – und es ist nicht auf das Mobilfunknetz angewiesen.

Farben Zuhause, im Garten oder auf der Straße finden

Beginnen Sie mit dem Sammeln am besten dort, wo Sie gerade sind. Irgendwo bei Ihnen zu Hause, in Ihrem Garten oder an Ihrer Straße versteckt sich ein hinreichend weicher Stein, bunter Lehm, ein Stück Ziegel oder ein Klecks Baumgummi – Fundstücke, die nur darauf warten, zu Farbe zu werden.

Wann haben Sie das letzte Mal Ihre Küchenschublade geleert? Das Glas mit den Muscheln und Steinen – was genau ist da drin? Wo ist die Scherbe des hellroten Terrakotta-Blumentopfs, die Sie im Hochbeet gefunden haben? Der neue Kies in der Einfahrt enthält aber wirklich interessante grüne Steine! Sehen Sie genauer hin. Der gelbe Lehm, den Sie beim Ausheben des Teichs im Garten aufgeschüttet haben – nehmen Sie sich eine Handvoll davon ab. Die bröckelnde rote Backsteinmauer im Vorgarten, die Ihre Nachbar:innen erneuern wollen. Vielleicht könnten Sie um ein Stück aus dem Schutt bitten? Die Holzkohle aus der Feuerschale hat ein wunderbares tiefes Schwarz – könnte man sie nicht zu einem schönen Pigment zermahlen? Was geschieht mit dem klebrigen Gummi an Ihrem Pflaumenbaum? Und so weiter ...

Um die Brauchbarkeit eines Materials zu testen, holen Sie sich ein wenig Schmierpapier. Starkes Bastelpapier ist ideal, aber auch ein stabiler gebrauchter Briefumschlag in Weiß ist gut geeignet. Außerdem benötigen Sie einen harten Stein mit rauer Oberfläche. Waschen Sie dafür einen großen Kiesel oder einen hellen Stein aus Ihrem Garten sauber.

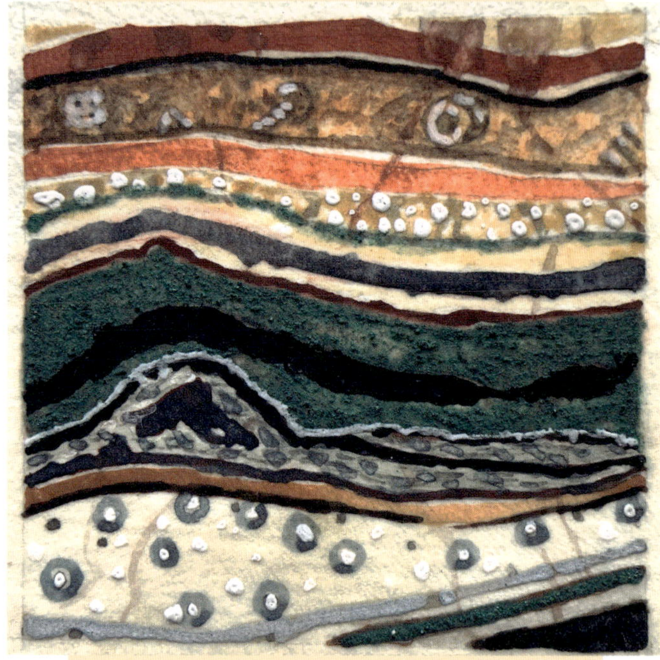

ANTHROPOCENE STRATA
10 × 10 cm

Dieses Bild zeigt, was die Menschheit hinterlässt. Wir können bei uns zu Hause anfangen, unseren ökologischen Fußabdruck zu vermindern und Dinge wiederverwerten.

Handgemachte Farben auf Hirschleder-Pergament

In der Sammlung von Candace Jensen

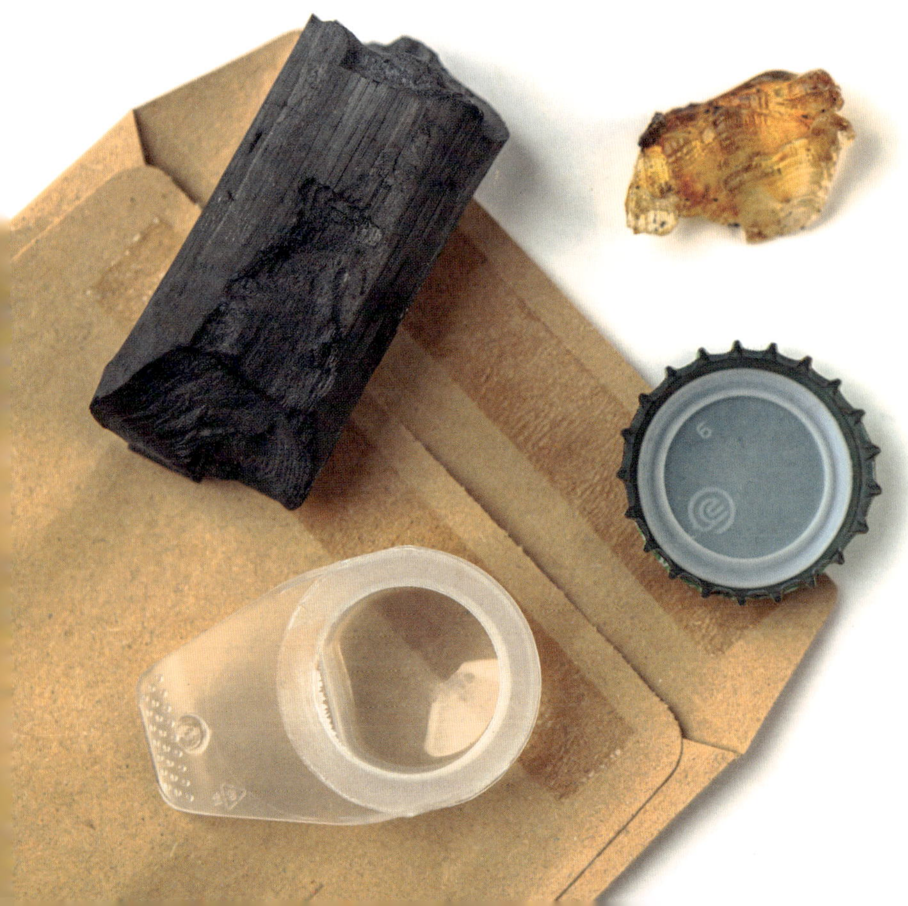

ZU HAUSE GEFUNDEN

Holzkohle, Kirschgummi, Briefumschlag sowie ein Kontaktlinsenbehälter und ein Flaschenverschluss – alles sind nützliche Dinge für die Herstellung oder Aufbewahrung von Farben.

Übung: Abrieb auf Papier

Zum Testen weicher Materialien wie Holzkohle, Ton, Erde, Torf, Lehm, Kreide oder Schlamm braucht man nur ein Stück Papier oder ein kleines Skizzenbuch, das man unterwegs leicht mitnehmen kann.

Mit einer kleinen Menge des Materials reiben Sie dann über das Papier. Hinterlässt es Spuren? Interessieren Sie sich noch weiter für das Material und stellen Sie weitere Fragen: Was ist das für eine Farbe? Muss das Material erst angefeuchtet werden? Ist es kratzig oder bröckelig? Hinterlässt es harte Linien oder lässt es sich leicht verwischen?

Notieren Sie mit Bleistift neben der Malstelle, um was es sich handelt. Gefällt Ihnen das Material mit seinen Eigenarten, sammeln Sie ein wenig davon in eine mitgebrachte Tüte oder Dose. Wenn nicht, lassen Sie es, wo es ist, und suchen Sie weiter.

Ist das Material zu hart für Papier, reißt es dieses ein oder hinterlässt keine Spuren (wie der dritte Stein auf dem Bild rechts), erscheint es Ihnen aber dennoch vielversprechend, dann gehen Sie anders vor und prüfen den Abrieb auf Stein (siehe unten).

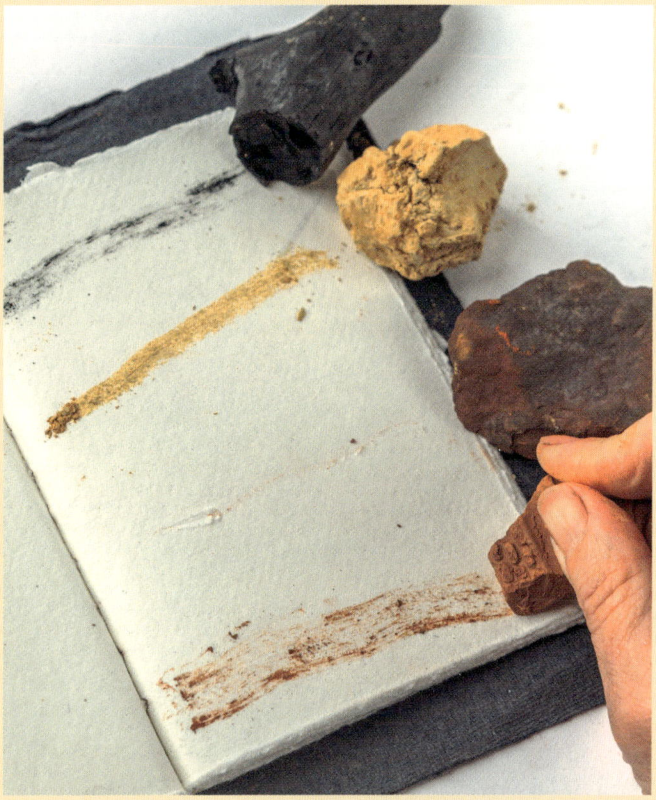

Von oben nach unten: Testergebnisse von Holzkohle, gelbem Lehm, Eisenstein und Terrakottaziegel direkt auf Skizzenbuchpapier

Übung: Abrieb auf Stein

Reiben oder kratzen Sie härteres Material über einen Prüfstein, um festzustellen, ob es zu einer Spur kommt – zum Testen von beispielsweise Ziegeln oder Stein können Sie derart vorgehen. Hinterlässt das Material eine farbige Linie, haben Sie ein Fundstück, aus dem Sie vielleicht Pigment gewinnen können. Entsteht keine Spur, ist es zu hart für die Verarbeitung mit den einfachen Mitteln, die wir verwenden werden.

Hartes Gestein enthält oft viel Kieselsäure und erzeugt im Allgemeinen keine so kräftigen Farben wie die eisenhaltigen Gesteine und Ocker, die wir zu finden hoffen. Einen Prüfstein bei sich zu haben, zahlt sich aus. Denn man erhält schnell ein Gefühl, wie stark der Abrieb sein muss, damit es sich lohnt, den Stein für die Pigmentherstellung mitzunehmen. Das Wissen liegt in Ihren Händen und in Ihren Augen. Tatsächlich beansprucht das Herstellen von Farben eigentlich alle Ihre Sinne, außer vielleicht den Geschmackssinn!

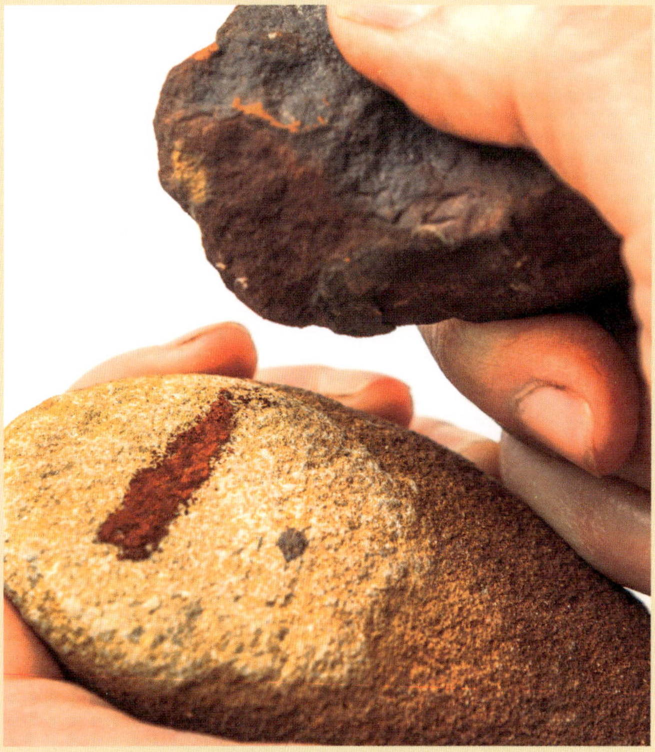

Ich verwende für meine Tests einen handtellergroßen, rauen Stein. Gefunden habe ich ihn am Strand in Burntisland in der Nähe Edinburghs.

Farben am Strand finden

Ich bin am Meer aufgewachsen. Mit einer Tasche voller Schätze und Sand in den Schuhen nach Hause zu gehen, gehört zu meinen frühesten Kindheitserinnerungen. Wenn ich heute meine leichte Jacke aus ihrem Winterquartier hole, da es endlich warm genug ist, überkommt mich eine unvergleichliche Freude, wenn ich in einer ihrer Taschen einen Kieselstein finde, den ich letzten Sommer eingesteckt habe. Ich erwähne diese Momente, weil sie Teil einer bewussten Entschleunigung sind. Wir nehmen davon Abstand, die Natur als nie versiegende Ressourcenquelle zu sehen. Vielmehr begreifen wir sie als lebendigen Vorrat an Freude, der unsere Zeit und all unsere sinnliche Aufmerksamkeit verdient. Haben wir das Gefühl der inneren Verarmung, neigen wir dazu, diese Leere durch immer mehr Konsum zu füllen. Dabei könnten wir auch durch etwas so Einfaches und völlig Kostenloses wie das Betrachten der anrollenden Wellen und der angespülten bunten Steine am Strand auftanken.

Von Kreideklippen über Schiefer- und Granitfelsen bis hin zu sandigen Flussmündungen gibt es am Strand potenziell unendlich viele Steinformationen. Angefangen bei leuchtend rotem Ocker und gelben Tonklumpen über blassgrüne Erden bis hin zu weichen, verwitterten alten Ziegelscherben, all das finden Sie entlang des Ufersaums. Testen Sie infrage kommende Fundstücke, indem Sie sie gegen einen härteren Stein reiben, so wie auf Seite 31 beschrieben. Darüber hinaus können Sie natürlich auch weiche Kreidekiesel, grüngrauen Schiefer oder rosafarbene Steine entdecken.

Wir nehmen nur wenige Kiesel beziehungsweise eine Handvoll von jeder Farbe mit, denn wir wollen den Strand nicht schmälern und auch nicht habgierig sein. Natürlich entfernen wir nichts aus geschützten Landschaften oder Gebieten von besonderem wissenschaftlichem Interesse, wenn wir diese möglicherweise durchqueren.

Tipp

Finden Sie heraus, ob es vor Ort eine geologische Vereinigung gibt, die Exkursionen anbietet!

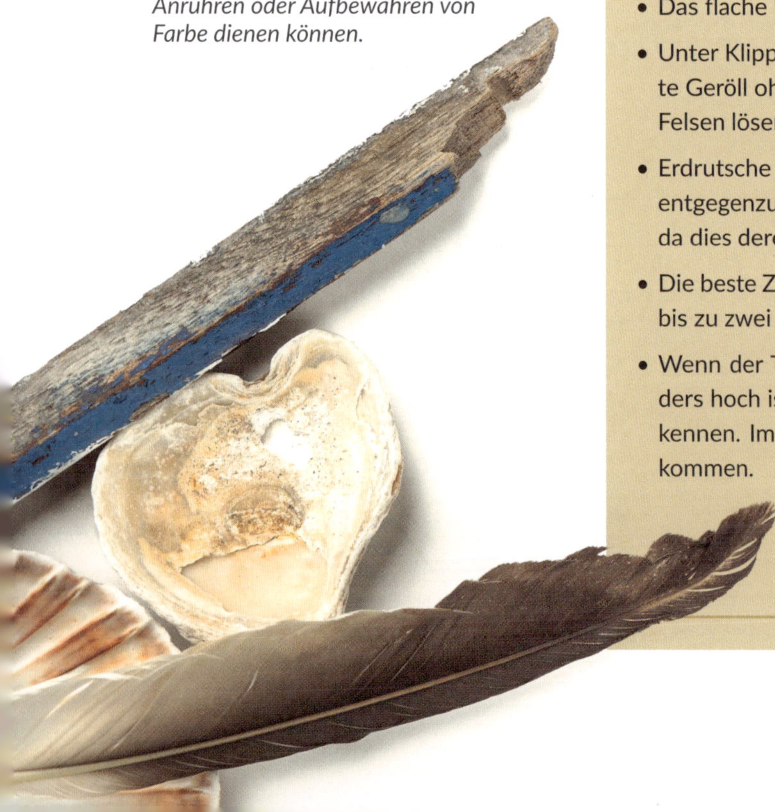

AM STRAND GEFUNDEN

Treibholz, Federn für Pinsel oder Schreibstifte und Muscheln, die zum Anrühren oder Aufbewahren von Farbe dienen können.

Eigenschutz: Gezeiten, Klippen und Fluchtwege

- Das flache Ufer ist für die Suche der sicherste Bereich.
- Unter Klippen zu gehen, ist immer gefährlich. Besonders nach Regen könnte Geröll ohne Vorwarnung herabstürzen, es könnten sich sogar auch große Felsen lösen.
- Erdrutsche und Schlammlawinen stellen ebenfalls Gefahren dar, denen es entgegenzuwirken gilt. Entnehmen Sie niemals Material von Klippenkanten, da dies deren Stabilität schwächt.
- Die beste Zeit, um Gezeitenzonen zu erkunden, ist die zwei Stunden vor und bis zu zwei Stunden nach Niedrigwasser.
- Wenn der Tidenhub an der Stelle, an der Sie auf Sammeltour sind, besonders hoch ist, sollten Sie Ihren im Voraus geplanten Fluchtweg genauestens kennen. Im Fall einer Springtide kann das Meer gefährlich schnell zurückkommen.
- Nehmen Sie, wenn Sie allein unterwegs sind, ein voll aufgeladenes Handy mit, und achten Sie auf Ihre Tritte: Es gibt kaum etwas Rutschigeres als algenbewachsene Felsen.

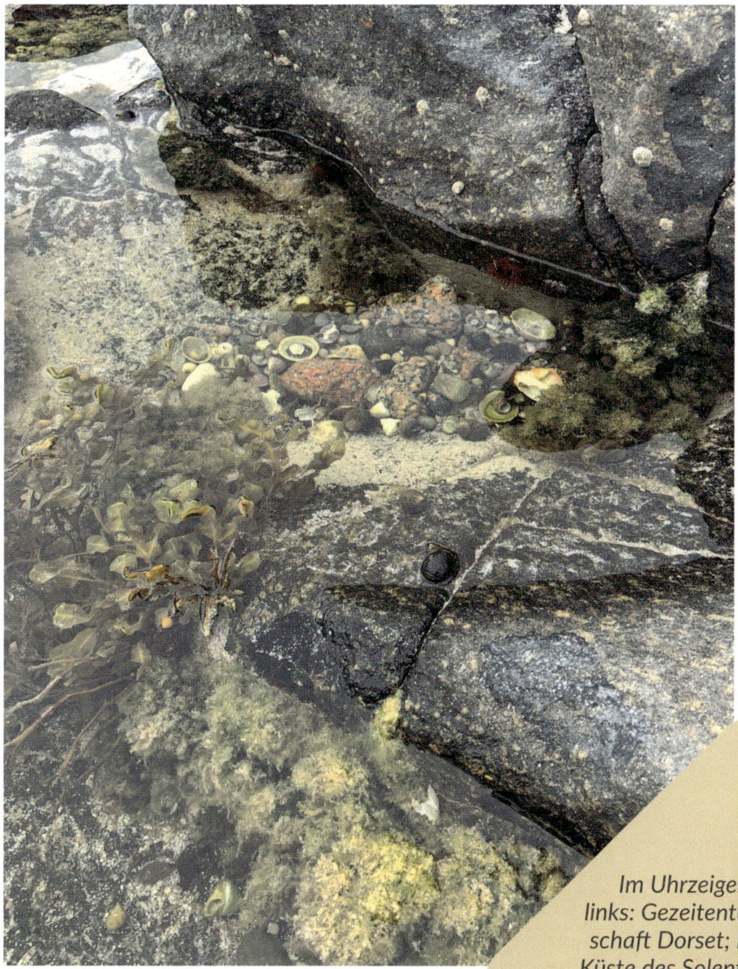
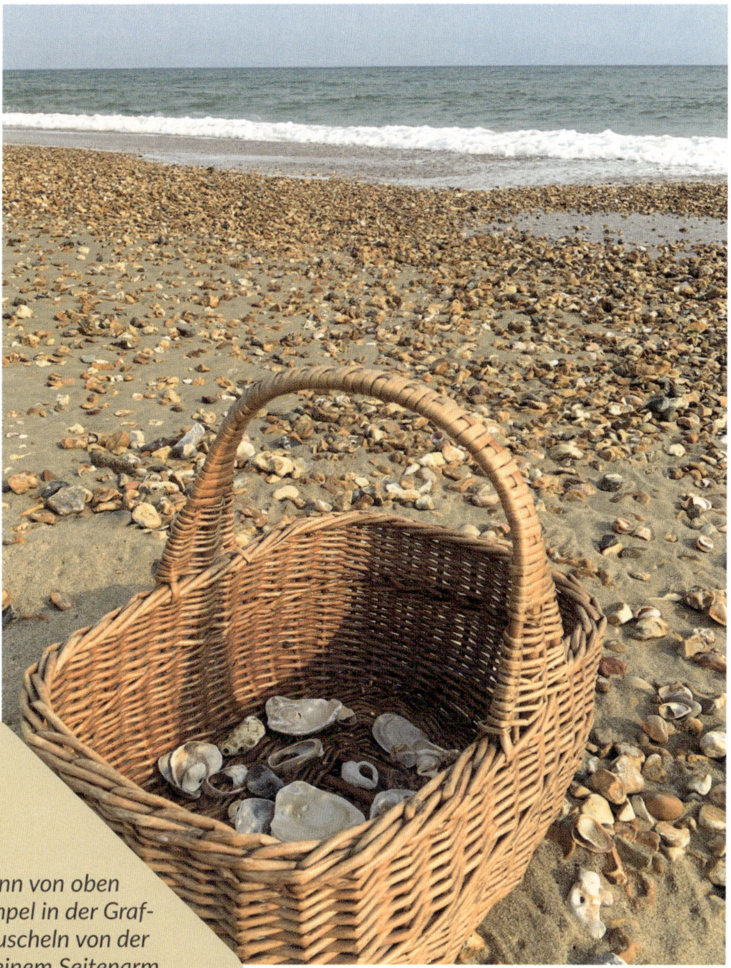
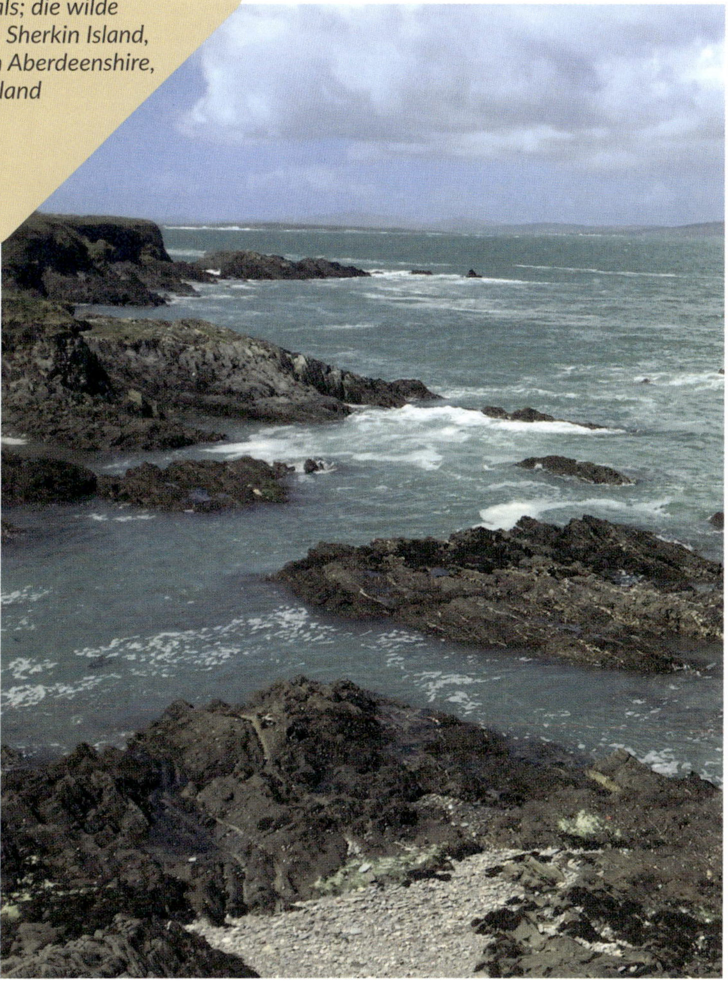
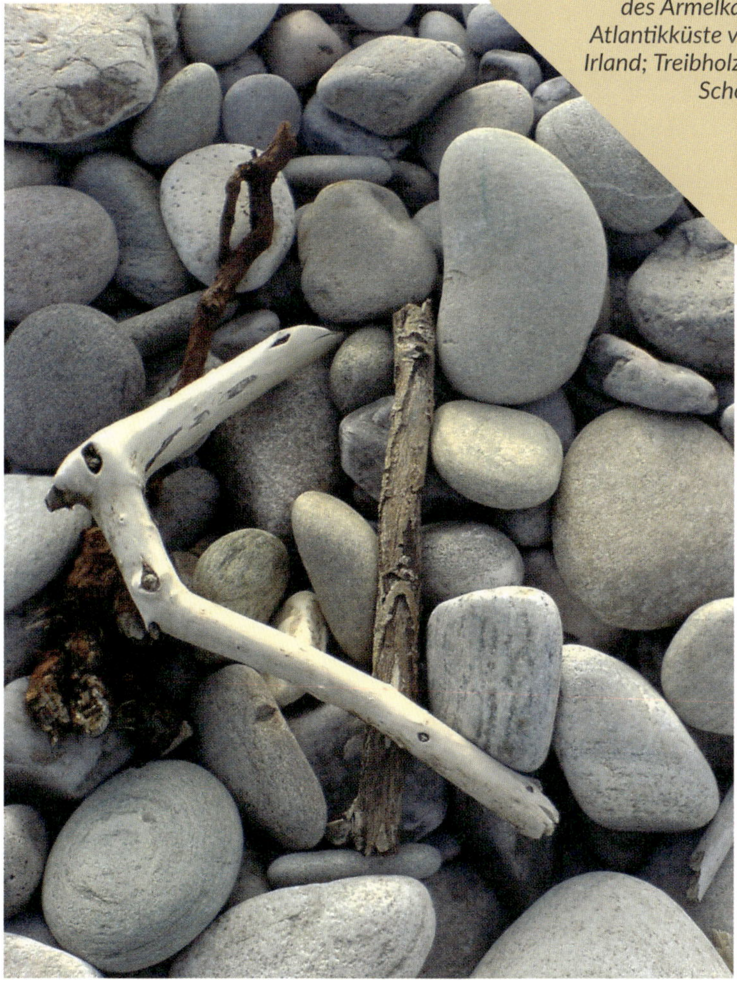

Im Uhrzeigersinn von oben links: Gezeitentümpel in der Grafschaft Dorset; Muscheln von der Küste des Solent, einem Seitenarm des Ärmelkanals; die wilde Atlantikküste von Sherkin Island, Irland; Treibholz in Aberdeenshire, Schottland

Farben vom Strand

Im Folgenden stelle ich einige Funde von den Stränden in meiner Nähe vor. Vielleicht stellen Sie fest, dass Sie nach einigen Besuchen am Wasser bereits genug einsammeln konnten, um zu einer schönen Farbskala zu kommen.

FUNDOBJEKT	PIGMENT	FARBRESULTAT

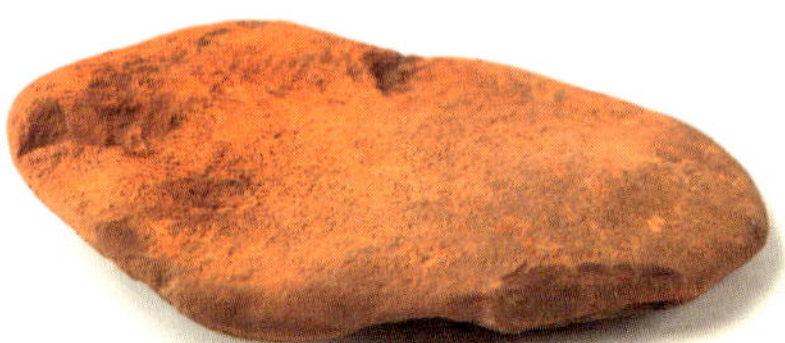

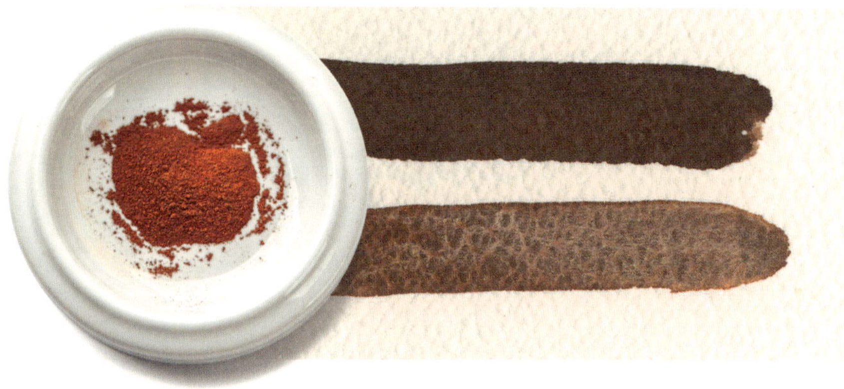

EISENHALTIGER STEIN

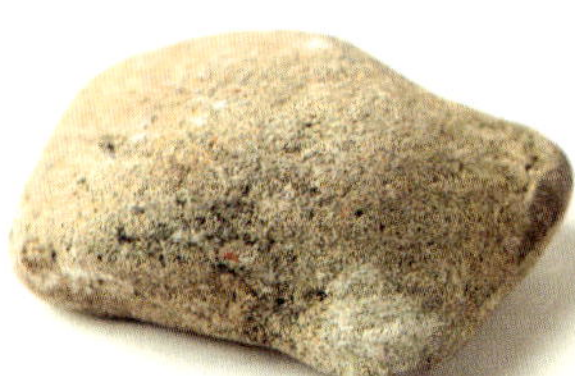

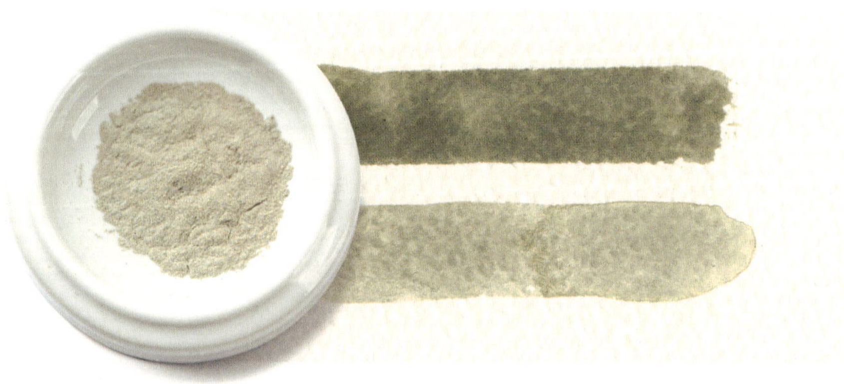

GRÜNER KIESEL

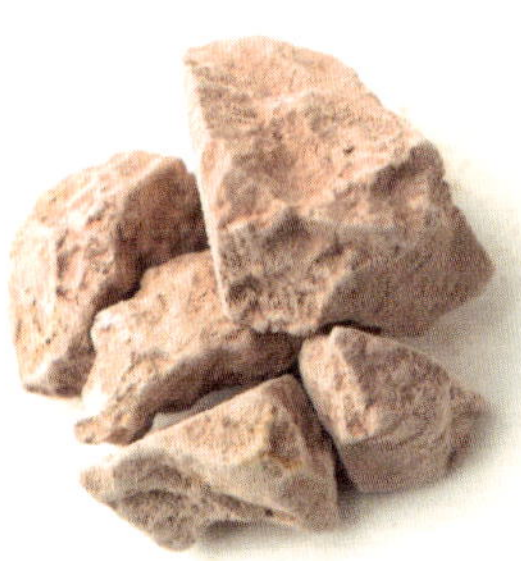

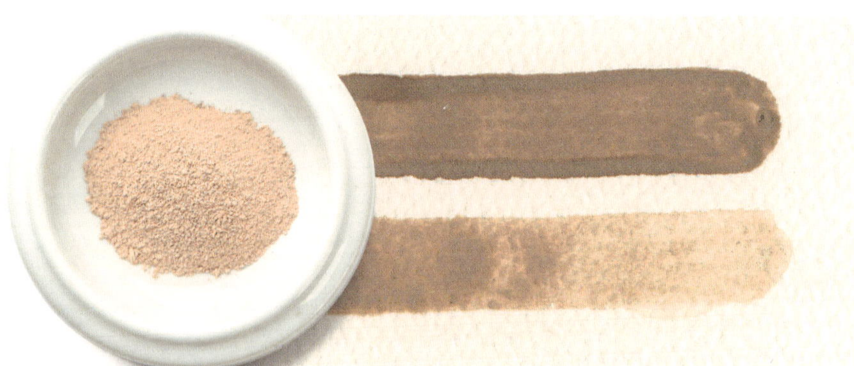

ROSAFARBENE KREIDE

Weitere nützliche Fundobjekte

Wie Detektiv:innen halten auch Jäger:innen und Sammler:innen stets Ausschau nach Dingen, die ihnen irgendwie fehl am Platz erscheinen. Einmal fand ich am Strand der St. Magnus' Bay auf den Shetlandinseln Feuersteinknollen, was mich verwirrte, da es, wie ich sehr wohl wusste, in der Nähe keine Feuersteinvorkommen gab. Mein ortsansässiger Begleiter erklärte mir dann allerdings, dass die Knollen einst als Ballast auf Schiffen dienten und vor Jahrhunderten von Handelnden abgeladen wurde, die von der Südküste kamen. Geheimnisse und Fragen sind Teil unserer Ausbeute, wenn wir auf die Jagd gehen. Es ist kein Zufall, dass *I gather – Ich sammle* – im Englischen auch *Ich verstehe* bedeuten kann.

Suchen Sie am Strand nach Möwenfedern für Schreibfedern und Pinsel, nach Treibholz für Pinselstiele, Malerpaletten und Tusche- und Tintenstifte sowie Steinen mit mehreren Vertiefungen, die als Paletten für mehrere Farben dienen können. Muschelschalen wiederum sind gute Näpfchen, in denen sich Farben einzeln aufbewahren lassen oder auch Tuschen und Tinten. Manche Algen enthalten ein Gel, mit dem Sie einen Farbbinder improvisieren können.

Noch ein Sicherheitshinweis: Zerkleinern Sie Muscheln nie ohne Handschuhe, Schutzbrille und Mundschutz. Muscheln sind Bioakkumulatoren für Schwermetalle und andere Schadstoffe aus dem Meer, die über Haut, Lunge und Augen aufgenommen werden können.

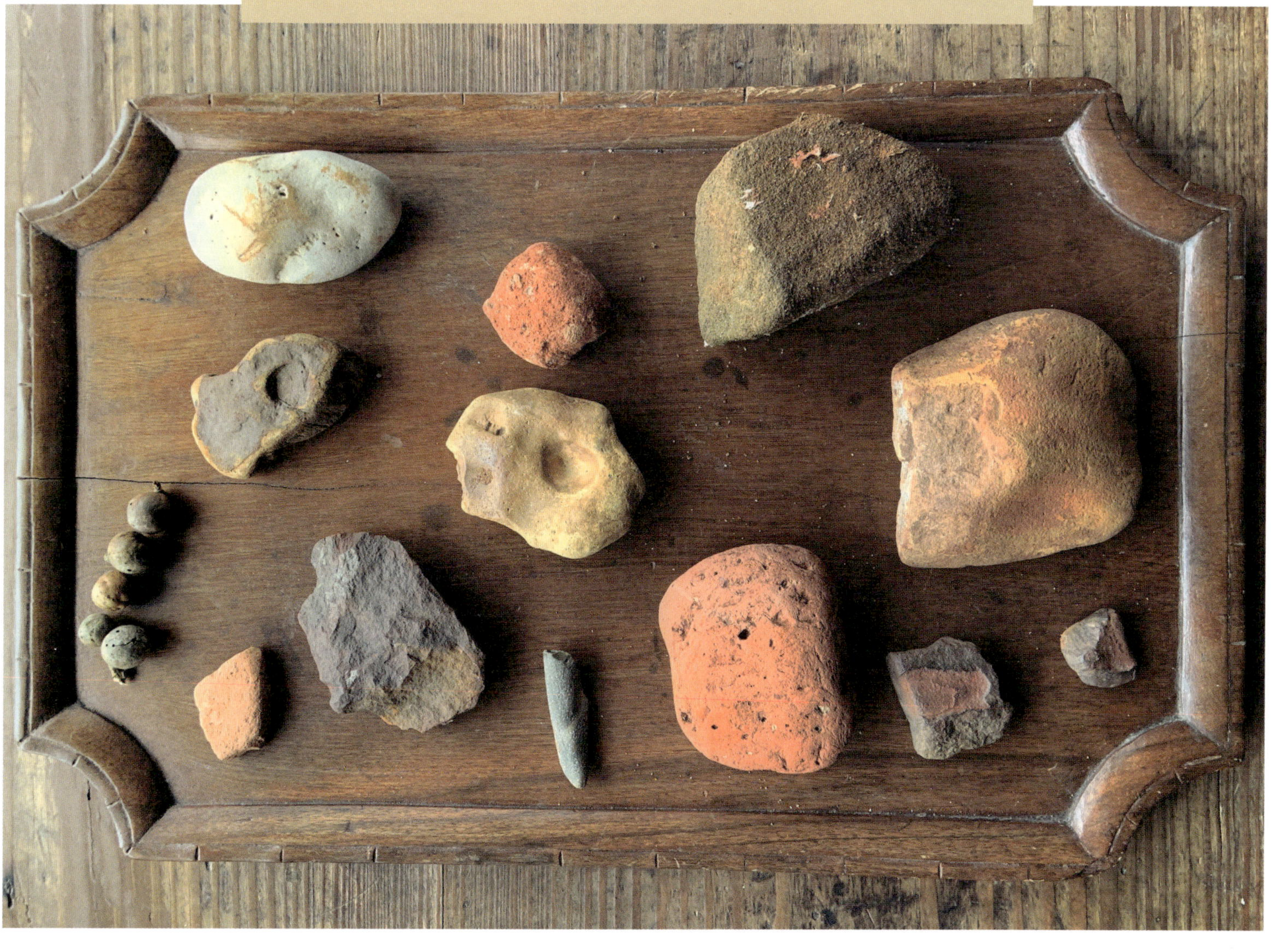

Farben auf dem Land finden

Wenn wir in England von *Countryside* sprechen, meinen wir Wiesen, Weiden, Heidelandschaften, Anhöhen, Berge, Moore, Sümpfe und Felder, also unbewohnte Flächen zwischen Gehöften, Städten, Flüssen und Wäldern. Anderswo bedeutet *auf dem Land* vielleicht trockene Felslandschaften oder sogar Wüste, Prärie, Dschungel, Tundra oder Gletscher. Was all diese Orte gemein haben, ist ihre relative Wildnis.

Wenn Sie also in unberührter Natur unterwegs sind, was auch immer das in Ihrem Lebensraum bedeutet, sind Umsicht und Wachsamkeit besonders wichtig. Abseits von begangenen Wanderwegen ist es zusätzlich zu den bereits erwähnten Sicherheitsmaßnahmen ratsam, Trinkwasser und etwas zu essen bei sich zu haben. Nehmen wir an, Sie haben nun alles Notwendige eingepackt und sich dem Gelände entsprechend gekleidet, was werden Sie dann für Ihre Farbwerkstatt entdecken können? Lernen Sie im Folgenden einige Funde kennen, die ich in letzter Zeit auf meinen Wanderungen gemacht habe.

Unter einem von Pferdehufen losgetretenen Heidekrautbüschel kam ein tiefbrauner Torfklumpen zum Vorschein, aus dem eine wunderschöne Sepiatinte wurde. Ein Schotterweg am steilen Hang einer Landzunge in der Grafschaft Suffolk brachte mir leuchtend gelben Ocker ein. Er war nur zu sehen, weil ein Regenschauer die Steine beiseite gespült hatte und eine im grellen Sonnenlicht aufblitzende Pfütze aus Gold zurückließ. Eine zerbrochene lila-graue Schieferschindel von einem verlassenen Bauernhof in den schottischen Highlands entpuppte sich später als überraschend gutes Zeichenmaterial für raues Papier. Nach dem Zermahlen ergab sie eine noch bessere Malfarbe. Auf einer Tour mit einem Freund im letzten Jahr lachte mir an einem Feldrand in der Grafschaft Devon Rotkehlchenrot entgegen: Einen Erdklumpen, der von einem Traktor beiseite geschleudert worden war, steckte ich ein und erhielt zu Hause die tollste orangerote Malfarbe.

Anderswo auf der Welt sind Landstriche zu Recht für ihre Farben berühmt – zum Beispiel im Iran Gebiete mit tiefrotem Ocker; in Griechenland Gegenden mit Mineralen in Bonbonrosa; und im pazifischen Nordwesten Nordamerikas solche mit Klumpen tiefblauen Vivianits. Vielleicht geht es dort, wo Sie leben, geologisch weniger spektakulär zu, was aber kein Anlass zur Traurigkeit sein sollte. Zarte Farbtöne sind keineswegs minder reizvoll als kräftige. Schulen Sie deshalb Ihren Blick für die Farben Ihrer Region und seien Sie offen für die vielen natürlichen Nuancierungen, die Sie erwarten.

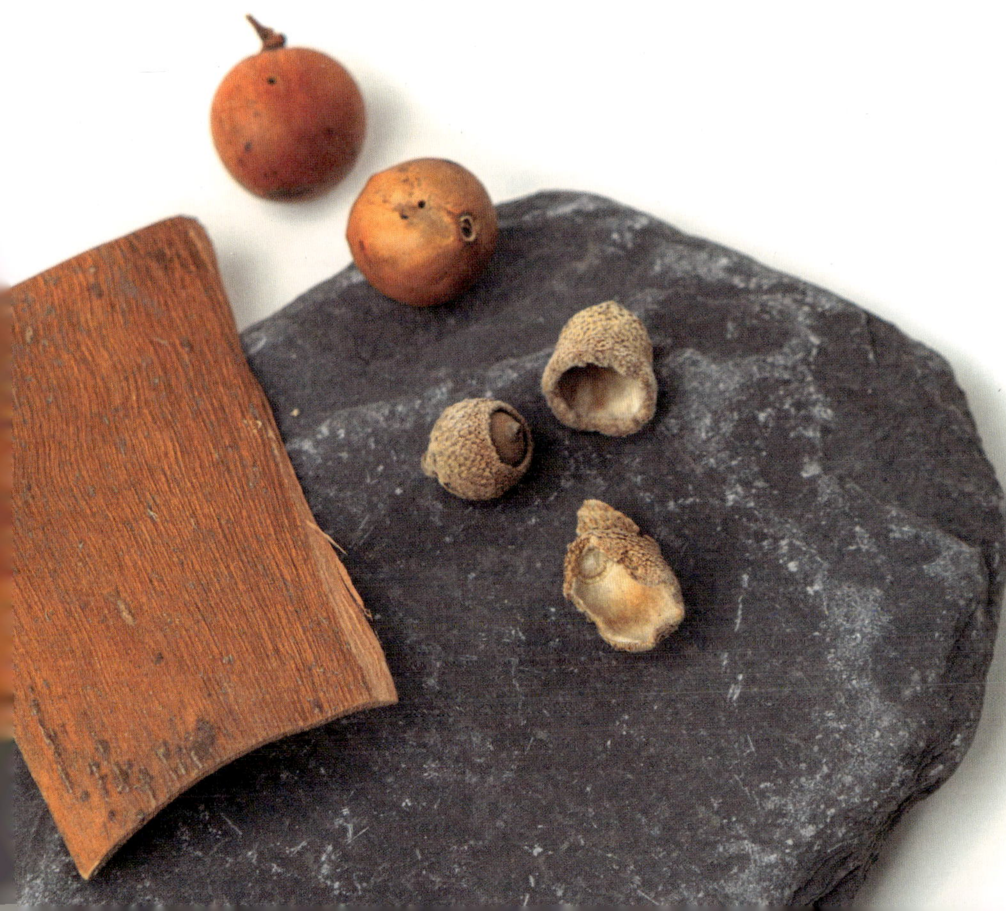

GEFUNDEN AUF DEM LAND

Rinde, Galläpfel und Eichelschalen für Tuschen sowie Schiefer für Pigment

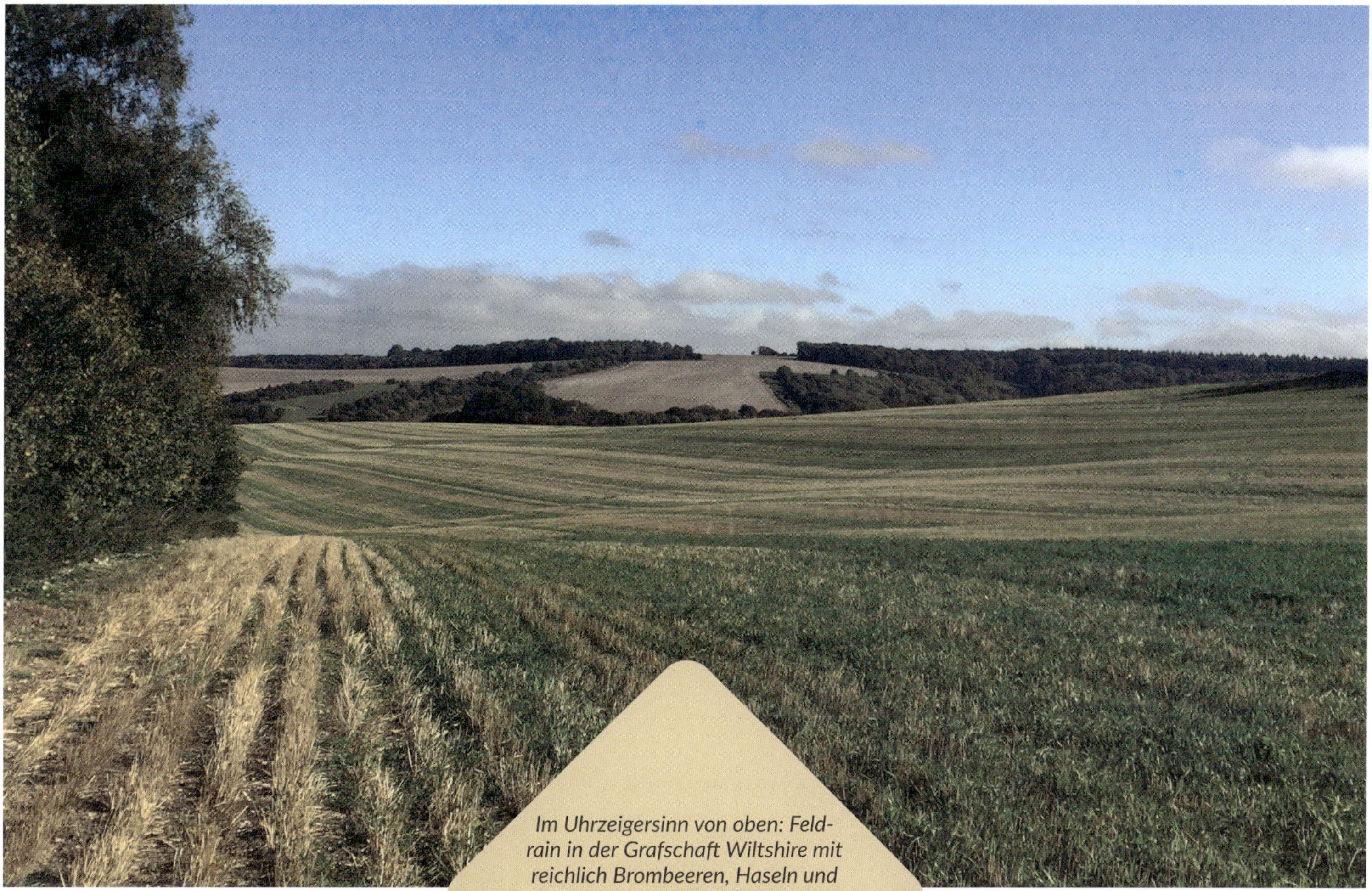

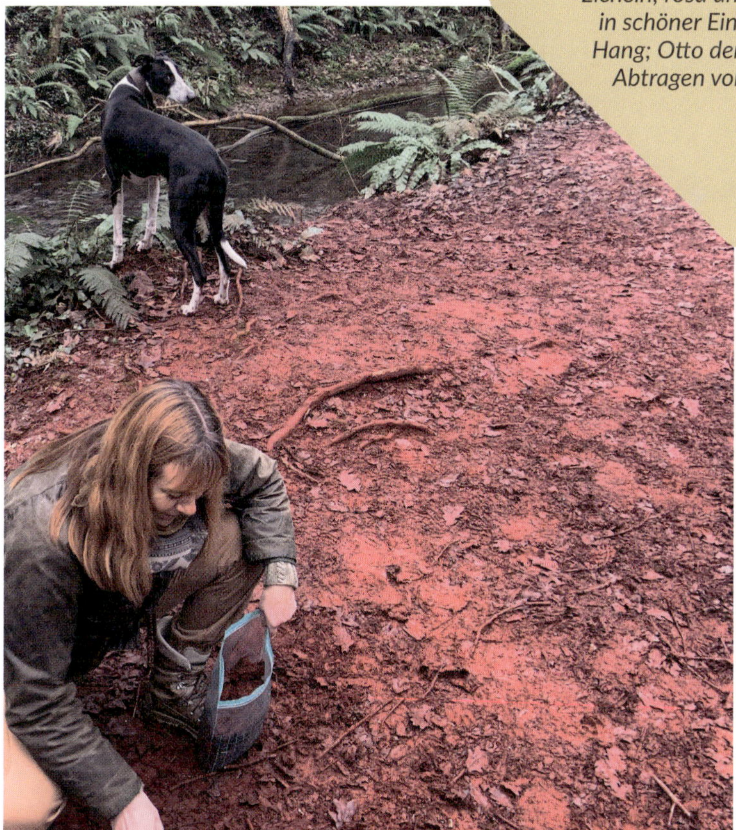

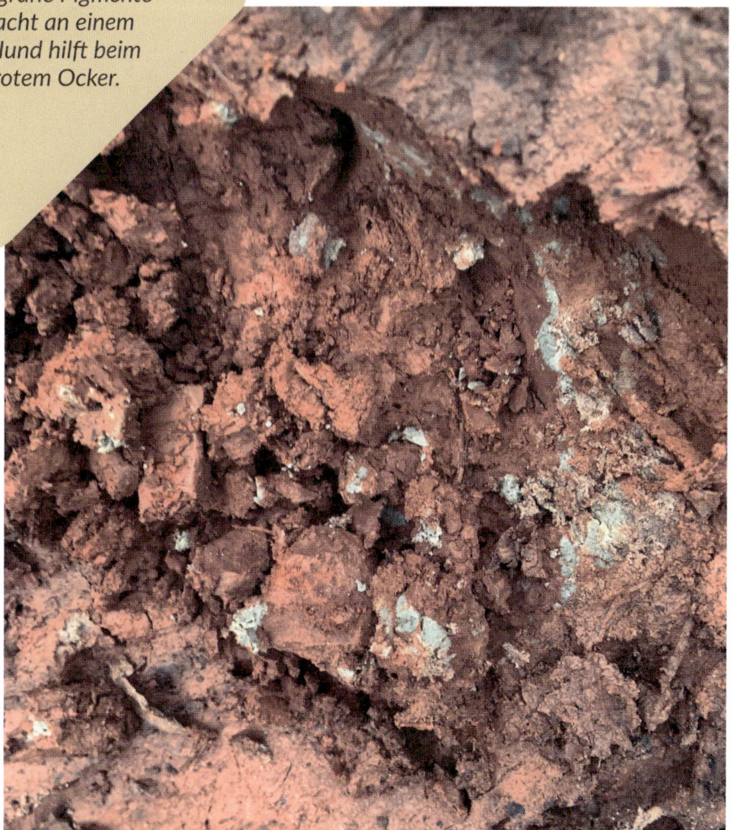

Im Uhrzeigersinn von oben: Feldrain in der Grafschaft Wiltshire mit reichlich Brombeeren, Haseln und Eicheln; rosa und grüne Pigmente in schöner Eintracht an einem Hang; Otto der Hund hilft beim Abtragen von rotem Ocker.

Farben vom Land

Es macht Freude, eine Handvoll krümeliger roter Erde mit nach Hause zu nehmen und innerhalb weniger Minuten und ohne viel Aufwand Farbproben, wie die hier abgebildeten vorliegen zu haben.

FARBMUSTER, gegenüber oben

Wenn Sie über die Rohstoffe und die daraus gewonnenen Farben ein Verzeichnis führen, haben Sie eine gute Gedächtnisstütze. Es kann auch nützlich sein, sich die Namen von Spender:innen zu notieren, so wie es bei den Beispielen rechts zu sehen ist.

FUNDOBJEKT	PIGMENT	FARBRESULTAT

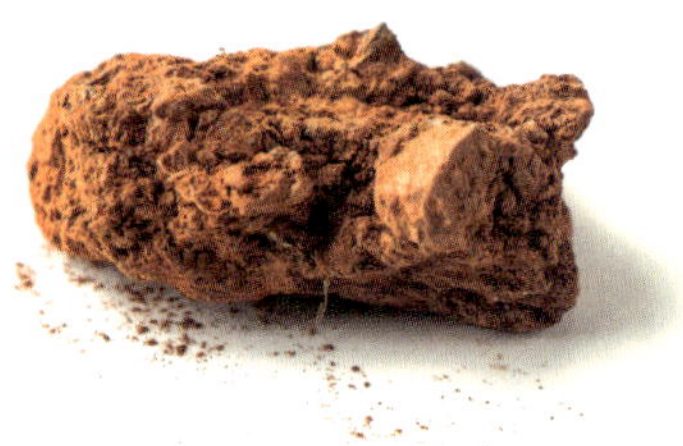

KRÜMELIGE ROTE ERDE

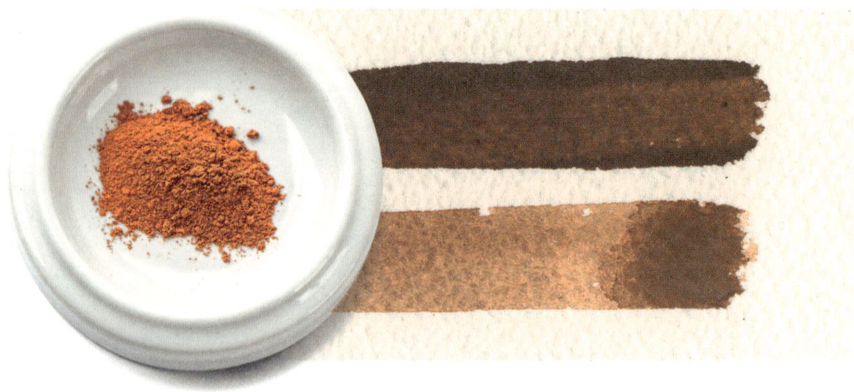

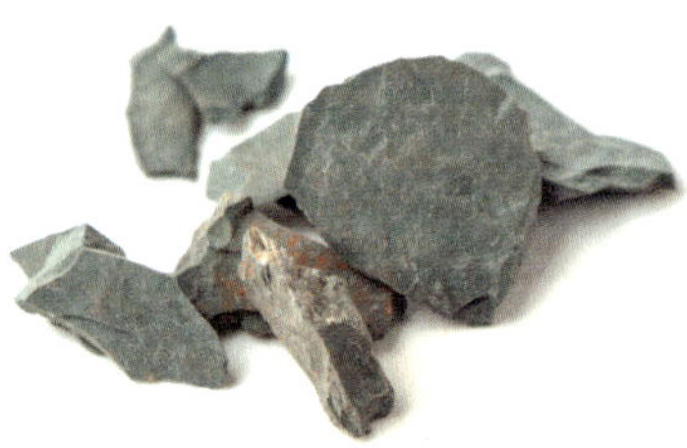

SCHIEFER

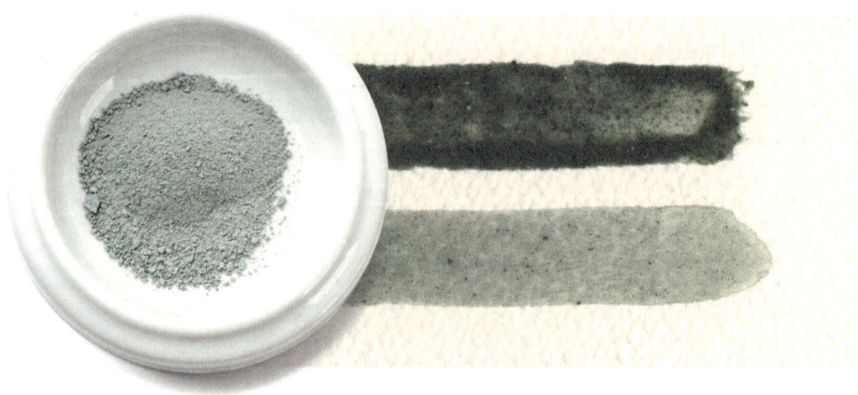

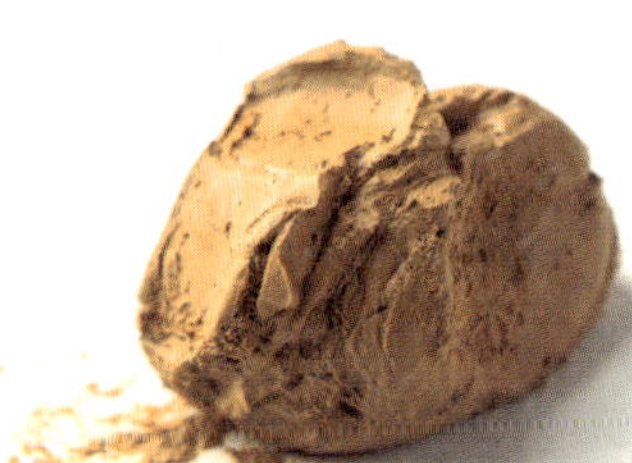

GELBER TON

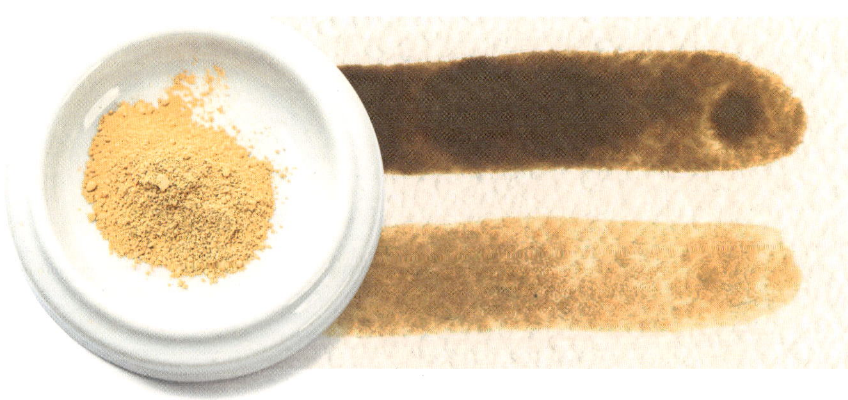

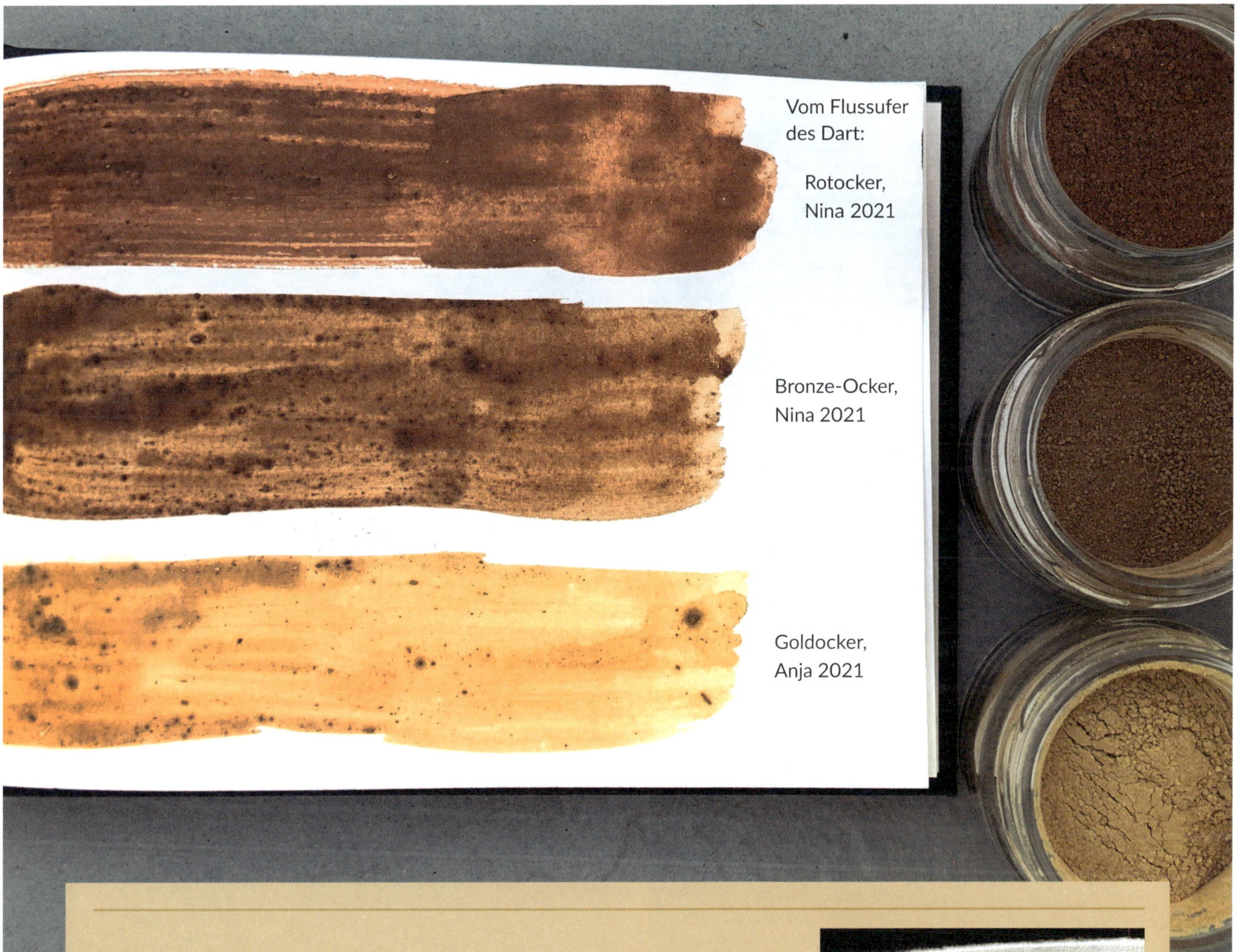

Farbtests von verriebenen Pflanzen

Testen Sie bei Ihren Wanderungen Blätter, Blütenblätter und Beeren auf einer speziellen Seite Ihres Skizzenhefts. Obwohl es den Rahmen dieses Buches sprengt, sei doch erwähnt, dass Pflanzenfarben ein breites Spektrum an Farbschattierungen bieten und dass sie ebenfalls zur Herstellung von Tinten, Lackpigmenten, Färbemitteln und anderen Farbstoffen verwendet werden können. Sie sind zwar nicht von so dauerhafter Farbigkeit wie Erdpigmente, aber von ganz eigener Schönheit.

Notieren Sie direkt vor Ort, um was es sich bei Ihrem Farbfund handelt: violette Holunderflecken, gelber Abrieb von Ginster und Löwenzahn, grüne Grasstreifen, rote Hagebuttenkleckse und kurzlebiges Blau von Vergissmeinnicht-Blütenblättern. Diese zusätzliche Option wird Sie über solche Tage hinwegretten, an denen Sie keine Steine finden, aber vieles blüht. Zudem können Sie Pflanzen, die neben Ihren Steinfunden wachsen, bei der Arbeit mit Ihren Farben später einbeziehen. In einem zugeklappten Skizzenheft halten sich die abgeriebenen Pflanzenfarben erstaunlich lang.

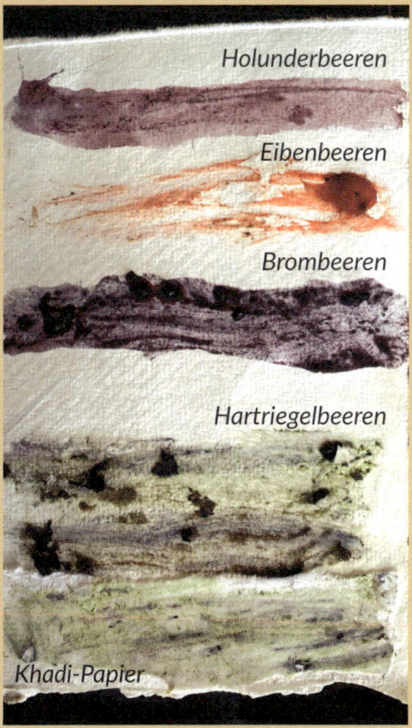

Farben im Wald finden

Baumbestandene Areale – also Wälder, Obstwiesen, Plantagen, Gehölze, Schonungen und so weiter – sind Kernbereiche, um natürliche Materialien zu sammeln. Im Umkreis von Bäumen finden sich reichlich Rohstoffe für unsere Naturfarben, dazu Malutensilien und Trägermaterialien – im Folgenden finden Sie eine Auswahl von Dingen, denen Sie in Wäldern begegnen:

Galläpfel, auch Eichengallen In diesen unschädlichen Wucherungen, die an Eichen häufig vorkommen, wachsen und reifen die Larven von Gallwespen heran. Schließlich bohren diese ein Loch in die Hülle und schlüpfen im Herbst. Die Zeit zum Ernten der Gallen ist gekommen, wenn am Ende des Spätsommers die Ausschlupflöcher sichtbar werden. Man gewinnt daraus den Grundstoff für die Eisengallustinte mit ihrer wunderbaren, gerbstoffreichen braunen Farbe (siehe Seite 114). Sammeln Sie mindestens so viel Galläpfel, wie sie in den hohlen Händen halten können, besser ist die doppelte Menge, wenn es reichlich Gallen gibt.

Kreide In den Wäldern der Grafschaft Wiltshire gibt es viele Dachsbaue und aus irgendeinem Grund mögen die Dachse Kreide oder Feuerstein in ihren Behausungen nicht. Sie graben die Knollen aus, um sie praktischerweise in säuberlichen Haufen neben den Eingängen abzulegen. Im dunklen Wald leuchten diese Gesteinshaufen regelrecht in der Morgen- und Abenddämmerung und ich muss die unerwünschten Steine nur noch in meiner Tüte verstauen. Mit größeren Stücken zeichne ich, kleinere zermahle ich zu Pulver, um Gouache zu verdicken und Farben aufzuhellen.

Lehm Es lohnt sich immer, unter dem Wurzelballen eines umgestürzten Baums nachzusehen, ob es farbigen Lehm zu finden gibt. Aus einem solchen Wurzelloch in der Grafschaft Devon strahlte mir zum ersten Mal der gelbe Lehm entgegen, der nun zu meinen Lieblingsfarben gehört. Der Regen sammelt sich dort in der Tiefe, wo einst die Wurzeln wuchsen. Es finden sich zähflüssige Lachen mit sauberem bernsteinfarbenem Pigment, das von den Wurzeln abgewaschen wurde. Ich schöpfe es einfach mit Joghurtbechern ab.

Birkenrinde Birkenrinde ist reich an natürlichen Ölen und wird in vielen Bereichen der Holzverarbeitung und Handwerkskunst verwendet, zum Beispiel für die schönen Behälter mit Deckeln, die in Skandinavien verbreitet sind. Birkenrinde eignet sich auch hervorragend als Papierersatz und sie ist eine gute Verpackung für Ihre Fundstoffe. Die Rinde lässt sich leicht mit wenigen Schnitten abziehen, sowohl in papierdünnen Schichten als auch in Lagen. Zu Hause angekommen, sollten Sie die Rinde anfeuchten und unter einem schweren Gegenstand glätten, da sie sich sonst rollt. Aber Achtung: Entfernen Sie keine Rinde von lebenden, sondern nur von abgestorbenen Bäumen!

Zweige Für einen simplen Zweig gibt es schier unendlich viele künstlerische Verwendungen. Spitzt man ihn wie einen Federhalter, erhält man einen einfachen Tuschestift. Schiebt man kleine Stücke Holzkohle, Kreide oder Ocker in hohle Holunderzweige, entstehen Buntstifte, die viel besser zu handhaben sind als fummelige Pigmentstückchen. Auch aus Zweigen essbarer Pflanzen wie Hasel, Weide, Kastanie, Esche, Apfel oder Ahorn können Sie Pinsel herstellen. Wie das geht, erfahren Sie auf Seite 120.

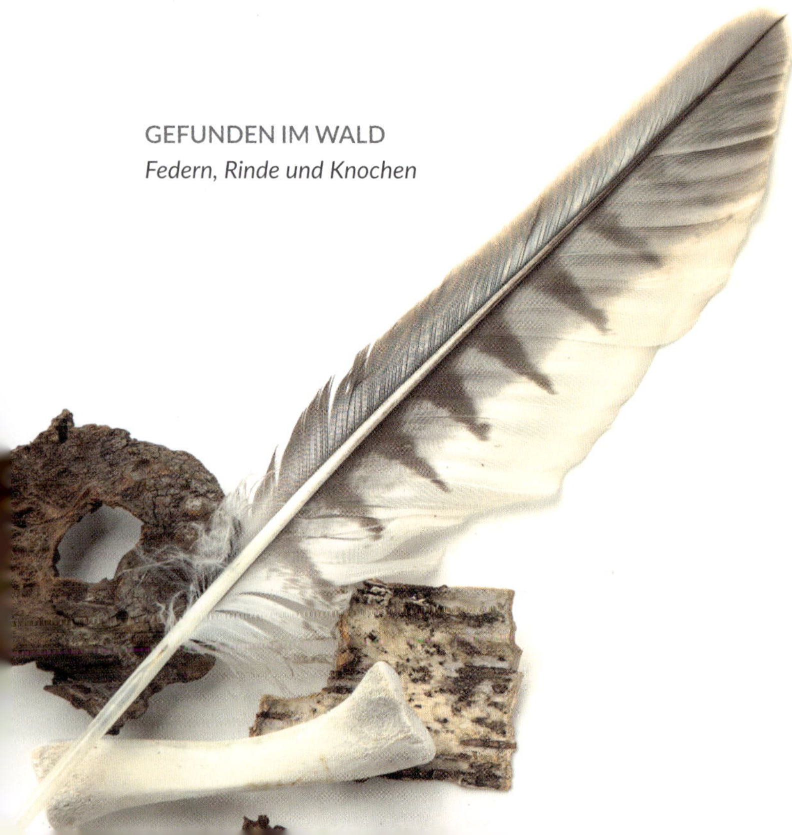

GEFUNDEN IM WALD
Federn, Rinde und Knochen

Alternativen zu Galläpfeln

Sind an Ihrem Wohnort keine Galläpfel zu finden, können Sie auch Rinde von frisch geschnittenen Ästen oder gefälltem Holz sammeln. Verzichten Sie auf am Boden liegende Rinde, da der Regen die farbgebenden Gerbstoffe vielleicht schon ausgewaschen hat. Eichelkappen sind eine weitere alternative Gerbstoffquelle. Zwar ergeben Gallen, Eichelkappen und Rinde unterschiedliche Farbtöne, aber alle eignen sich zur Verwendung als dunkle Tuschen – wie Sie diese herstellen, darum wird es weiter hinten im Buch gehen.

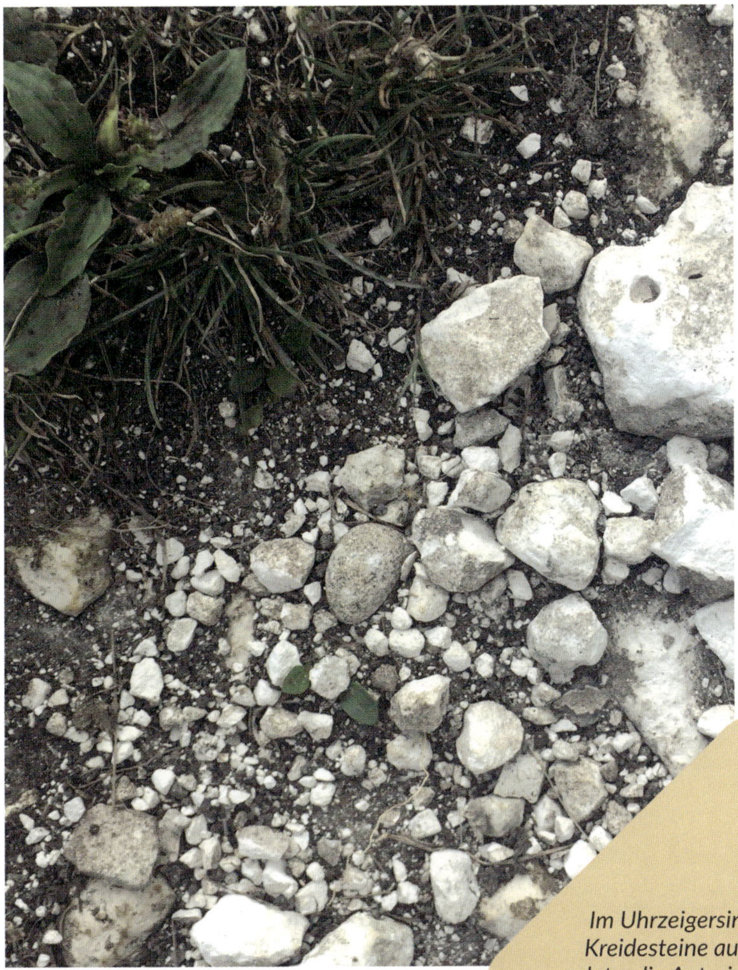

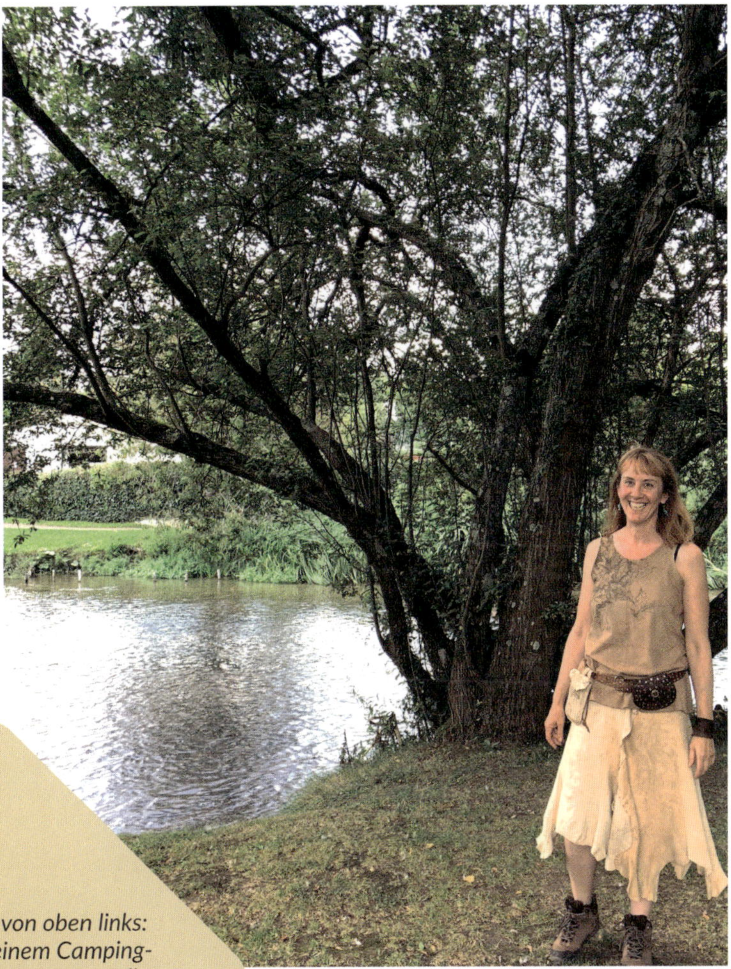

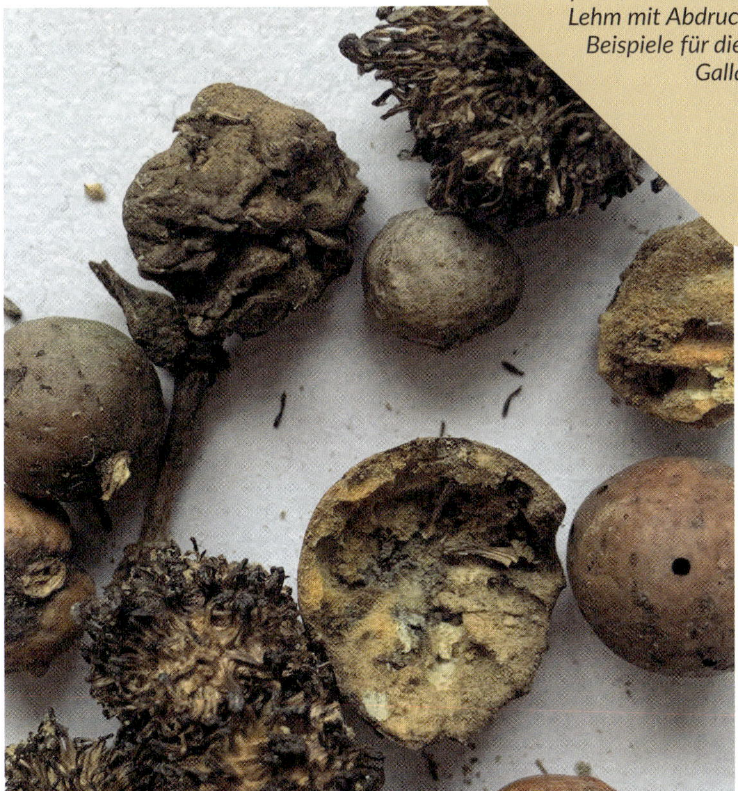

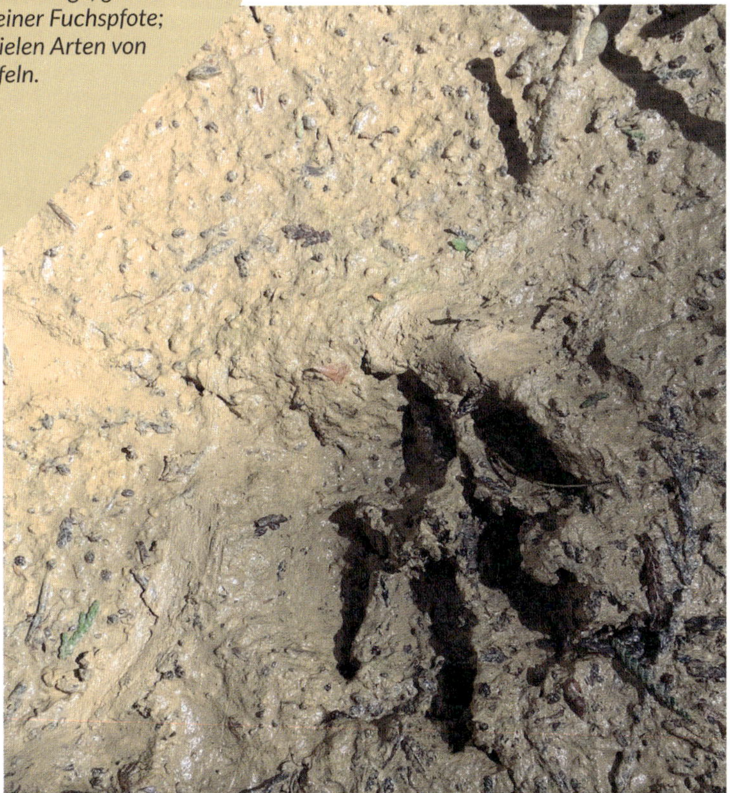

Im Uhrzeigersinn von oben links: Kreidesteine auf einem Campingplatz; die Autorin unterwegs; gelber Lehm mit Abdruck einer Fuchspfote; Beispiele für die vielen Arten von Galläpfeln.

Farben aus dem Wald

Man findet kaum bessere Entspannung als beim Herumstöbern im gefleckten Lichterspiel des Waldes. Überall zwischen den Blättern und Pilzen verbergen sich Farben.

FUNDOBJEKT	PIGMENT	FARBRESULTAT
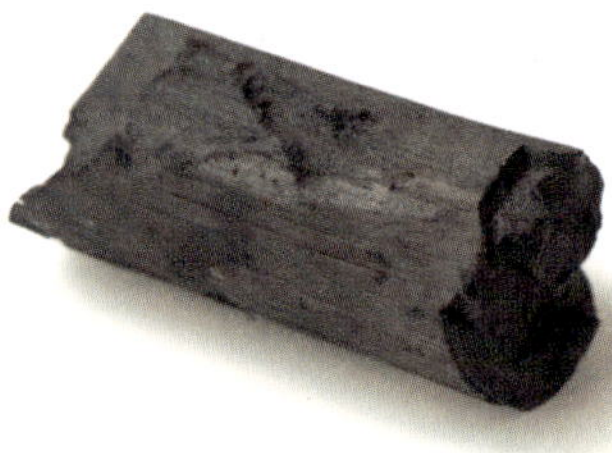 HOLZKOHLE	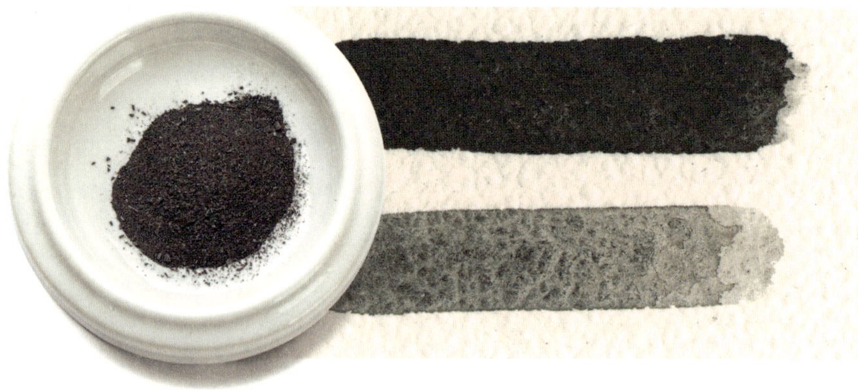	
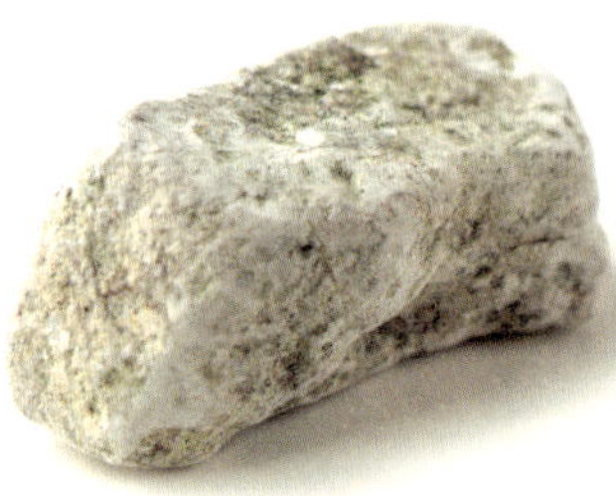 KREIDEKNOLLE AUS DEM DACHSBAU	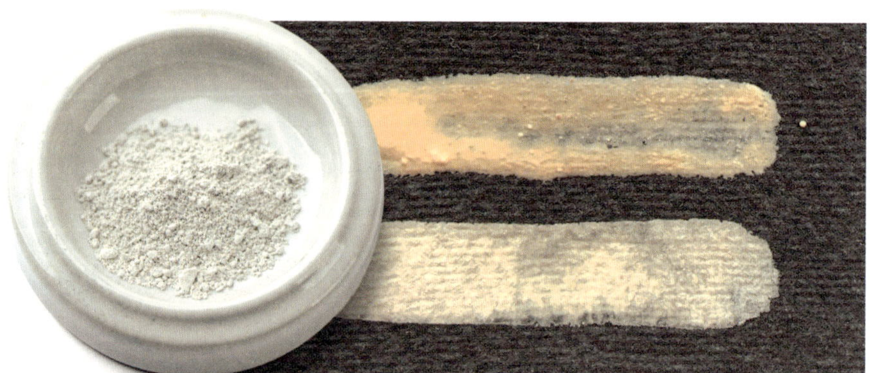	
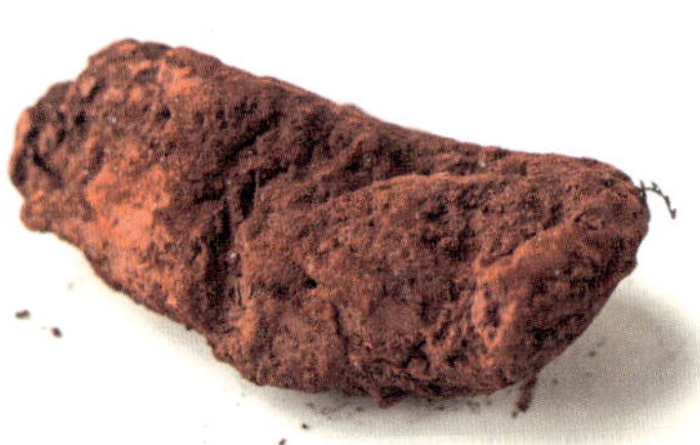 HÄMATIT	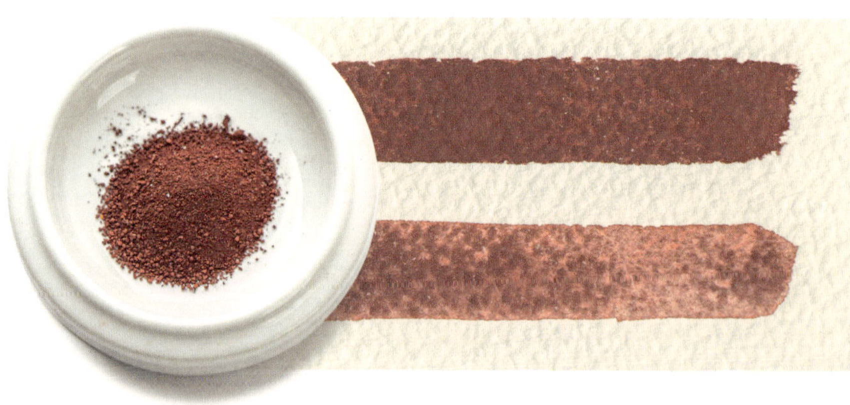	

Was es noch zu finden gibt

Neben Pigmenten für Farben sowie Zweigen, Federn und anderen Materialien, aus denen ich Stifte und Zeichenwerkzeuge mache, sind die hiesigen Wälder voll von Knochen. Diese bleiben nach den Mahlzeiten der Raubvögel, Füchse, Marder und anderen Tiere übrig. Von Regen und Sonne gebleichte zarte Vogelknochen können in Tusche getaucht wunderschöne Zeichenstifte ergeben, ohne dass man diese bearbeiten müsste. Größere Knochen – etwa das Schulterblatt eines Rehs – eignen sich hervorragend als Malpaletten. Knochen sind sichtbare Zeichen des Kreislaufs von Leben, Tod und Erneuerung und darüber hinaus dafür, dass ein Lebewesen vor kurzem gut gespeist hat. Im großen Kontext betrachtet, ist das weder makaber noch ungewöhnlich.

Hier neben bunten Steinen abgebildet, ist ein Tupfpinsel aus einem hohlen Zweig und Disteldaun gefertigt, ein Knochen mit einem Wollbüschel, das sich an einem Zaun verfangen hatte, sowie ein Schilfrohrstift und ein Federpinsel.

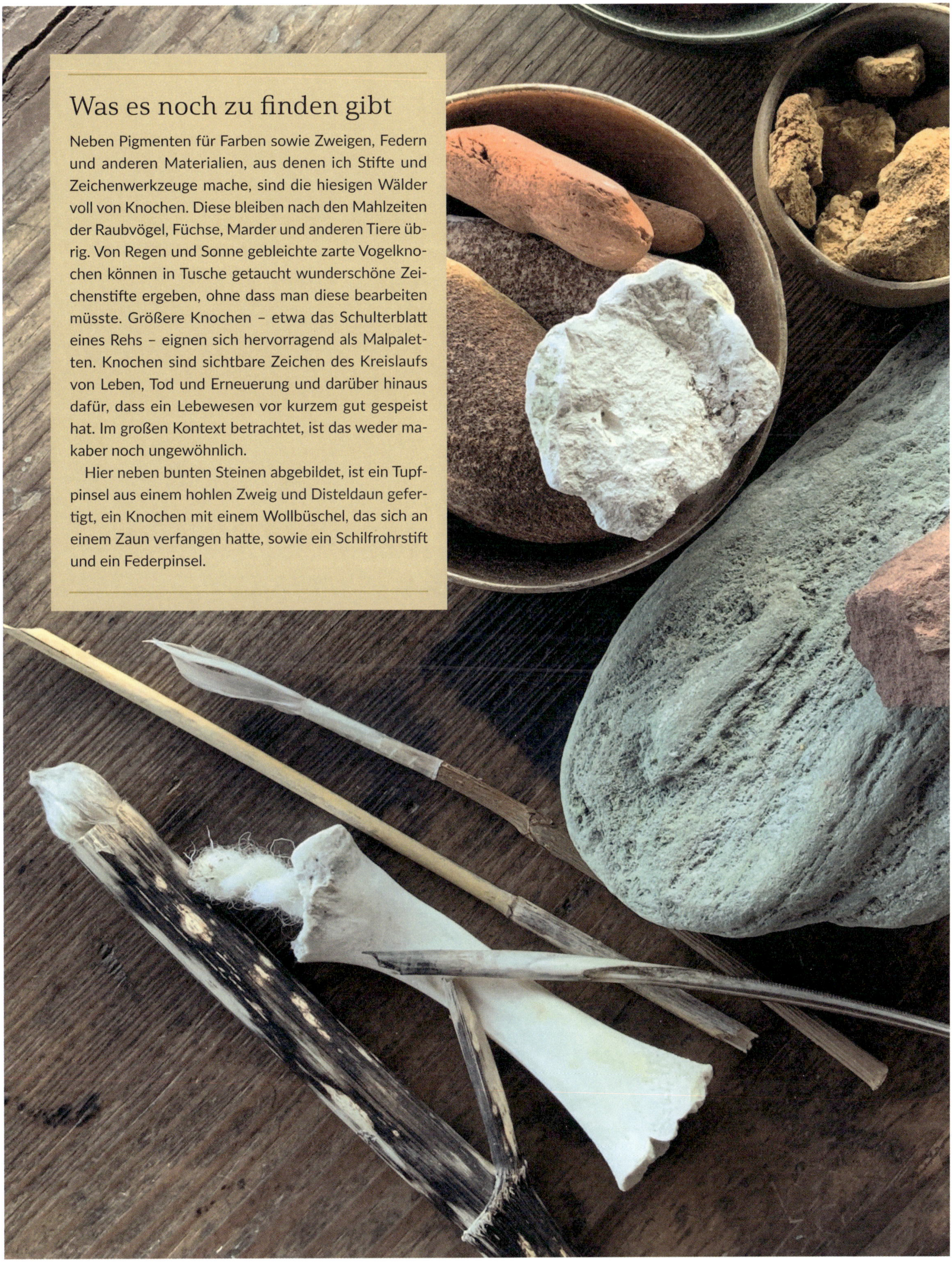

Farben auf ländlichen Straßen und Feldwegen finden

In der Gegend, in der ich wohne, gibt es viele beschauliche Landstraßen, Wanderwege, Reitwege, grüne Alleen, Hohl- und Feldwege. Die Hohlwege sind so alte Straßen, dass sie sich in die Landschaft eingegraben haben und so von Bäumen überwuchert wurden, dass sie einen zauberhaften grünen Tunnel bilden. Die Seiten sind von knorrigen Baumwurzeln gesäumt. Entlang der meisten Wege findet man Hecken und jede Menge Material für Farben und Pinsel. Wenn es nicht gerade mitten am Tag ist, sollten Sie wie ein Radfahrer helle, reflektierende Kleidung tragen, da die Sicht auf schmalen Straßen eingeschränkt sein kann.

Hohle Zweige für Pinsel Sammeln Sie zu jeder Jahreszeit Holunderzweige oder im Herbst trockene Stängel von Alisander, Fenchel oder Bärenklau. Diese lassen sich leicht in Stücke schneiden und eignen sich hervorragend als Pinselgriffe.

Wolle, Fell und Tierhaare Überall in der englischen Landschaft und überall dort, wo Tiere gehalten werden, findet man sie: Wollbüschel bleiben zuhauf an Zäunen, Stacheldraht und Dornengestrüpp hängen, an Gattern wiederum sammeln sich Haare von Kuhschwänzen und Pferdemähnen. Ich habe auch massig flauschige Federn und ganze Kaninchenschwänze an Zaunpfählen gefunden, weil sich darauf gern die Bussarde niederlassen, um ihre Beute zu vertilgen. All diese Dinge sind es wert, mitgenommen zu werden, denn man kann daraus zu Hause verschiedene großartige Pinsel und Zeichenwerkzeuge herstellen.

Disteln und Samenstände Wer lieber auf tierische Produkte verzichtet, dem bietet auch das Pflanzenreich eine Fülle von flauschigen Pinselspitzen. Im Frühjahr haben Weidenkätzchen fertige kleine Filzspitzen, die unmittelbar zum Eintauchen in Tusche taugen. Im Spätsommer produzieren viele Pflanzen große, flauschige Samenstände mit flaumigen Fäden oder seidigen Fasern. Ich sammle diese für extraweiche Pinsel, die eher Tupfenmuster als klare Linien erzeugen. Wilde Baumwolle, wie sie in wärmeren Klimazonen wächst, eignet sich ebenfalls hervorragend als Pinselspitze.

Kirsch- und Pflaumengummi An Feldwegen findet man oft Hecken mit essbaren Prunus-Arten wie Kirsche, Haferschlehe, Pflaume und Gagel. An allen diesen Gewächsen kann die Rinde aufreißen und Gummi ausfließen, der später zu Klumpen trocknet. Das Phänomen wird als Gummose bezeichnet. Sie können das Gummi herunterschaben – natürlich ohne die Rinde zu verletzen – und es zu Hause trocknen. Das Gummi gibt ein ausgezeichnetes Farbbindemittel und ist, obwohl weniger klebrig und glänzend, eine altbekannte Alternative zu Gummiarabikum von Akazienbäumen. In wärmeren Regionen finden Sie vielleicht die Akazien oder auch Eukalyptusbäume, von denen sich ebenfalls Gummi für erstklassige Bindemittel gewinnen lässt.

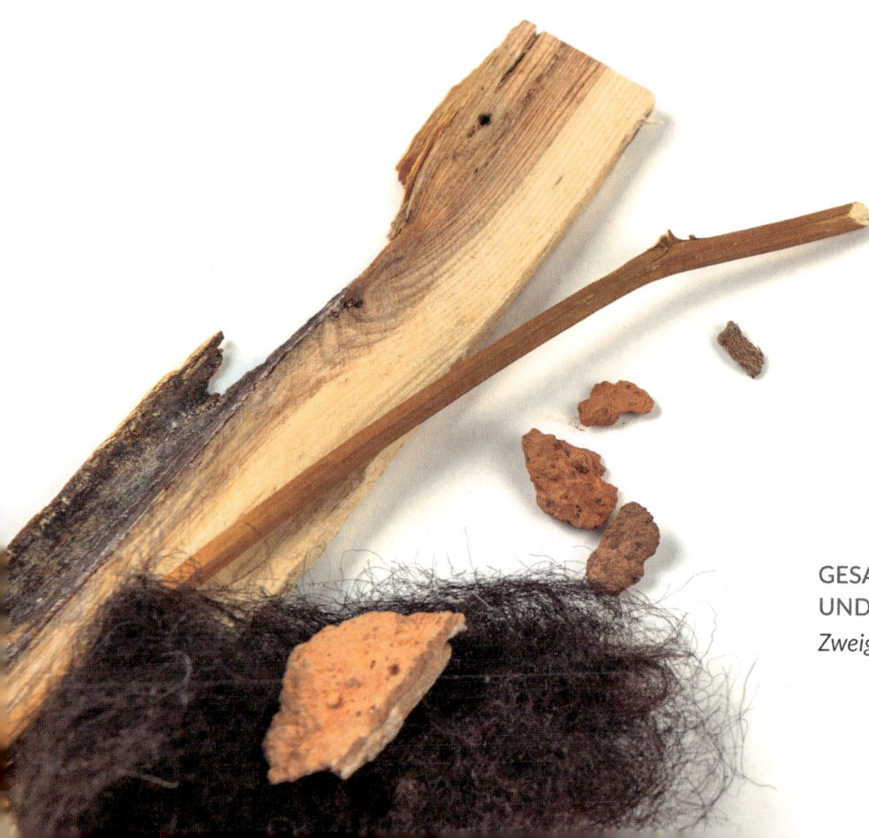

GESAMMELT AUF LÄNDLICHEN STRASSEN UND FELDWEGEN

Zweig, Ocker und Schafwolle aus einer Hecke

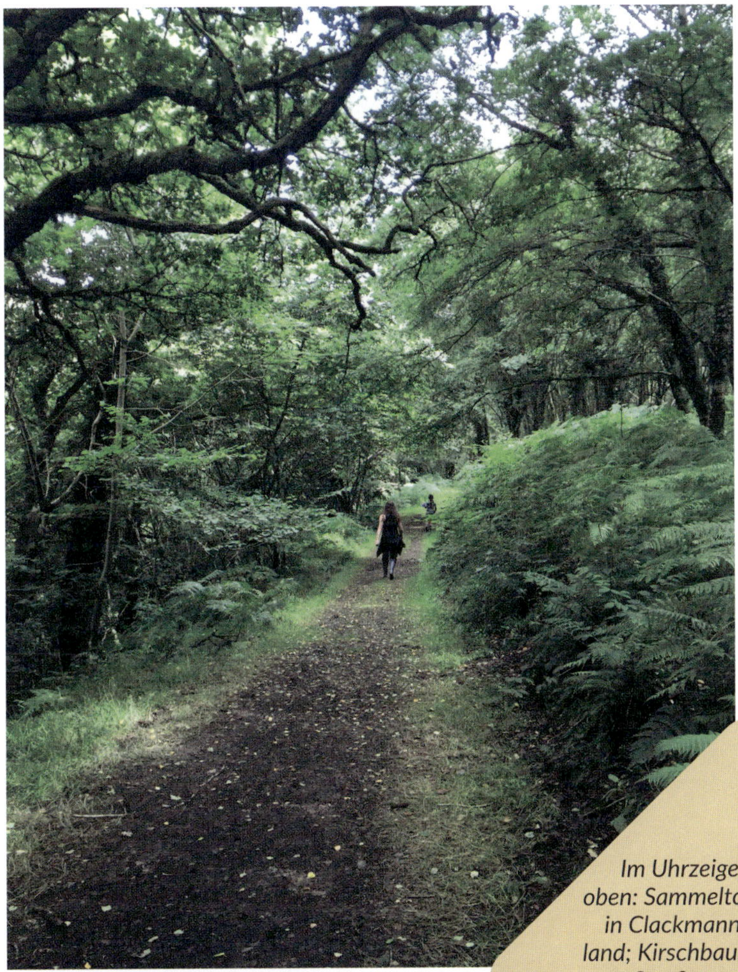

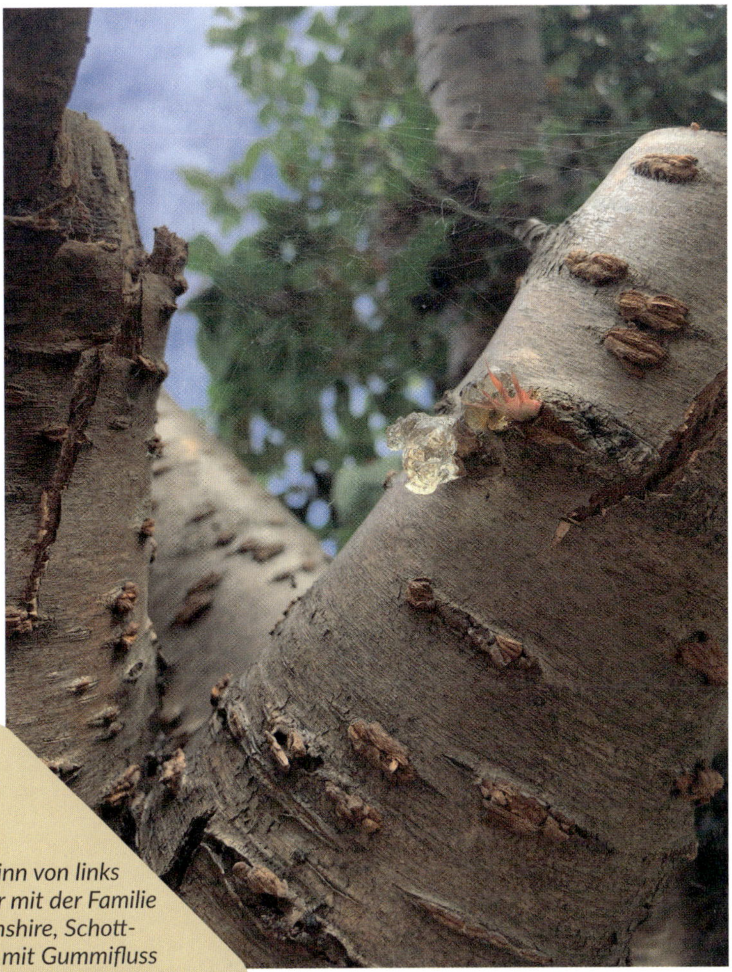

Im Uhrzeigersinn von links oben: Sammeltour mit der Familie in Clackmannanshire, Schottland; Kirschbaum mit Gummifluss am Straßenrand; auf der Suche nach Federn und Heidekraut auf Sherkin Island, Irland; bernsteinfarbenes Stück Kirschgummi aus Tooting, London

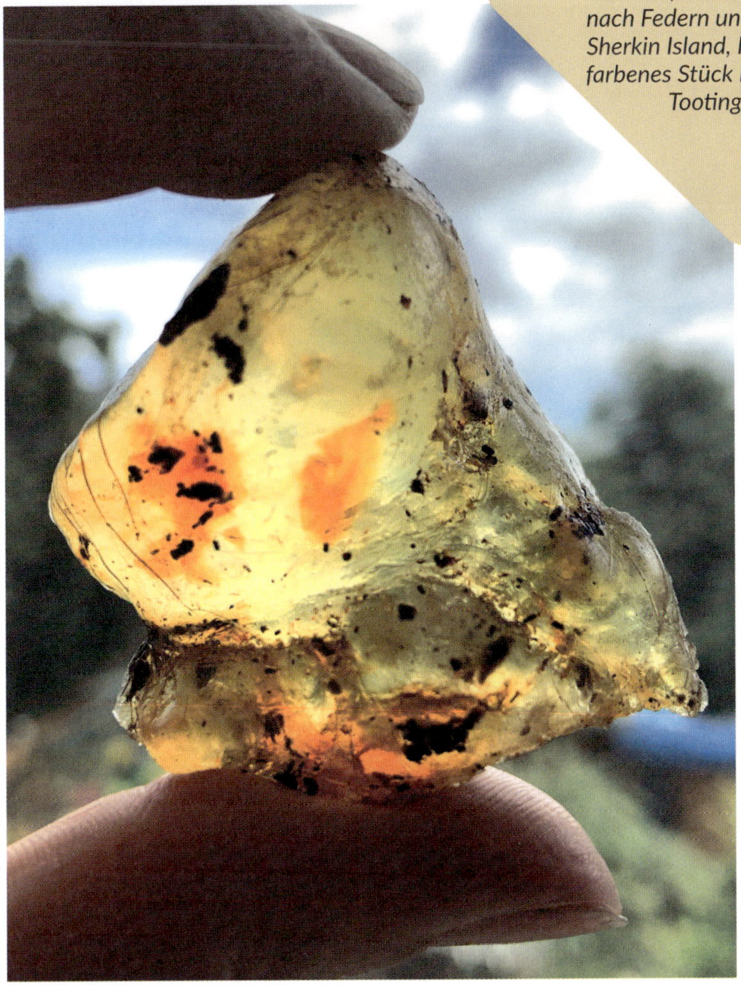

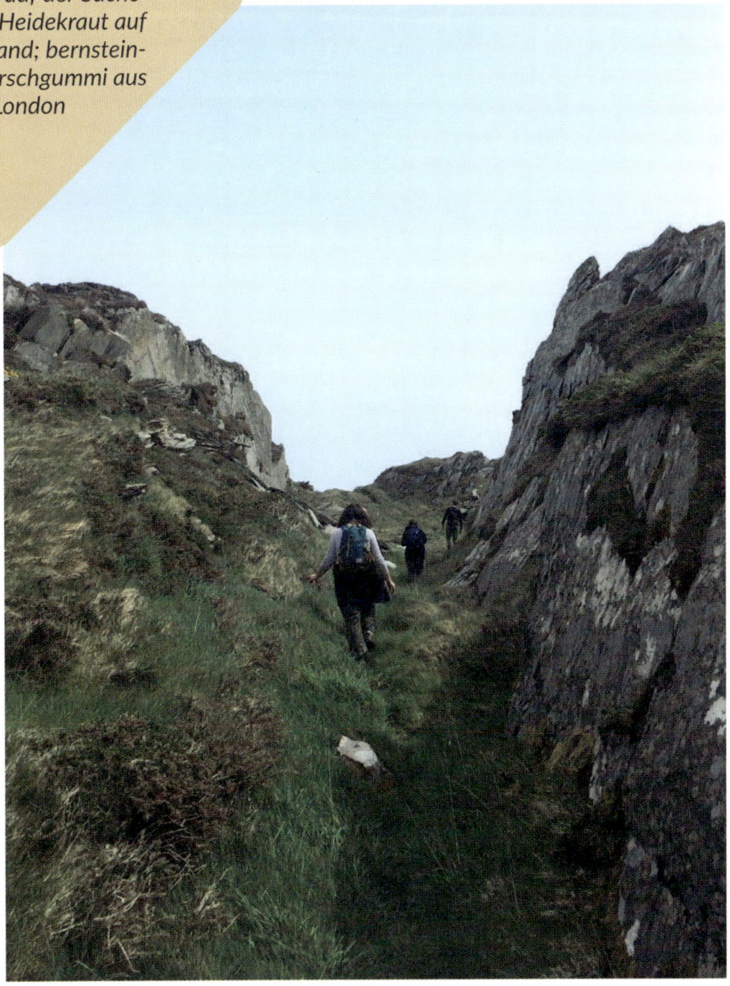

Farben von ländlichen Straßen und Feldwegen

Die nebenstehende Abbildung zeigt rote Erde, die ich an einem Flussufer in der Nähe der Stadt Bath vorfand. Ländliche Straßen und Feldwege erinnern uns auf Schritt und Tritt daran, dass wir stets von Farbe umgeben sind – zum Beispiel direkt unter unseren Füßen.

FUNDOBJEKT	PIGMENT	FARBRESULTAT

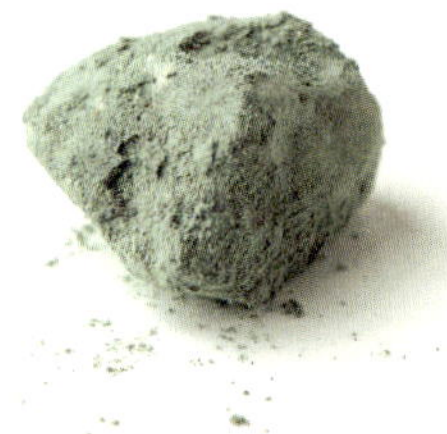

WEICHER GRÜNER STEIN

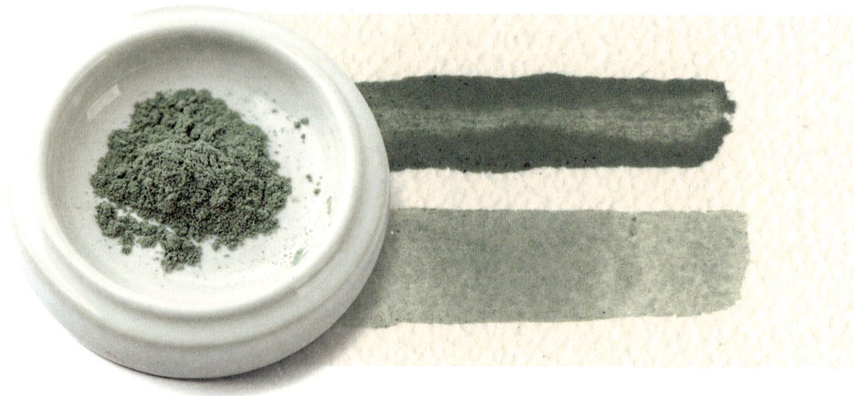

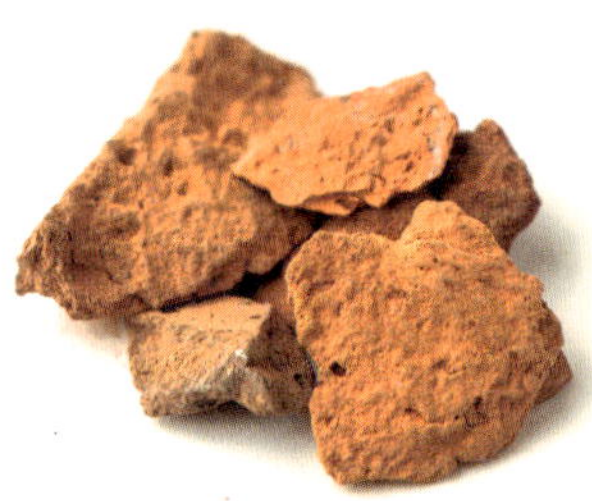

MITTELALTERLICHE ZIEGELSCHERBEN

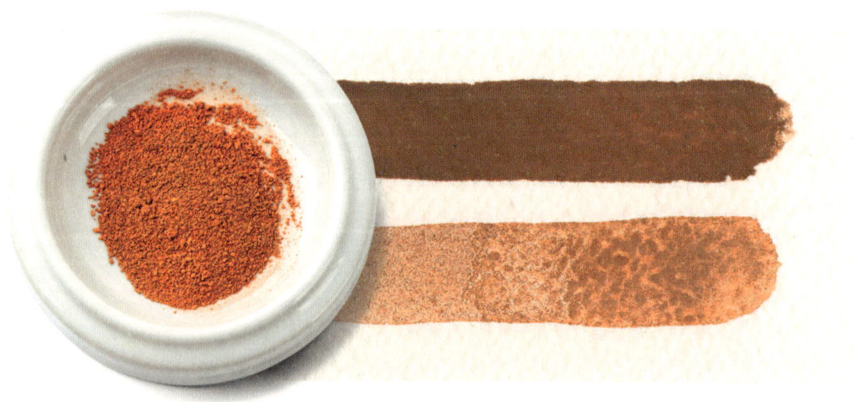

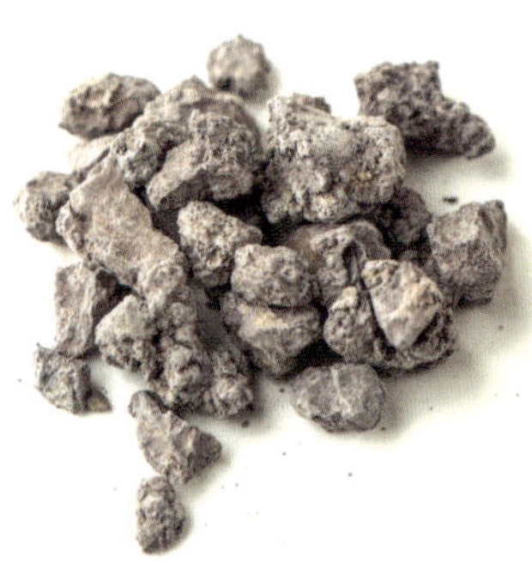

VIOLETTER TON

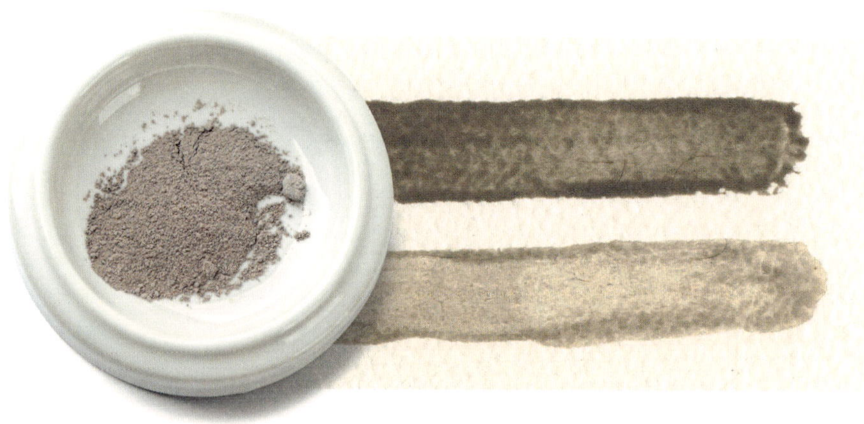

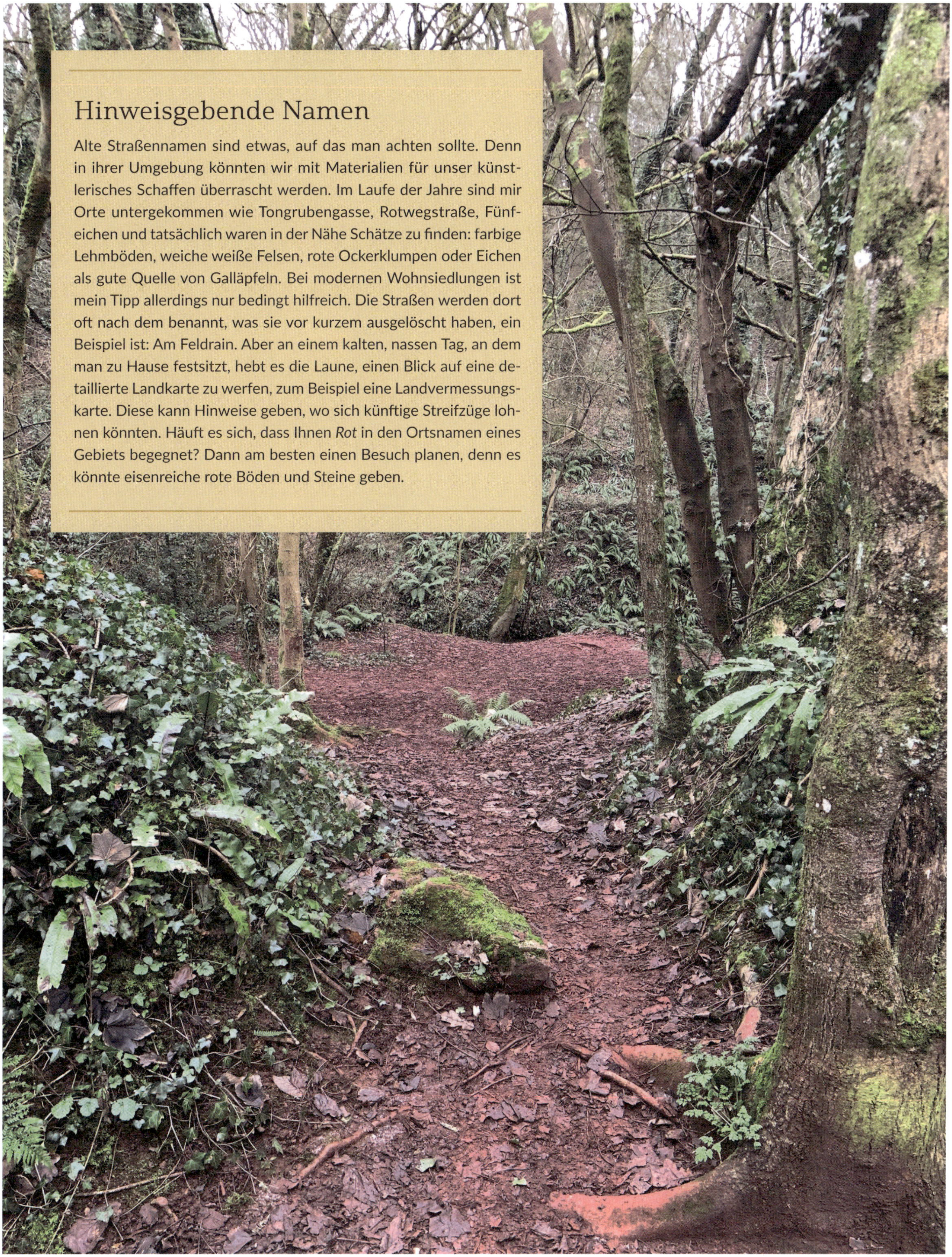

Hinweisgebende Namen

Alte Straßennamen sind etwas, auf das man achten sollte. Denn in ihrer Umgebung könnten wir mit Materialien für unser künstlerisches Schaffen überrascht werden. Im Laufe der Jahre sind mir Orte untergekommen wie Tongrubengasse, Rotwegstraße, Fünfeichen und tatsächlich waren in der Nähe Schätze zu finden: farbige Lehmböden, weiche weiße Felsen, rote Ockerklumpen oder Eichen als gute Quelle von Galläpfeln. Bei modernen Wohnsiedlungen ist mein Tipp allerdings nur bedingt hilfreich. Die Straßen werden dort oft nach dem benannt, was sie vor kurzem ausgelöscht haben, ein Beispiel ist: Am Feldrain. Aber an einem kalten, nassen Tag, an dem man zu Hause festsitzt, hebt es die Laune, einen Blick auf eine detaillierte Landkarte zu werfen, zum Beispiel eine Landvermessungskarte. Diese kann Hinweise geben, wo sich künftige Streifzüge lohnen könnten. Häuft es sich, dass Ihnen *Rot* in den Ortsnamen eines Gebiets begegnet? Dann am besten einen Besuch planen, denn es könnte eisenreiche rote Böden und Steine geben.

Farben auf Brachland und Restflächen finden

Natürlich haben Sie es inzwischen erkannt: Fast überall kann man nach Pigmenten und natürlichen Materialien für die künstlerische Betätigung suchen. Betrachten Sie es als kleine Unterrichtung in den Lebenskünsten von Fuchs und Elster: Entdecken Sie das Brauchbare im Ungebrauchten. Ungenutzte, unwirtschaftliche oder unzugängliche Areale in städtischen, vorstädtischen und halbstädtischen Gebieten können solche Restflächen sein, von denen die Rede ist. Gemeinhin werden sie ignoriert und übersehen. Hier kann man Baumgummi, altes Eisen für die Rostbrühe (siehe Seite 114), zerbrochene Ziegel für rote Farben und interessante Holzstücke zum Bemalen finden. Dort, wo Straßen aufgegraben werden, gibt es oft Abraumhalden. Aber auch die bereits erneuerten Abschnitte stecken voller Überraschungen. Wenn Sie hier ohne Risiko in der Nähe parken oder spazieren gehen können, eröffnet sich Ihnen ein komfortables Vorgehen: Sie können einfach aufsammeln, was andere bereits freigelegt haben. Zudem können Sie die eigenen Eingriffe in die Umwelt geringhalten. Deswegen eignen sich auch Maulwurfshügel so hervorragend: Trifft man sie auf pigmentreichem Boden an, sind die Schätze, die Sie suchen, bereits fix und fertig zum Mitnehmen aufgehäuft!

Vergessen Sie auch nicht, die Gärten Ihrer Freund:innen zu inspizieren, wenn Sie das nächste Mal auf einen Kaffee vorbeigehen. Freund:innen von mir waren stets erstaunt, wenn ich sie auf Gummi an ihren Kirschbäumen, Kiesel auf ihren Wegen oder Eichengallen an ihren Bäumen hinwies. Bisher hat mir noch keiner eine kleine Tüte mit derartigen Kostbarkeiten für meine Werkstatt verweigert. Kehren Sie, wenn möglich, an die Orte Ihrer Kindertage zurück und erforschen Sie sie neu – hoffentlich mit derselben Begeisterung für Abenteuer wie damals.

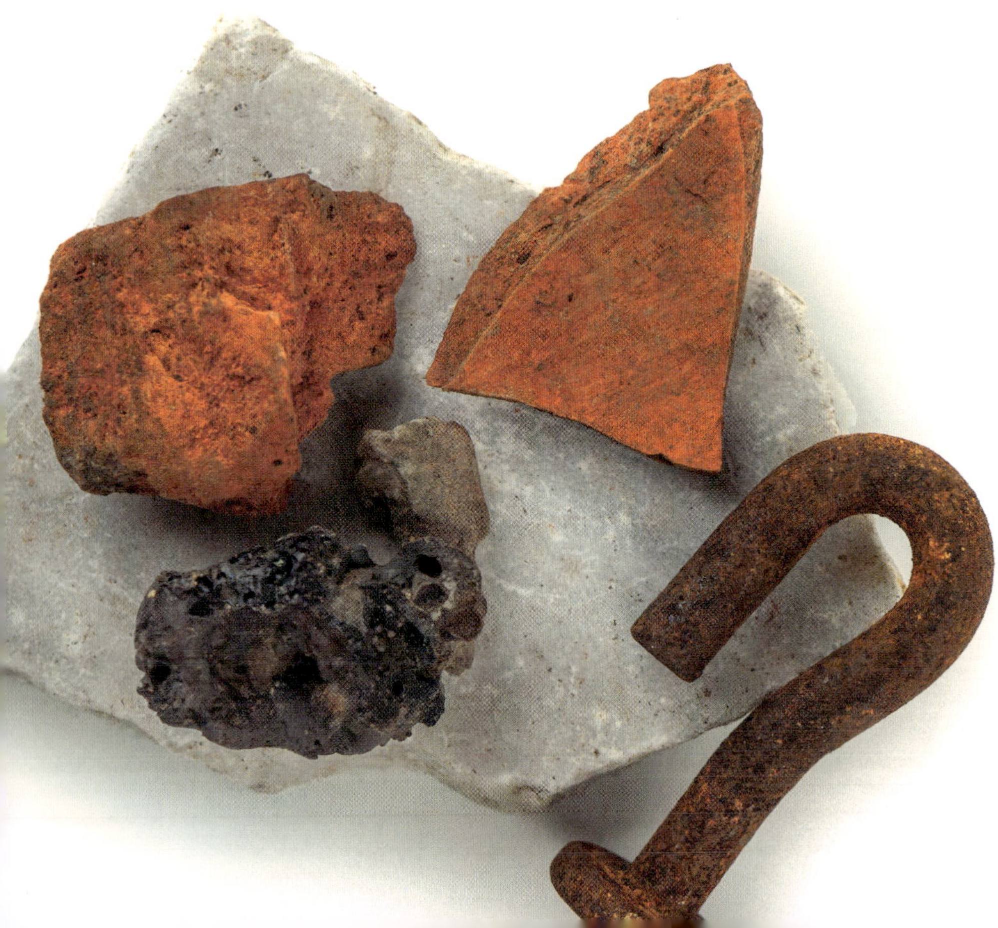

GESAMMELT AUF EINER BAUSTELLE

Marmor, rostiges Eisen, Ofenschlacke und gebrannte Terrakotta von einer Baustelle in der Stadt Tunbridge Wells

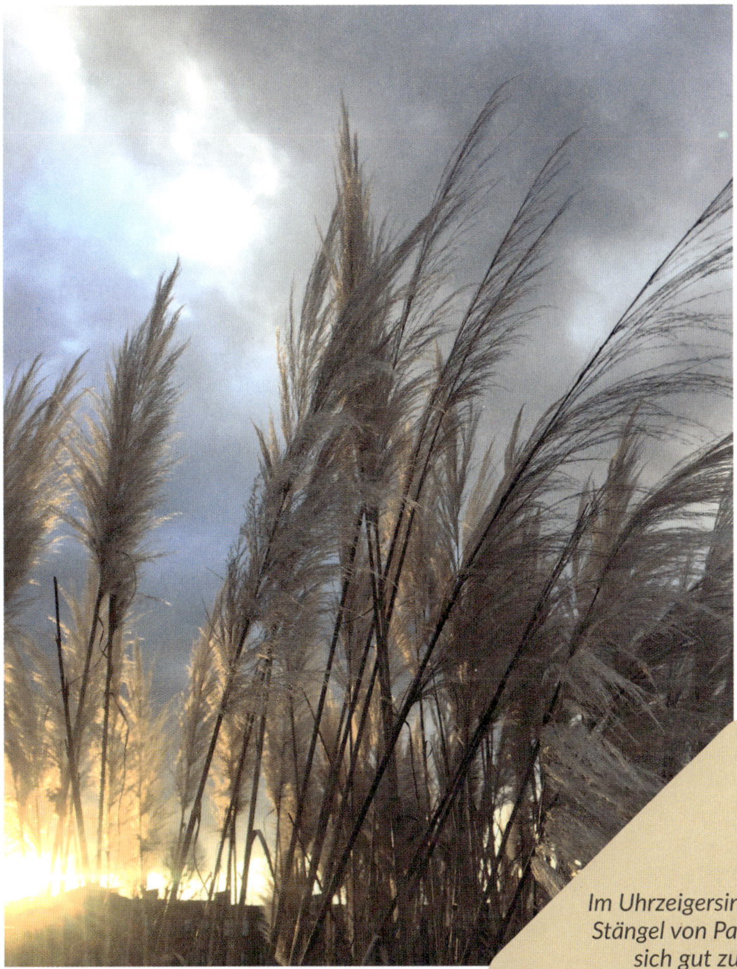

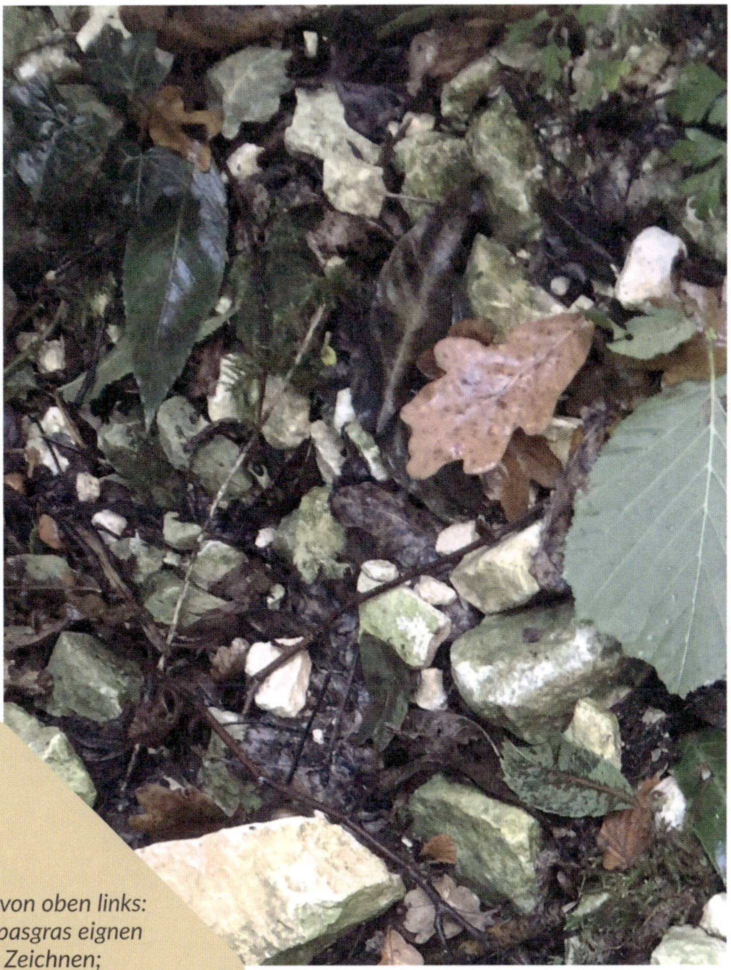

Im Uhrzeigersinn von oben links: Stängel von Pampasgras eignen sich gut zum Zeichnen; Kreidesteine an der Einfahrt zu einem Campingplatz; gelber Ocker von einem Schotterweg: So viele Farben, die einfach so herumliegen!

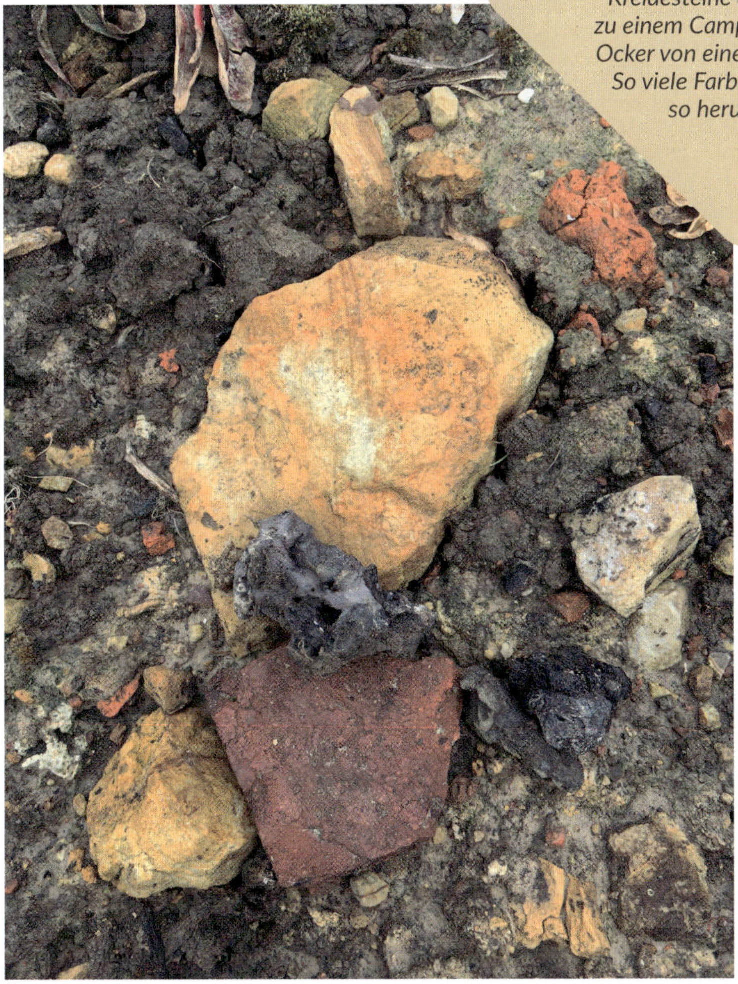

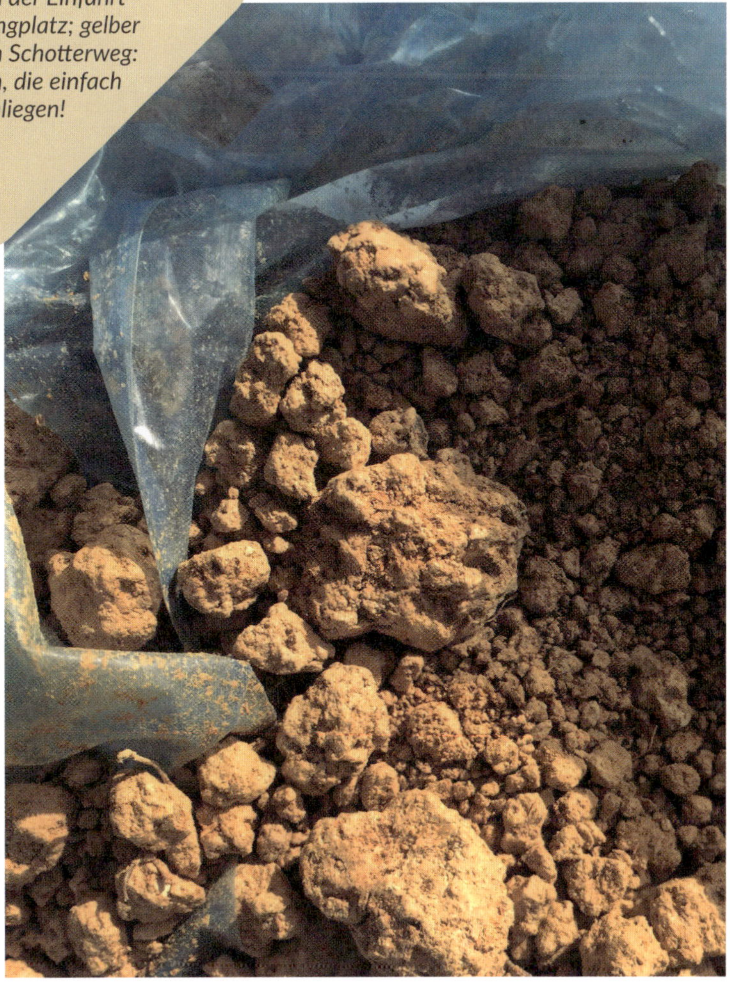

Farben aus Brachland und von Restflächen

Auch wenn man diese Flächen als unschön und verwahrlost bezeichnen könnte, ist das ganz sicher nicht die passende Charakterisierung. Der Wert liegt immer im Auge der betrachtenden Person. Mit ein wenig Wissen können diese Randzonen zwischen ländlicher Nutzung, Siedlungsgebieten und städtischer Bebauung reiche Beute bringen, wie die folgenden Beispiele verdeutlichen.

FUNDOBJEKT	PIGMENT	FARBRESULTAT
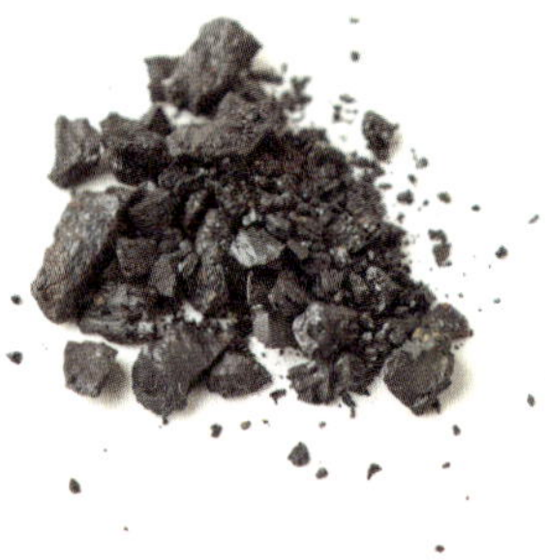 KOHLE	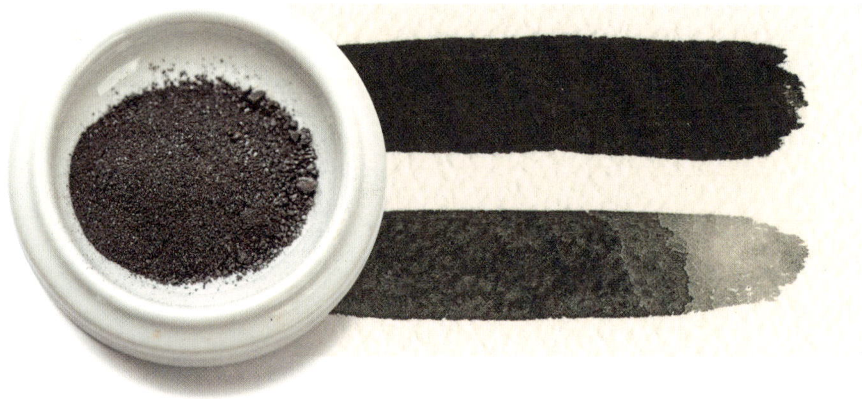	
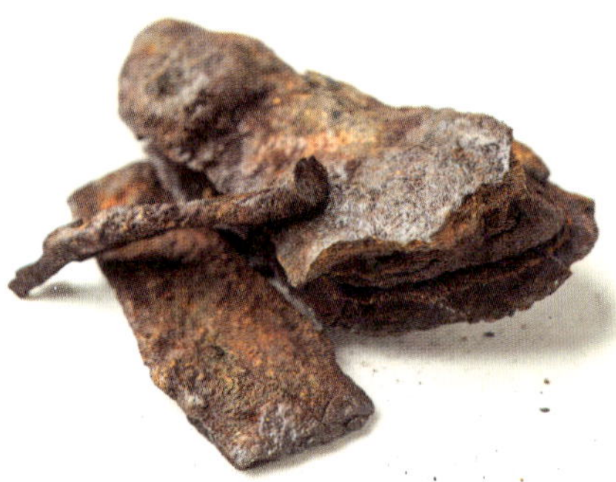 ROSTIGES EISEN	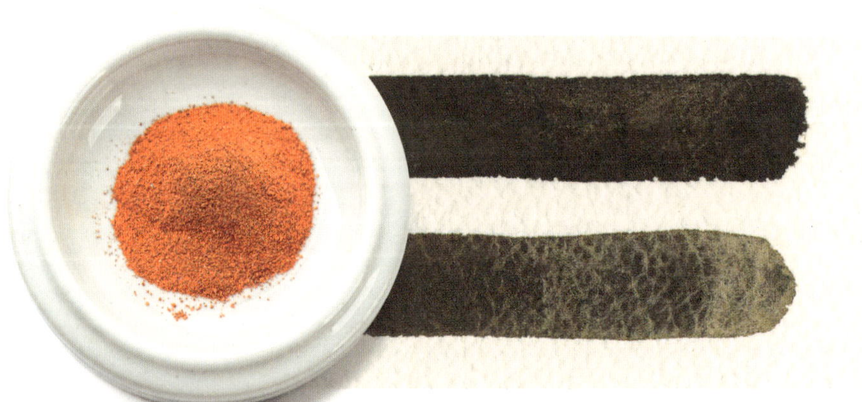	
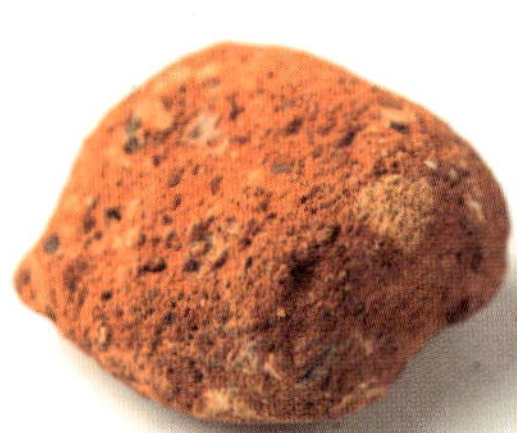 BAUSCHUTT	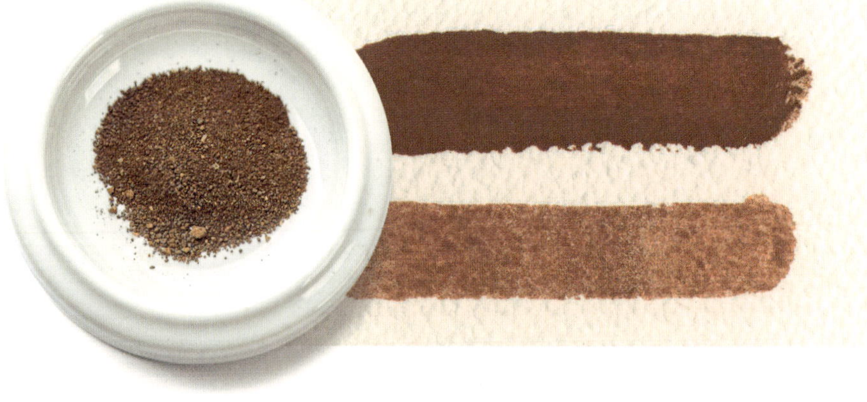	

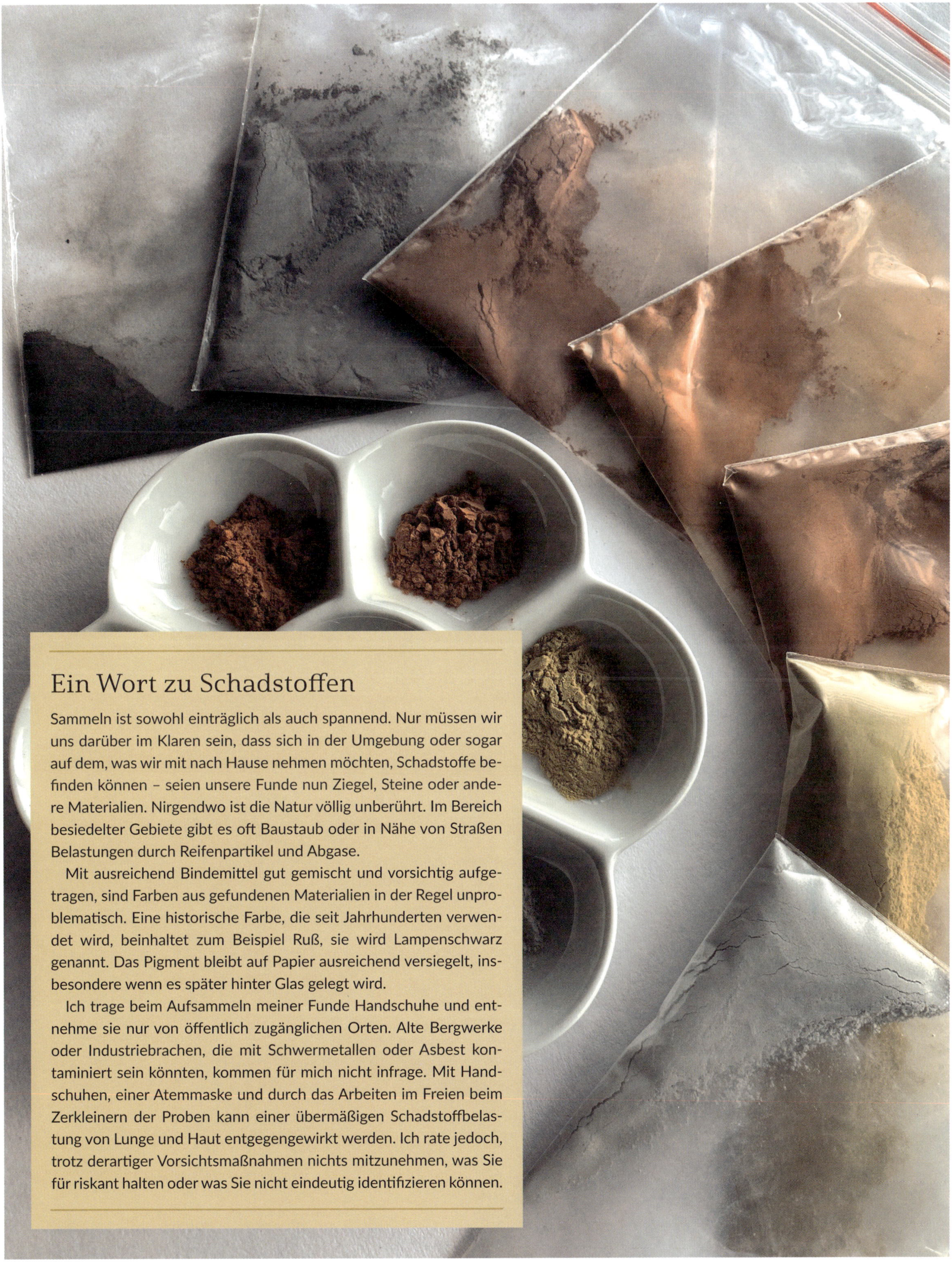

Ein Wort zu Schadstoffen

Sammeln ist sowohl einträglich als auch spannend. Nur müssen wir uns darüber im Klaren sein, dass sich in der Umgebung oder sogar auf dem, was wir mit nach Hause nehmen möchten, Schadstoffe befinden können – seien unsere Funde nun Ziegel, Steine oder andere Materialien. Nirgendwo ist die Natur völlig unberührt. Im Bereich besiedelter Gebiete gibt es oft Baustaub oder in Nähe von Straßen Belastungen durch Reifenpartikel und Abgase.

Mit ausreichend Bindemittel gut gemischt und vorsichtig aufgetragen, sind Farben aus gefundenen Materialien in der Regel unproblematisch. Eine historische Farbe, die seit Jahrhunderten verwendet wird, beinhaltet zum Beispiel Ruß, sie wird Lampenschwarz genannt. Das Pigment bleibt auf Papier ausreichend versiegelt, insbesondere wenn es später hinter Glas gelegt wird.

Ich trage beim Aufsammeln meiner Funde Handschuhe und entnehme sie nur von öffentlich zugänglichen Orten. Alte Bergwerke oder Industriebrachen, die mit Schwermetallen oder Asbest kontaminiert sein könnten, kommen für mich nicht infrage. Mit Handschuhen, einer Atemmaske und durch das Arbeiten im Freien beim Zerkleinern der Proben kann einer übermäßigen Schadstoffbelastung von Lunge und Haut entgegengewirkt werden. Ich rate jedoch, trotz derartiger Vorsichtsmaßnahmen nichts mitzunehmen, was Sie für riskant halten oder was Sie nicht eindeutig identifizieren können.

Farben in Süßwassernähe finden

Süßwassergebiete wie Seen und Teiche sowie Fluss- und Kanalufer bergen ihre eigenen Schätze. Das Thema Sicherheit ist auch am Wasser wichtig, vor allem am Rand von sehr tiefen oder kalten Gewässern. Also machen Sie sich die Risiken des Geländes und des Wetters vorab bewusst.

Seicht abfallende Seeufer sind Zonen, an denen man großartige Zeugnisse der lokalen Geologie finden und gleich vor Ort testen kann. Teiche bilden sich oft in lehmigen Gebieten und manche Lehmarten ergeben sehr schöne Farbtöne für Malfarben. Lehm hat den Vorteil, dass er aufgrund der bereits sehr feinen Teilchengröße kaum bearbeitet werden muss. Ein wenig Sieben oder Waschen kann schon ausreichen, um gebrauchsfertige Pigmente zu haben. Farbige Tonerden gehören zu den ältesten Farben, die der Mensch zum Beispiel für Körperschmuck verwendet hat. Das Vergnügen an einem Schlammbad teilen sogar andere Lebewesen wie Schweine, Nilpferde und Elefanten. Das seidige Gefühl des Lehms zwischen den Fingern, wenn Sie ein wenig nach Farbe graben, sollten Sie sich nicht entgehen lassen.

An Fluss- und Bachläufen kommt es in städtischen Einzugsgebieten manchmal zu Verschmutzungen, weshalb es wichtig ist, sich in dieser Hinsicht zu informieren. An Flussufern kann man ungewöhnliche Steine und interessante Objekte finden, aus denen man Paletten oder Pinsel herstellen kann. Die meisten Gänse- und Schwanenfedern, die ich für Tuschefedern verwende, sammle ich am Oberlauf der Themse und des Flusses Stour, wenn sich die Vögel im Frühsommer mausern. Die langen Flugfedern sind dafür am besten geeignet. Dort finde ich auch Muschelschalen zum Anrühren von Farben.

Vielerorts gibt es keine besonderen Regeln für das Mitnehmen von Dingen an Flussufern, im gezeitenabhängigen Londoner Themseschlick jedoch ist das sogenannte Mudlarking geregelt und bedarf einer Genehmigung. *Mudlarking* bezeichnet die uralte und immer noch fortwährende Praxis, das Themseufer nach Dingen von Wert abzusuchen, nach Halbedelsteinen zum Beispiel, Feuersteinen, alten Tonpfeifen, Münzen und sogar römischen Dachziegeln, die noch Daumenabdrücke ihrer Hersteller:innen zeigen.

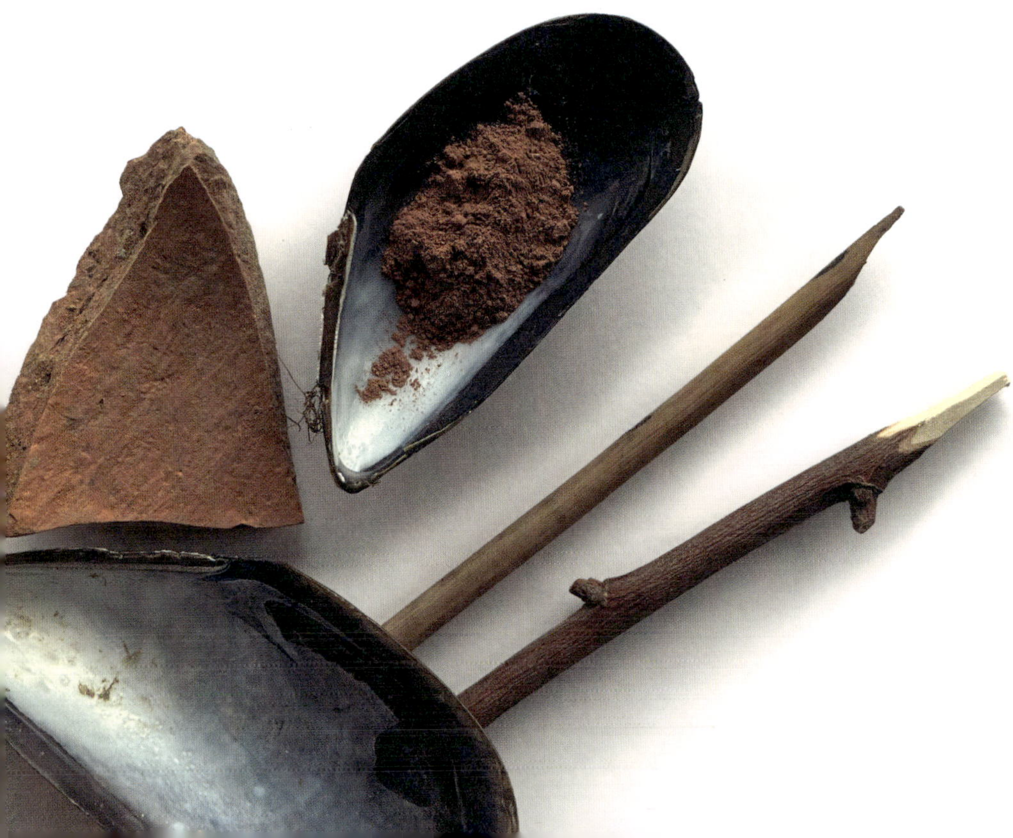

GEFUNDEN IN SÜSSWASSERNÄHE

Stöckchen und Schilf für Stifte, Muscheln für Farbtöpfe und eine Tonscherbe, deren Pigment in der oberen Muschelschale zu sehen ist.

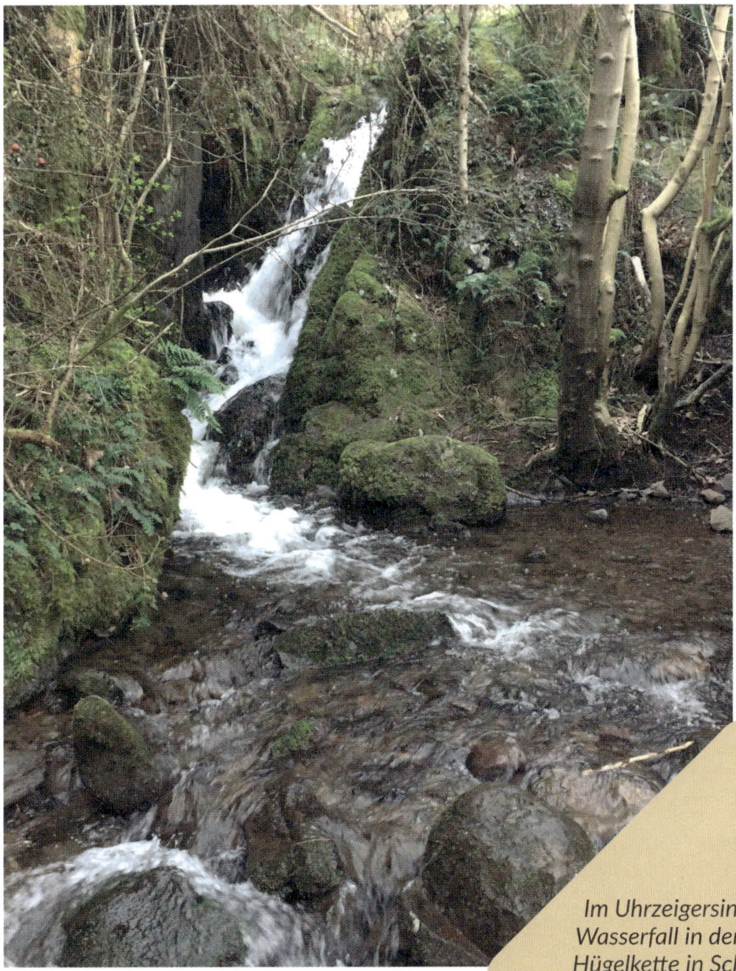

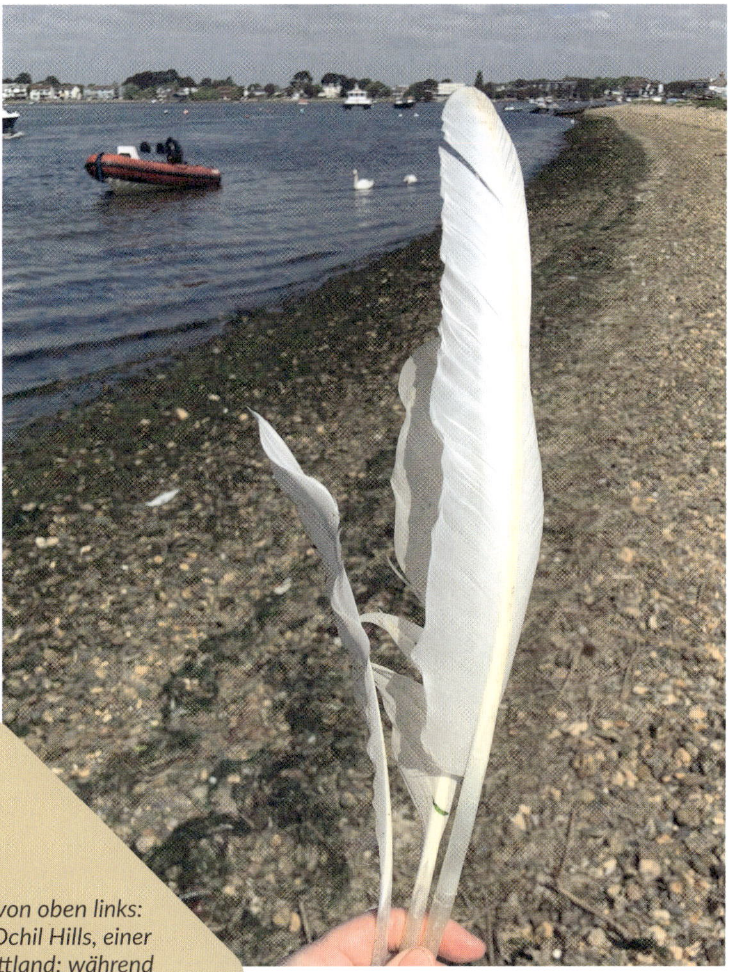

Im Uhrzeigersinn von oben links: Wasserfall in den Ochil Hills, einer Hügelkette in Schottland; während der Mauser gefundene Schwanenfedern für Schreibfedern; die Themse bei Sonnenuntergang

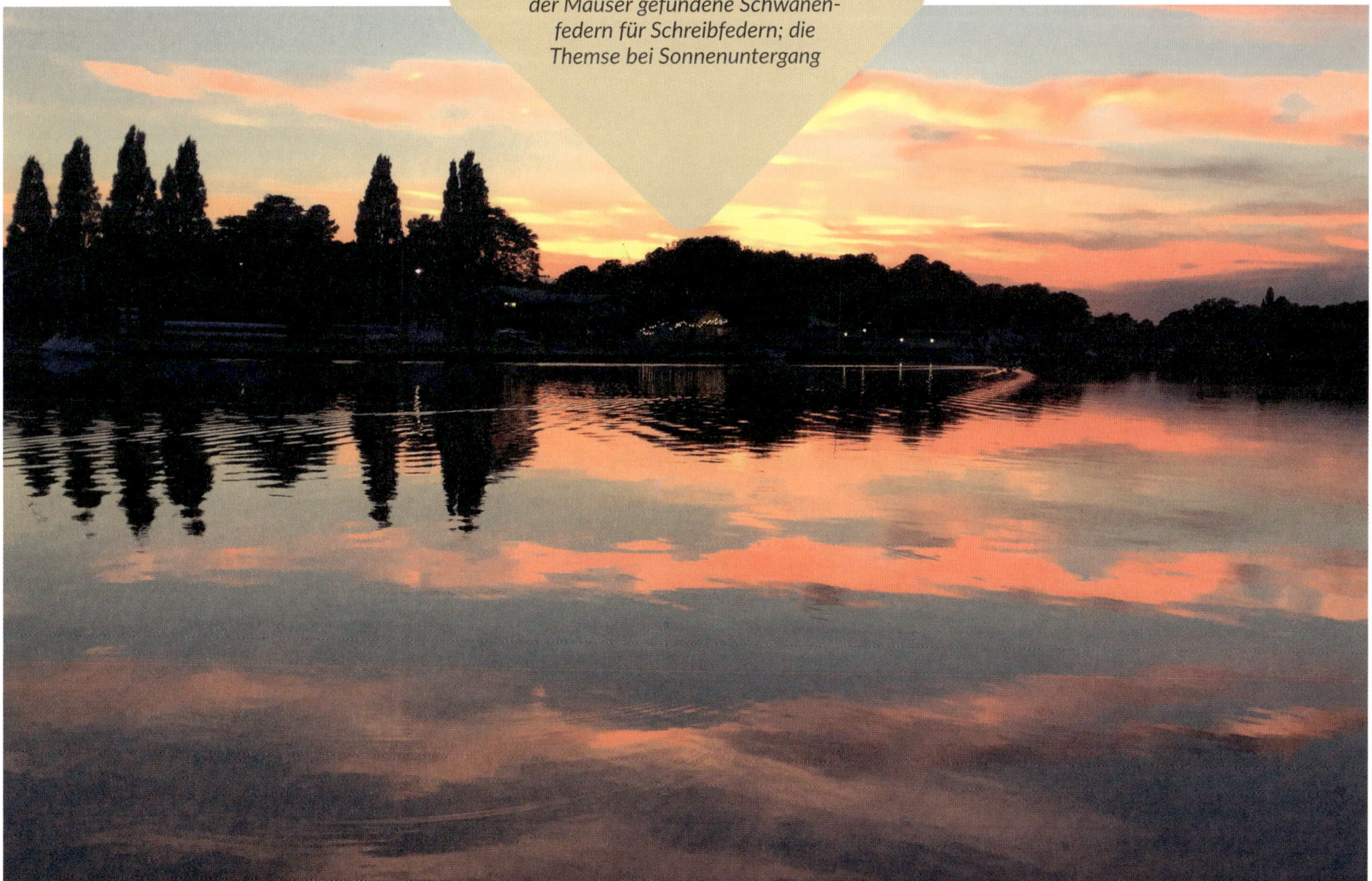

Farben aus Süßwassernähe

Wenn Sie gerne vor Ort die Natur malen und zeichnen, so steht Ihnen nicht nur ein reichhaltiges Angebot an Farben zur Verfügung, sondern zusätzlich überwältigende Fluss- oder Seelandschaften als Motive. Eine Landschaft mit den Materialien zu malen, aus denen sie besteht, ist eine große Freude.

FUNDOBJEKT	PIGMENT	FARBRESULTAT

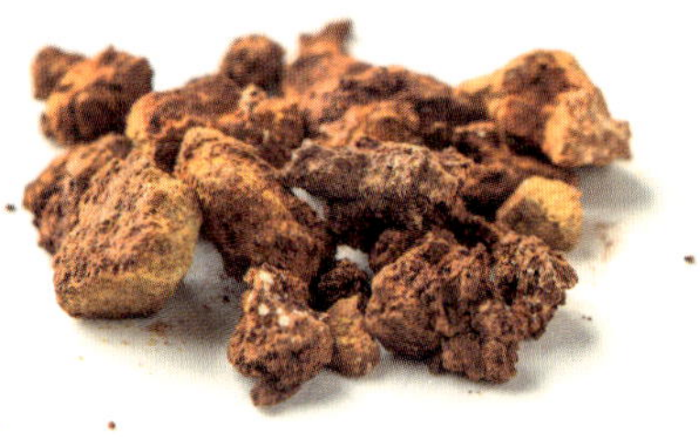

ORANGEFARBENER OCKER

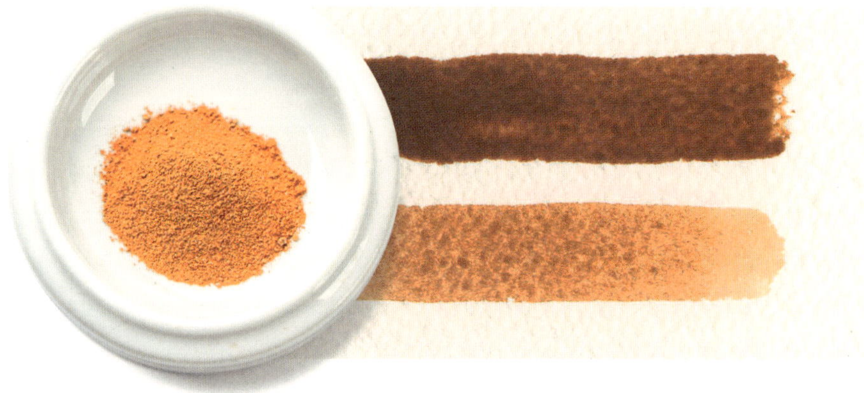

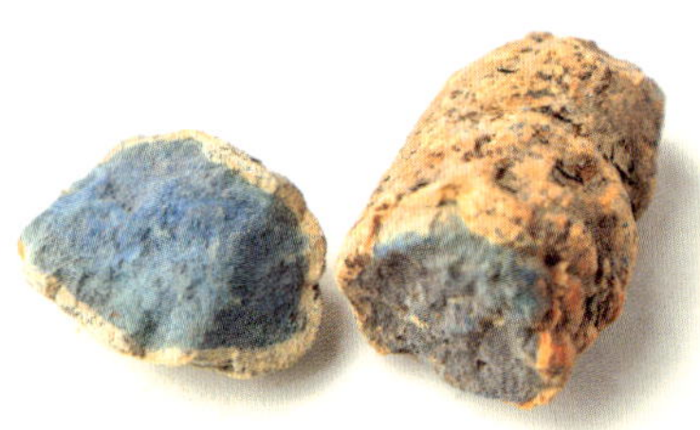

VIVIANIT

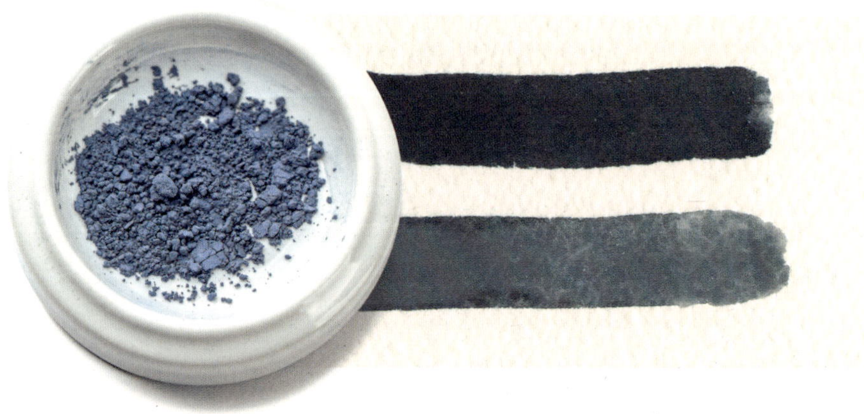

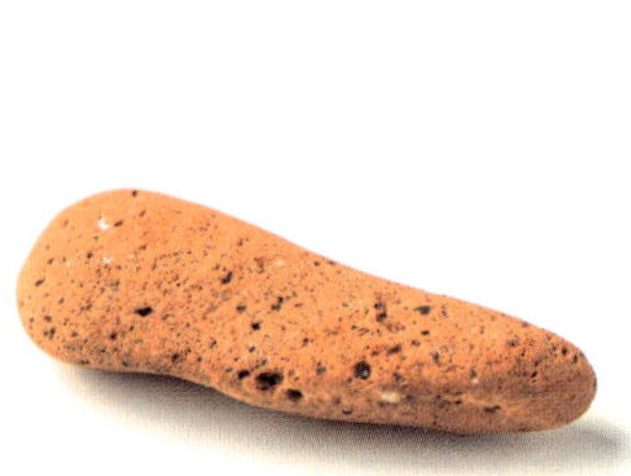

VERWITTERTER ZIEGEL

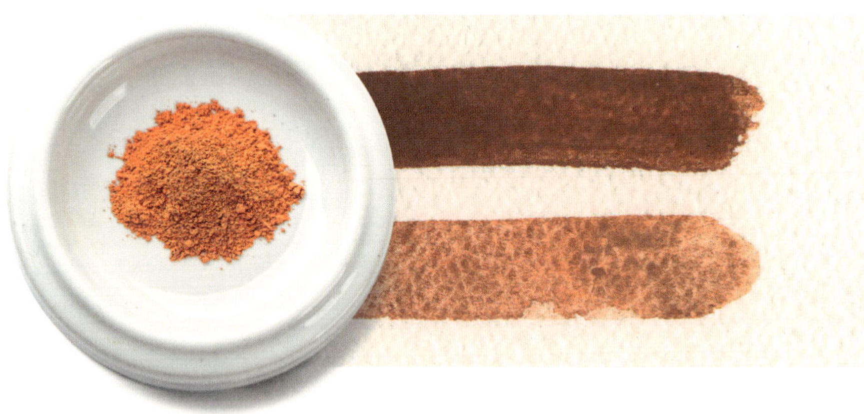

Bearbeitung an Ort und Stelle

Bei der Verarbeitung oder Verwendung Ihrer Pigmente bietet die Nähe zu fließendem Wasser große Vorteile. Reibesteine und Pinsel lassen sich einfach abwaschen, ohne dass Verunreinigungen oder andere Schäden zu befürchten sind. Immerhin wurden die Materialien ja vor Ort gesammelt. Auf dem Foto sind bunte Steine zu sehen, die ich direkt an der Uferstelle getestet habe, an der ich sie fand.

Tragen Sie stets ein Fläschchen mit selbst hergestelltem Aquarellbindemittel (siehe Seite 86) sowie Skizzenblock und Pinsel bei sich. Reibesteine finden sich unterwegs zur Genüge.

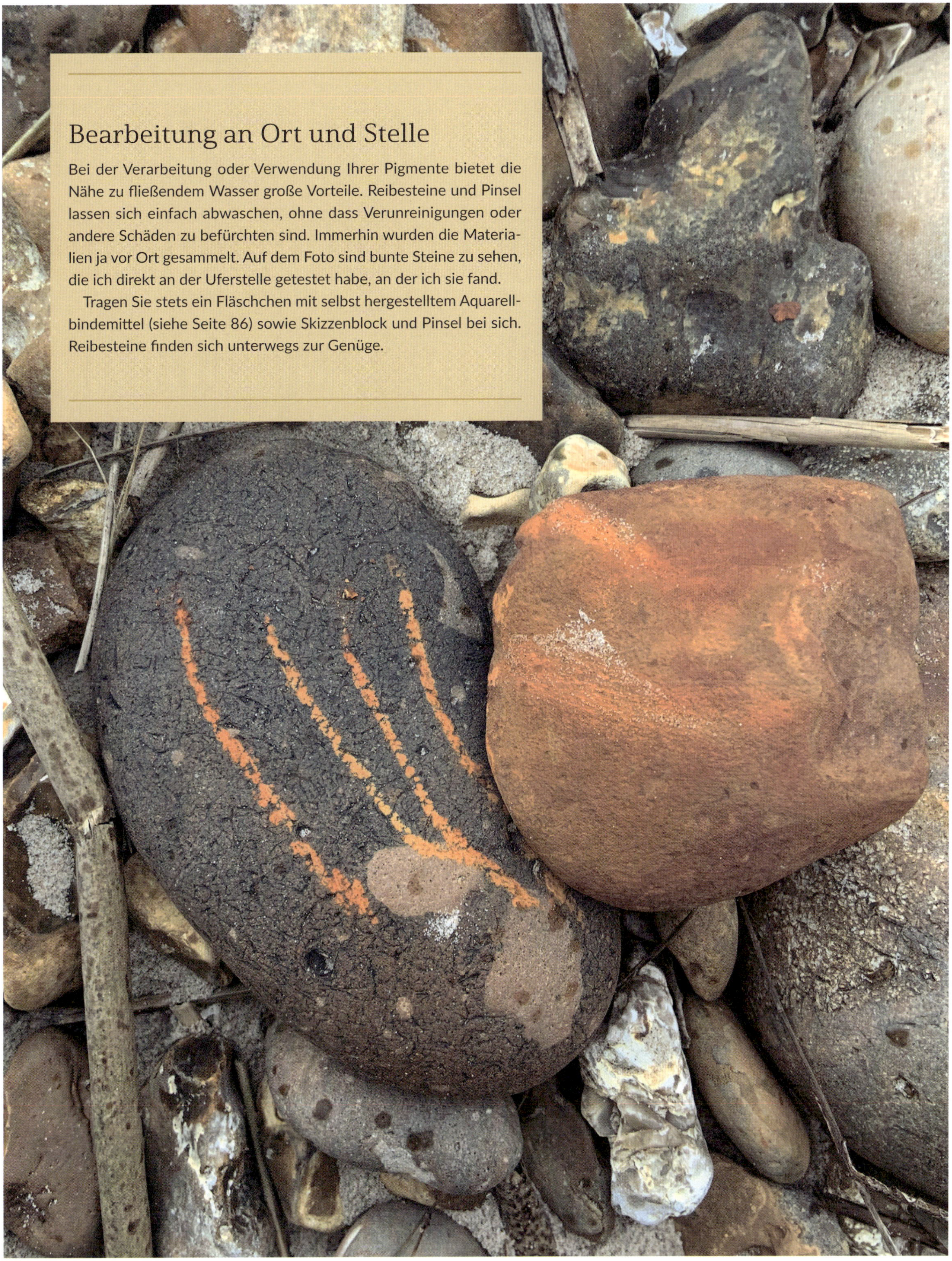

Dinge aus dem Vorratsschrank

Bevor Sie sich im Fachgeschäft mit dem eindecken, was Sie zusätzlich zu den Pigmenten für das Anfertigen einer Farbe benötigen, lohnt sich ein Blick in die Vorratskammer: Gut möglich, dass dort bereits alles vorhanden ist. Die natürlichen Zutaten zu hochwertigen Farben sind meist dieselben, die der Mensch von jeher zum Binden oder Verdicken von Speisen verwendet hat. Für die Aquarellfarben, die wir in diesem Buch anfertigen, können daher einige der Küchenvorräte zum Einsatz gebracht werden.

Eier Mit Eigelb stellt man Temperafarbe her, eine glänzende, vielseitig verwendbare, dauerhafte Farbe. Sie macht sich sehr gut auf mit Gesso beschichteten und anderen harten Oberflächen, aber auch auf festem Qualitätspapier. Aus Eiweiß wiederum entstehen Lasurfarben – matte, transparente Farben, die sich hervorragend mit unseren Erdpigmenten vertragen. Eikläre aus Eiweiß mit der Sprühflasche aufgetragen, ist ein ausgezeichnetes natürliches Versiegelungsmittel für Pastellkreiden und andere wenig haftende Medien. Ich verwende Eier aus biologischem Anbau und Freilandhaltung oder Hühnereier von Bekannten zusammen mit ein wenig Essig. Auch die Eierschalen können genutzt werden. Gewaschen und zermahlen ergeben sie ein schönes natürliches Weiß, das zwar weniger Brillanz hat als Kreide oder Marmorstaub, sich aber zum Abtönen gut mit anderen Farben mischen lässt.

Eine vegane Alternative zu Eiweiß stellt das Kochwasser jeder weißen Bohnensorte dar sowie das der Kichererbsen, sogenanntes Aquafaba.

Gummiarabikum Gummiarabikum ist eine in der indischen, asiatischen und nahöstlichen Küche weit verbreitete Zutat, die auch in der westlichen Süßwarenherstellung verwendet wird. Es handelt sich um das fast farblose Gummi von Akazienbäumen. Auch als Arabischer Gummi bezeichnet, verdickt es Süßspeisen, stärkt Glasuren und emulgiert Mixturen. Es ist in Pulver- oder Stückform preisgünstig online oder in Fachgeschäften erhältlich. Angeblich ist Gummiarabikum in Künstlerqualität heller und feiner, aber ich selbst habe keinen solchen Unterschied feststellen können.

Milch, Pflanzenmilch, Käse und Quark Diese Produkte eignen sich hervorragend zur Herstellung von Wandfarben, Kaseinfarben und Lasuren. Aus normalem Weizenmehl und einigen anderen stärkehaltigen Mehlen lassen sich Kleisterfarben herstellen. Gelierende Zutaten wie Kochgelatine, Agar-Agar und andere pflanzliche Geliermittel ergeben Bindemittel, Druckfarbengrundierungen und mehr. Wenn ich am Meer gewöhnliche essbare Algen ernte, zum Beispiel Rotalgen, sie dann aber ein wenig zu lange lagere, wandern sie, um nichts zu verschwenden, in meine Werkstatt. Dort koche ich sie ab und ich mache daraus Carrageen, ein klares Gel zum Binden von Farben.

Talg, Schmalz, Hirschfett und andere gehärtete weiße Fette Die Fettanteile des Fleischs, das ich esse, verwende ich für Farben, wie sie bereits aus der Frühzeit bekannt sind. Mit Ocker vermischt und auf Stein oder harte Oberflächen aufgetragen, kommen sie den Farben der Höhlenmalereien tatsächlich näher als andere Mixturen.

Fischleim Dieser Leim aus der Hausenblase (der Fischschwimmblase) wird von Hobbybrauern häufig zum Klären von Wein und Bier verwendet. Er wird bereits seit der Antike in der Buchmalerei als feines, klares Farbbindemittel genutzt.

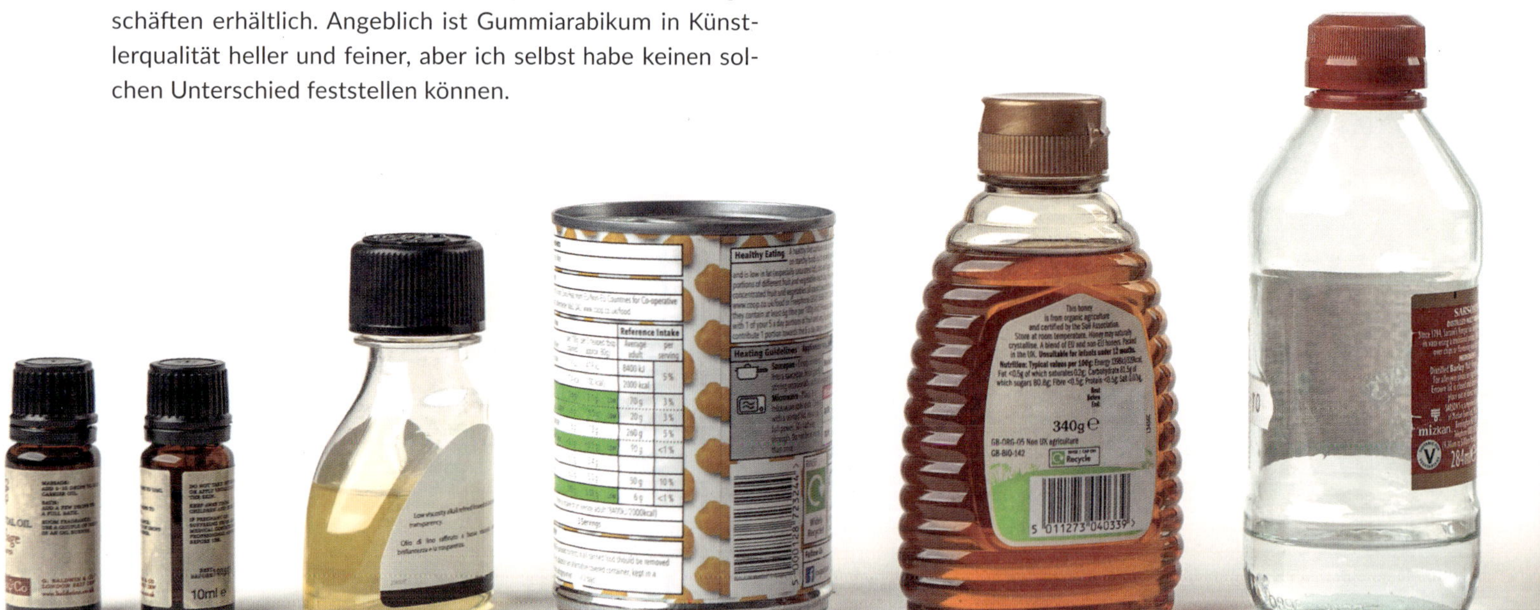

Essbare härtende Öle Zu den aushärtenden Ölen gehören Lein- und Mohnöl. Obwohl die Speiseöle heller und dünnflüssiger sind und die speziell hergestellten Öle für den Kunstbedarf aus anderen Sorten gewonnen werden, sind sie durchaus einsetzbar, wenn man sehr preisbewusst ist.

Flüssighonig Diese wunderbare Zutat ist mit Wasser angerührt schon ein gutes Malmittel. Aber wenn man sie mit Gummi vermengt in Aquarellfarben einrührt, lässt sich die Farbe wieder befeuchten. So braucht man einem angetrockneten Farbnapf nur Wasser zusetzen, um am nächsten Tag weitermalen zu können.

Eine vegane Alternative zu Honig ist Agavendicksaft – er ist von blasser Farbe und genauso flüssig wie Honig. Ebenso kann Zuckersirup zum Einsatz kommen, eine klare, farblose Flüssigkeit, sowie normaler Streu- oder Puderzucker. Sie alle bewerkstelligen, dass die Farbe wiederbefeuchtet werden kann.

Manchmal ist einem Glas Honig ein Stück Bienenwabe beigegeben, was zwar einen schönen Anblick bietet, aber eigentlich Verschwendung ist. Man kann die Waben jedoch waschen und aufheben, um sie zu gegebener Zeit einzuschmelzen und daraus ein Malmittel herzustellen, zum Beispiel Wachsmalstifte oder Abdeckwachs für Aquarelltechniken. An dieser Stelle sei erwähnt, dass ich niemals Waben in der freien Natur sammle: Bienen haben es ohnehin schon schwer genug, weshalb ich ihre Behausungen lieber intakt lasse.

Ich hoffe, mit diesem Wissen im Hinterkopf sind Sie inspiriert, Ihre Nahrungsmittelvorräte und den Inhalt Ihrer Speisekammer mit anderen Augen zu betrachten. Vielleicht finden Sie in der hintersten Ecke Ihres Schranks die eine oder andere selten verwendete Zutat, aus der sich schöne Farbe herstellen lässt, sodass diese fortan nicht mehr sinnlos herumstehen muss.

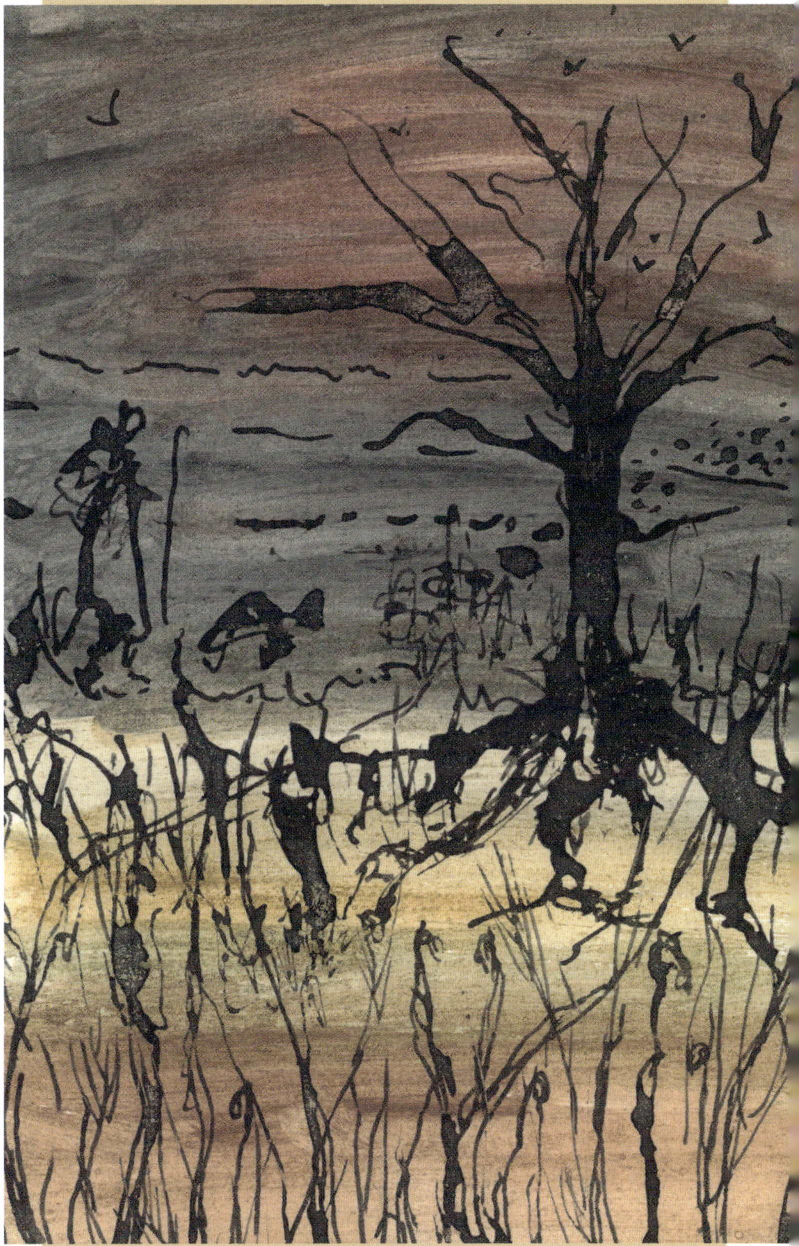

THROUGH THE FENS AT SUNSET
20 × 28 cm

Aquarellfarben aus Ocker sowie Eisengallustinte. Die Ockerfarben für dieses Gemälde wurden mit Gummiarabikum, Honig und Wasser versetzt und bilden damit einen ganz einfachen lavierten Hintergrund für die schwarze, mit einem Federkiel aufgetragene Tuschezeichnung.

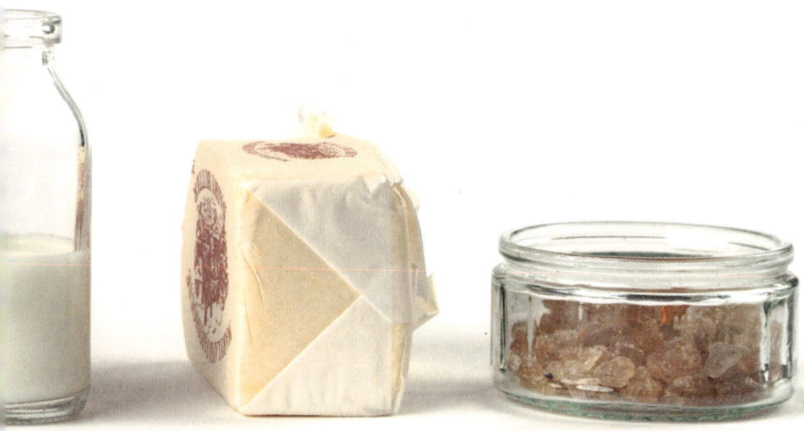

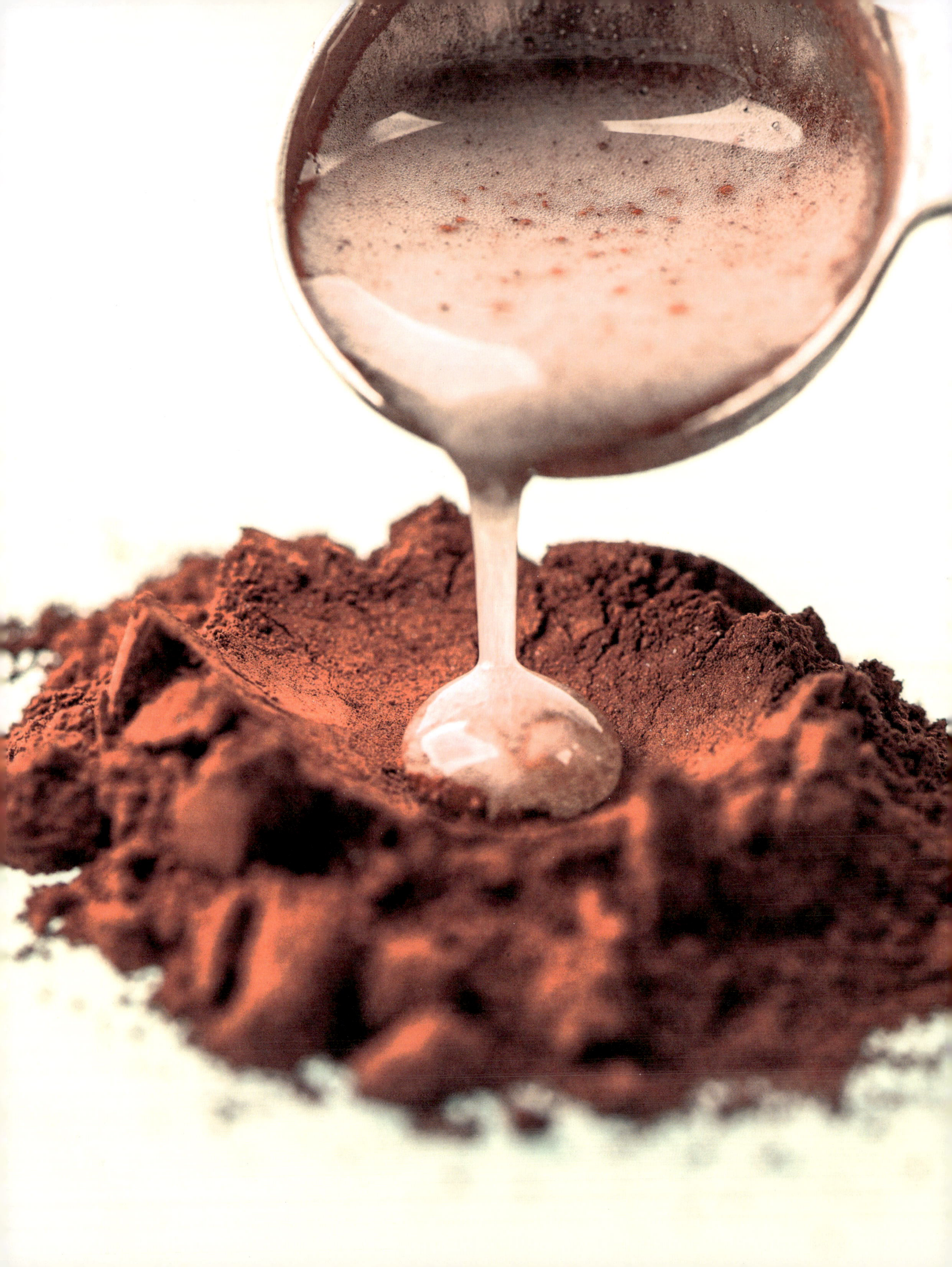

DAS GEFUNDENE MATERIAL VERARBEITEN

In diesem Kapitel erfahren Sie, wie Sie Ihre Funde so verarbeiten, dass Sie am Ende die farbgebenden Substanzen für Malfarben haben: die Pigmente. Schritt für Schritt werden Sie durch den Prozess geführt, der aus Ihren gesammelten Materialien, die zum jetzigen Zeitpunkt noch in klumpiger, bröckeliger, grobkörniger oder steiniger Form vorliegen, das benötigte feine Farbpulver macht. Los geht es mit dem Zerkleinern, danach kommt das Mahlen und Sieben – gegebenenfalls schließen sich weitere Schritte an.

Das Herstellen von Pigmenten spricht alle Sinne an, was genauso Suchtpotential hat wie das Malen an sich. Für den Tastsinn sind die vielen verschiedenen Texturen ein Genuss. Akustisch ist der Prozess von eindrücklichen Geräuschen begleitet – sie sind höchst unterschiedlich beim Zerkleinern und Mahlen. Vor den Augen entfalten die Farben mehr und mehr ihre Leuchtkraft und Intensität. Und sogar für den Geruchssinn ist es ein Erlebnis, wenn wir erdige Tone oder verkohltes Holz verarbeiten.

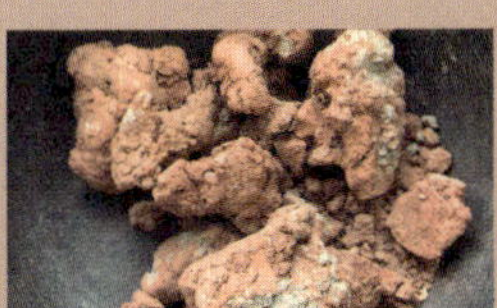
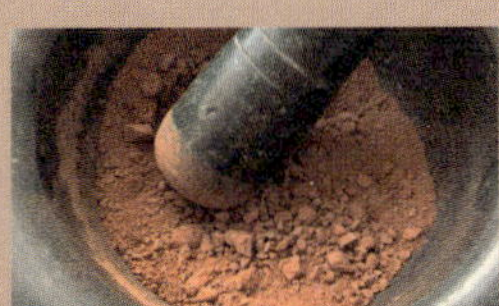
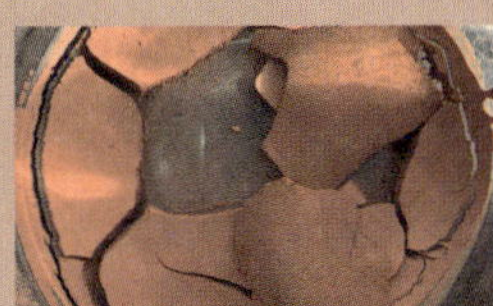
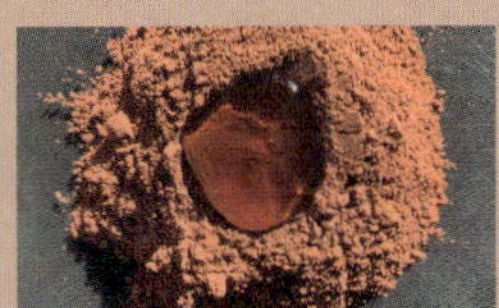
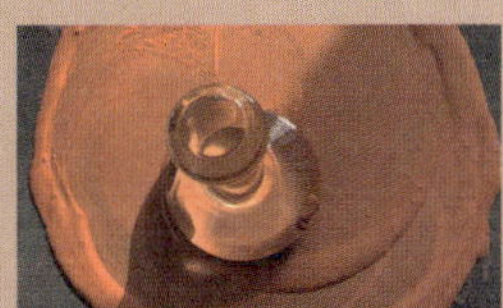

VOM STEIN ZUR FARBE

Das Kapitel folgt vom Ablauf her der Reihenfolge, in der die Materialien zu verarbeiten sind (auch die Nummerierung ist dem angepasst). Es geht los mit dem Zertrümmern grober Steine und reicht bis zur Lagerung des entstandenen Pulvers. Manchmal gibt es neben der grundlegenden oder traditionellen Methode auch eine verfeinerte Technik – dann werden wir uns beide ansehen. Die Materialien müssen dabei nicht immer auf die gleiche Weise behandelt werden; Sie müssen also nicht immer alle Schritte durchführen. Das Schlämmen ist zum Beispiel nicht notwendig, wenn das Sieben bereits ein ausreichend sauberes und reines Pigment ergeben hat.

Aus dem Gefundenen Pigmente zu machen, das sollte möglichst so intuitiv vonstattengehen, wie es unsere Ahn:innen schon vor Zehntausenden von Jahren praktiziert haben. Wie man mit derart bewährten Methoden Pigmente und Farben herstellt, das habe ich schon erfahrenen Künstler:innen beigebracht, Kindern im Alter von gerade fünf Jahren und Erwachsenen, die anfänglich überzeugt davon waren, dass sie weder künstlerisch noch praktisch veranlagt seien. Holen Sie also Ihre Arbeitskleidung, wir werden es krachen lassen!

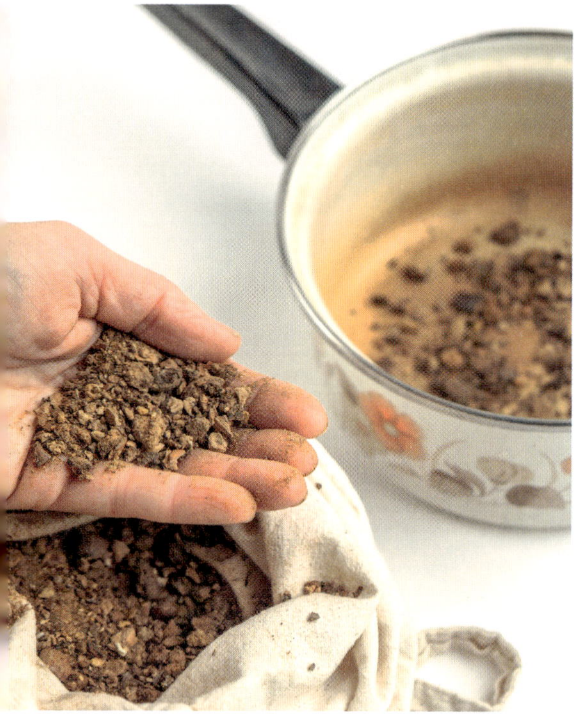

Ausstattung für die Pigmentherstellung

Um unsere Rohmaterialien zu Pigmenten zu verarbeiten, brauchen wir nichts weiter als gewöhnliche Küchen- oder Haushaltsgeräte. Die folgende Liste ist nicht erschöpfend. Wenn Sie etwas Ihrer Meinung nach Geeignetes zur Hand haben, lohnt es sich immer, es auszuprobieren. Allerdings sollten Sie Küchengeräte, die Sie zur Herstellung von Pigmenten verwendet haben, nicht zum Kochen benutzen: Bewahren Sie Ihr Arbeitswerkzeug an einem anderen Ort auf als Ihre Küchenutensilien – so vermeiden Sie Verwechslungen. Ich führe auch vereinzelt Profigeräte auf, die Ihre Arbeit angenehmer und effektiver machen, falls Sie sich der Pigmentherstellung längerfristig und umfassender widmen wollen. Eine Liste von Bezugsquellen finden Sie auf www.haupt.ch/wilde-farben.

Zum Zertrümmern und Zerkleinern Mahlstein und Betonplatte im Freien, Messingmörser und -stößel, Nudelholz und Stoffbeutel oder alte Kissenbezüge, Fäustel, Gummihammer.

Zum Mahlen Große und kleine Mörser aus Stein, handtellergroße Steine mit einer flachen Seite, Schiefer- oder Steinplatten, geriffelte Mahlsteine, wie sie früher für die Verarbeitung von Mais, Eicheln oder Kastanien verwendet wurden.

Zum Sieben Küchensiebe aus rostfreiem Stahl, Mulltücher aus Baumwolle. Professionellere Werkzeuge wären gebrauchte Analysen- oder Laborsiebe – das sind sehr praktische Flachsiebe mit unterschiedlichen Drahtgeweben, um unterschiedliche Partikelgrößen auszusieben.

Zum Schlämmen Auswaschbare Glasbehälter, gereinigte Kunststoffverpackungen für Lebensmittel in verschiedenen Größen, Schultergläser (also Gläser mit einer Verjüngung nach oben hin) mit Deckel, Löffel.

Zum Trocknen Trichter, Kaffeefilter, feine Baumwolltücher (wie alte Stofftaschentücher oder Geschirrtücher), Tabletts, Zeitungen oder Papierreste, Bratenspritze, saubere Bürste mit festen Borsten (runde Schablonier- oder Backpinsel sind ideal).

Zum Mischen Edelstahlschüssel, flexibler Backspatel, Löffel, saubere Holzstäbe, Pipette oder Tropfenzähler.

Zum Anreiben Herdabdeckplatte oder Schneidebrett aus gehärtetem Glas, polierte Stein- oder Marmorplatte (manchmal zu finden in Secondhandläden; zum Beispiel zum Servieren von Käse), Fermentiergewichte oder Glas/Vase/Briefbeschwerer/Stein mit flachem Boden. Meine Freundin Catalina Christensen verwendet ein altes, gusseisernes Bügeleisen, wie man es früher im Feuer erhitzte. Wenn Sie öfter Farben herstellen wollen, sind ein professioneller Glasläufer und eine Anreibeplatte ideal.

Für die Lagerung Deckelgläser, Fläschchen und Glasbehälter verschiedener Größen, durchsichtige, stapel- und verschließbare Plastikdosen, Klebeetiketten und Permanentmarker.

Schutzmaßnahmen

Arbeiten Sie in einer gut belüfteten und leicht zu reinigenden Umgebung, idealerweise sind Sie draußen. Tragen Sie beim Hantieren mit trockenen oder stäubenden Materialien eine Maske: Eine Maske mit Filter ist dafür am besten geeignet. Latexhandschuhe oder enganliegende Arbeitshandschuhe, wie man sie beim Lackieren oder beim Ölwechsel am Auto verwendet, sind ideal. Eine einfache Schutz- oder eine große Klarsichtbrille kann Augenverletzungen vermeiden – beim Zertrümmern können Partikel umherfliegen und gefährlich werden. Tragen Sie über Ihrer Kleidung eine Schürze oder einen Overall oder nutzen Sie direkt alte Kleidungsstücke. Was auch immer Sie wählen, sollte problemlos zu waschen sein, damit Staub und Farbpuder nicht in den Wohnbereich gelangen.

Ausstattung für die
Pigmentgewinnung

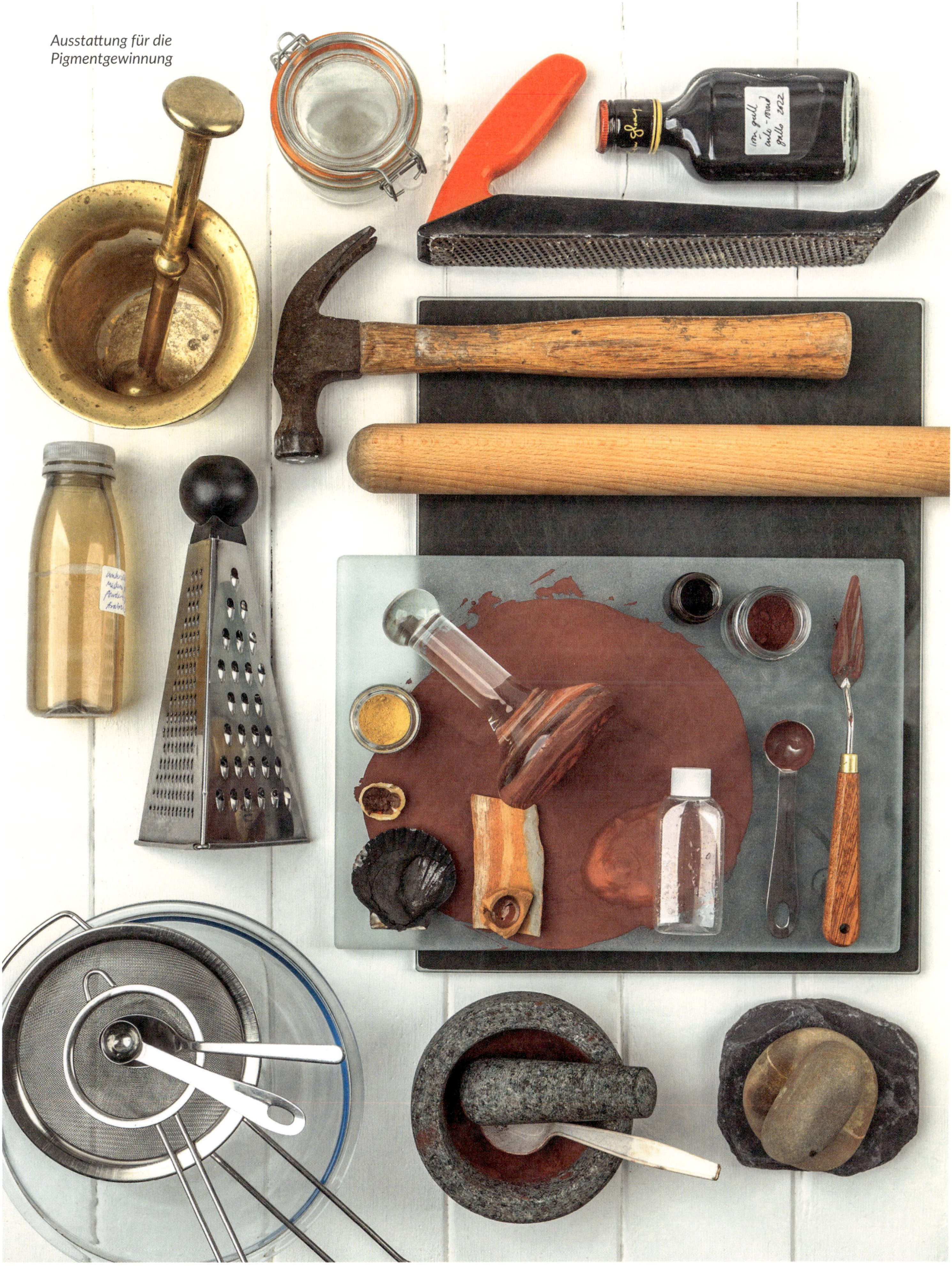

1 Zerkleinern

Ziehen Sie Ihre Arbeitskleidung an und tragen Sie eine Atemschutzmaske und eine Schutzbrille. Arbeiten Sie entweder im Freien oder in einem sehr gut belüfteten Raum. Der Arbeitsplatz sollte im Anschluss leicht zu reinigen sein, damit sich die feinen Partikel nicht verteilen – dass sie später eingeatmet werden können, muss unbedingt vermieden werden.

Zerkleinern mit Steinen

Ein Stein ist ein einfaches, schnell beschafftes Werkzeug für das Zertrümmern von Steinen, Ziegelsteinen und anderen größeren Elementen im Freien. Sie benötigen eine saubere Stein- oder Betonplatte, auf der Sie arbeiten können.

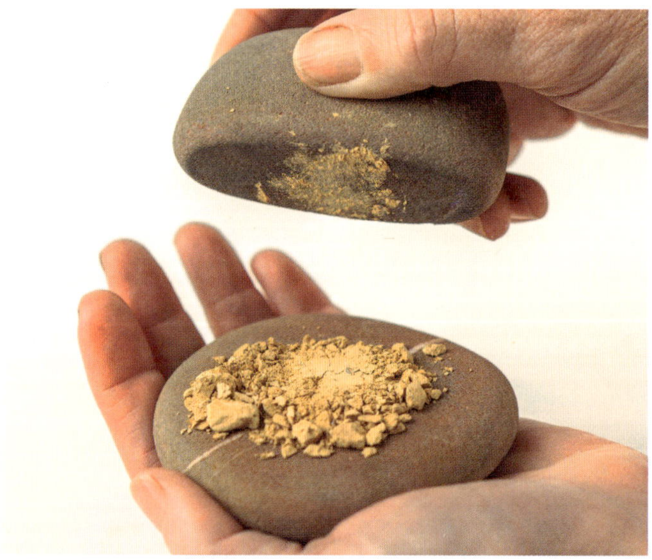

Legen Sie Ihr Material auf einen flachen Stein und schlagen Sie einen zweiten fest darauf – stellen Sie sich die beiden als Hammer und Amboss vor.
Es empfiehlt sich, ein großes Stück glatten Karton unterzulegen, um die zerkleinerten Teile besser auffangen zu können.

Zerkleinern mit dem Hammer

Ein Hammer ist besser kontrollierbar als ein Stein und eignet sich sehr gut für die Bearbeitung kleinerer Objekte.

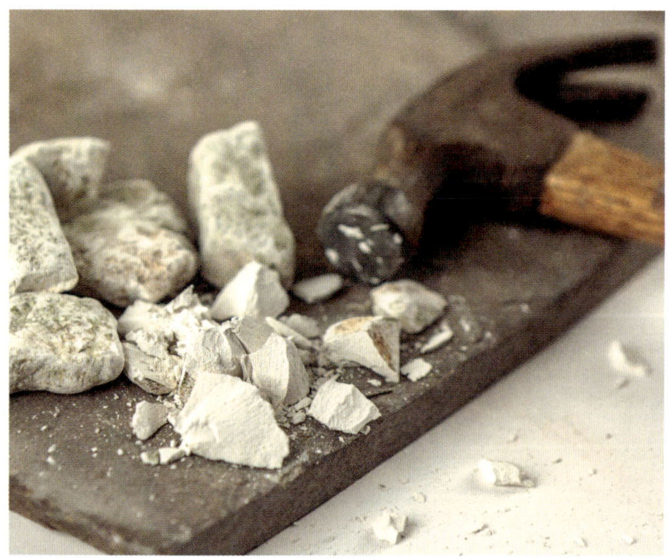

Nichts ist leichter, als das Zertrümmern von Steinen mit dem Hammer: Das Material auf eine harte Oberfläche legen und zuschlagen! Fangen Sie vorsichtig an und achten Sie bei der Arbeit auf herumfliegende Bruchstücke oder Splitter.

Zerkleinern im Mörser

Ein Steinmörser eignet sich gut zum Zerstoßen von Lehm, weichem, bröckeligem Gestein und Holzkohle. Bei härteren Steinen kann er jedoch zerbrechen, weshalb ein Mörser aus Messing hier bessere Dienste leistet.

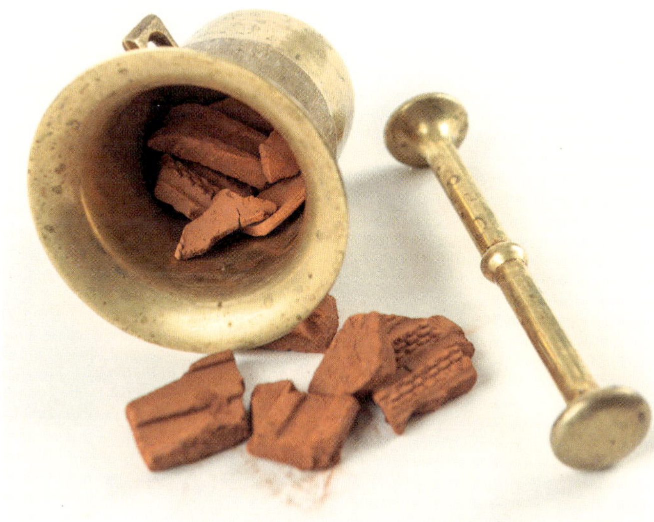

1 Tragen Sie Ihre Stoffmaske und eine Schürze oder gut waschbare Arbeitskleidung. Legen Sie einen Ihrer weicheren Steine in den Mörser.

2 Stellen Sie den Mörser in einen geräumigen Stoffbeutel und stecken Sie auch Ihre Hand und den Stößel hinein. Binden Sie den Stoff locker um Ihr Handgelenk.

3 Halten Sie den Mörser von außen mit der anderen Hand fest und stoßen Sie mit dem Stößel solange auf das Material ein, bis es in kleinere Stücke zerfällt. Fahren Sie fort, bis es so feinkörnig ist wie möglich.

4 Warten Sie eine Minute, bis sich der Staub gesetzt hat, und füllen Sie dann das zerkleinerte Granulat oder Pulver vorsichtig in ein Gefäß um, wenn Sie es anschließend schlämmen. Sollten Sie es vorher sieben wollen, kommt es in ein Sieb.

Zerkleinern mit Nudelholz und Stoffbeutel

Das Vorgehen ist ideal, um Galläpfel so zu zerkleinern, dass anschließend Tusche hergestellt werden kann. Die Arbeit macht großen Spaß und hat etwas Therapeutisches!

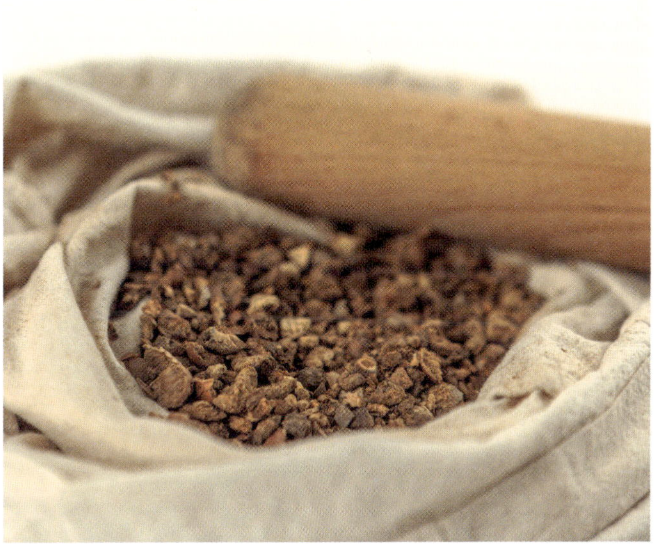

1 Legen Sie das zu zerkleinernde Material in einen Stoffbeutel und verschließen Sie ihn, indem Sie den oberen Rand zusammenbinden oder umfalten. So verhindern Sie, dass kleine Teile oder Bruchstücke herausspringen.

2 Legen Sie den Beutel auf eine ebene und feste Unterlage und schlagen Sie mit dem Nudelholz auf den Beutel ein. Je öfter Sie das tun, desto feiner wird das Material. Kontrollieren Sie ab und zu den Fortschritt, vergessen Sie aber nicht, vor dem Weitermachen die Öffnung wieder zu verschließen.

3 Schütten Sie das Endergebnis in ein Gefäß.

2 Mahlen

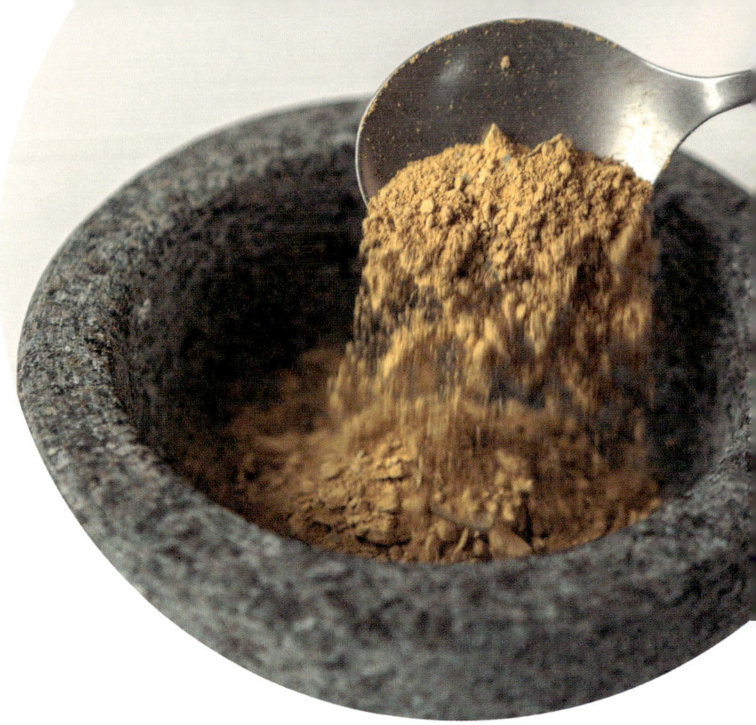

Nachdem Sie große Rohstoffteile auf eine handhabbare Größe gebracht haben, müssen die meisten Pigmente zu feinem Pulver weiterverarbeitet werden. Tragen Sie bei trockenen Pigmenten hier unbedingt einen Atemschutz. Pigmente werden nach dem Zerkleinern am besten durch Reiben gemahlen und nicht weiter zerstoßen, sonst verbringt man ewig Zeit mit Mörser und Stößel und macht sich mehr Mühe als nötig.

Die meisten Substanzen können mit etwas Wasser bearbeitet werden, um Staub zu vermeiden. Man kann sie aber auch trocken mahlen (oder nach dem Mahlen trocknen), wenn man sie anschließend siebt. Egal, ob Sie ohne oder mit Wasser arbeiten, mahlen Sie so lange, bis alle Brocken zerrieben sind. Möglicherweise bleiben kleine feste Steine oder Sandkörner übrig, die im nächsten Schritt herausgefiltert werden.

Mahlen mit dem Mörser

Ist das Material klein genug zerstoßen, können Sie den nächsten Schritt in Richtung Pulverisierung gehen. Nun kommen große oder kleine Steinmörser zum Einsatz. Diese uralten, seit Jahrtausenden unverändert gebliebenen Werkzeuge, finden sich auf der ganzen Welt. Damit hier nichts in die Luft gewirbelt wird, ist man gut beraten, Mörser, Stößel und die Arbeitshand mit einem Stoffbeutel zu umschließen. Ein Freund von mir benutzt dafür eine alte Skisocke!

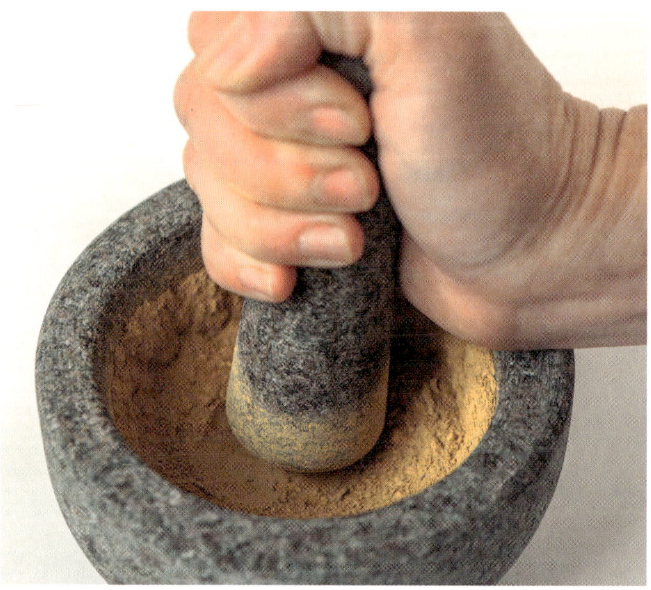

1 Geben Sie Ihr zerstoßenes Material in den Steinmörser. Reiben Sie die Brocken oder Klumpen mit dem Stößel gegen die raue Wand des Mörsers, bis Sie eine pulverige Substanz erhalten.

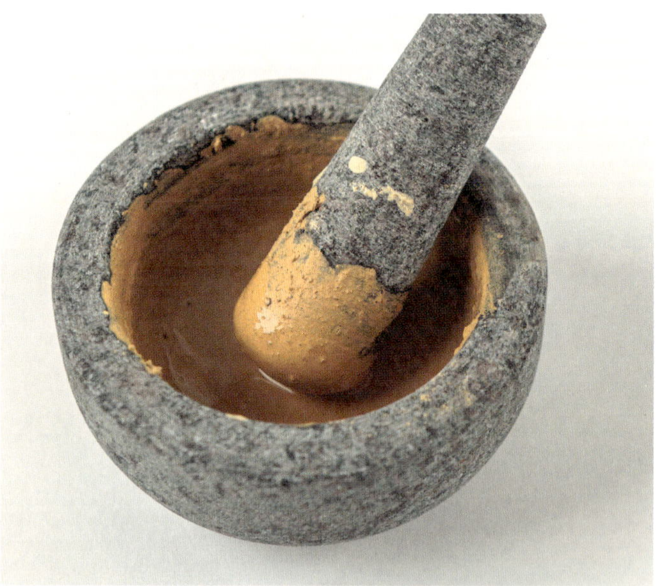

2 Fügen Sie gerade so viel Wasser hinzu, dass das Pulver zur Paste wird und nicht staubt. Wenn Sie schon wissen, dass Sie das Pigment anschließend schlämmen werden (nähere Informationen dazu siehe Seite 67), können Sie sowieso derart verfahren.

Mahlen mit Steinen

Ob raue Kiesel mit einer abgeflachten Seite, Schiefer- und ebene Steinplatten, geriffelte Schleif- oder Mahlsteine etc. – die Verwendung einfacher Stein-auf-Stein-Werkzeuge macht großen Spaß. Und zudem lässt sie unweigerlich Bewunderung und Respekt für unsere Vorfahr:innen aufkommen. Arbeiten Sie nass, indem Sie etwas Wasser hinzufügen. Ohne die geschlossenen Wände einer Reibeschale kann es sonst etwas staubiger werden.

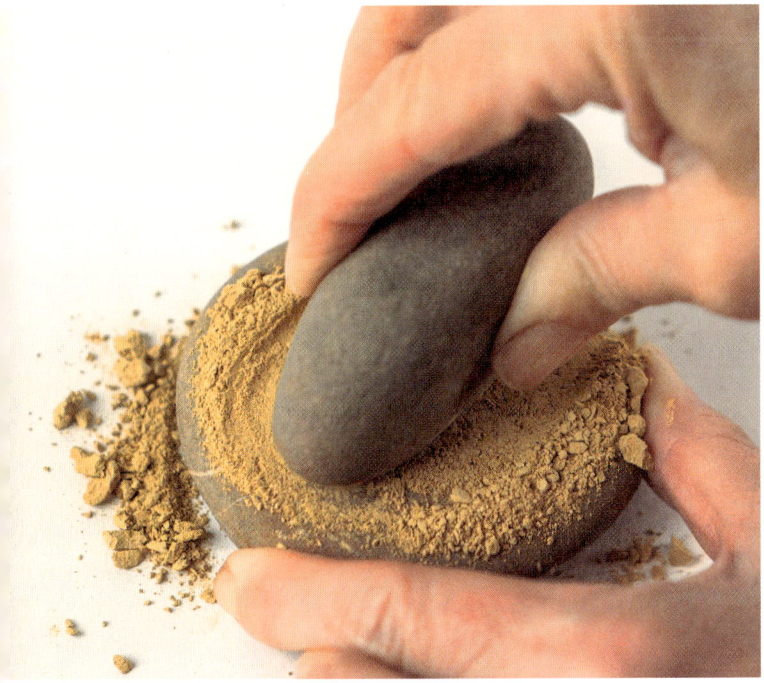

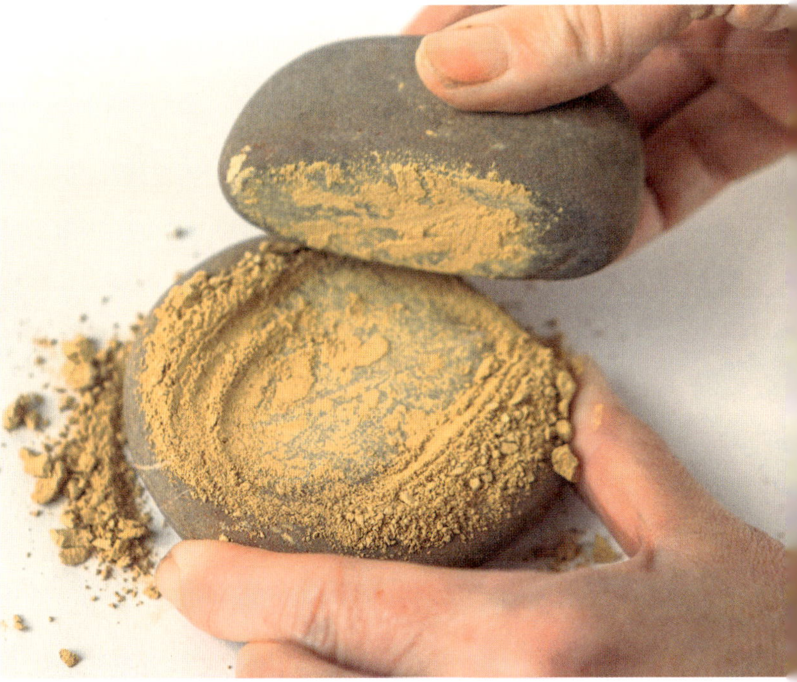

3 Sieben

Das Sieben hilft dabei, kleine Steine, Pflanzenteile oder andere Fremdstoffe aus dem Mahlgut zu entfernen, bevor es geschlämmt wird. Wie beim Mahlen ist auch beim Sieben von trockenen Pigmenten eine Atemmaske unerlässlich.

Bei der Arbeit mit Kalk, Holzkohle und ähnlich porösen Gesteinen haben Sie allein durch das Sieben oft schon so feine Pigmente, dass ein Schlämmen (siehe Seite 67) nicht mehr nötig ist und übersprungen werden kann.

Verwendung eines Küchensiebs

Legen Sie Ihr Sieb aus rostfreiem Stahl über einen Behälter, der groß genug ist, um das gesamte Siebgut aufzufangen. Schütteln oder streichen Sie das Mahlgut vorsichtig durch das Sieb, wie Sie es beim Backen mit Mehl tun würden – Sie können auch einen Löffel zur Hilfe nehmen. Um ein Stauben zu verhindern, können Sie wieder in einem dünnen Stoffbeutel arbeiten. Grobe Körner und Splitter, die bei diesem Vorgang zurückbleiben, können Sie gefahrlos in Ihren Garten oder auf Ihren Kiesweg streuen.

Verwendung eines Geologen- oder Analysesiebs

Diese Edelstahlsiebe mit flachem Boden sind neu oder gebraucht im Internet zu finden. Ich verwende einen Satz, bei denen die Maschenweite zwischen 250 und 100 µm liegt. So werden nur sehr feine Partikel durchgelassen und man erhält auch ohne Schlämmen schnell kleine Mengen feinen Pigments. Was im Sieb zurückbleibt, ist immer noch gutes Pigmentmaterial, das anschließend durch Schlämmen weiterverarbeitet werden kann.

Als Alternative können Sie ein engmaschiges Sieb improvisieren, indem Sie ein Mulltuch oder eine Lage Baumwollmusselin über ein Küchensieb legen.

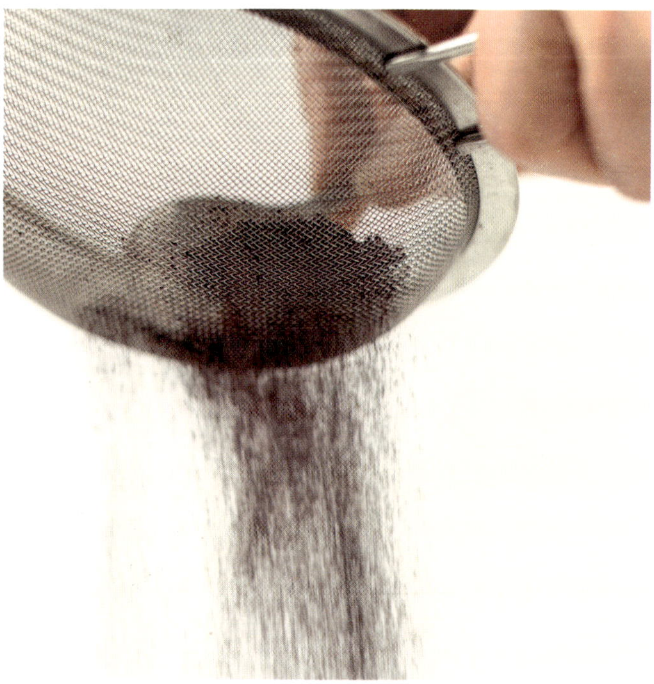

Füllen Sie das gemahlene Material in Ihr Sieb und streichen Sie es mit dem Rücken eines Löffels vorsichtig so durch die Maschen, dass gröbere Partikel und organische Bestandteile zurückbleiben.

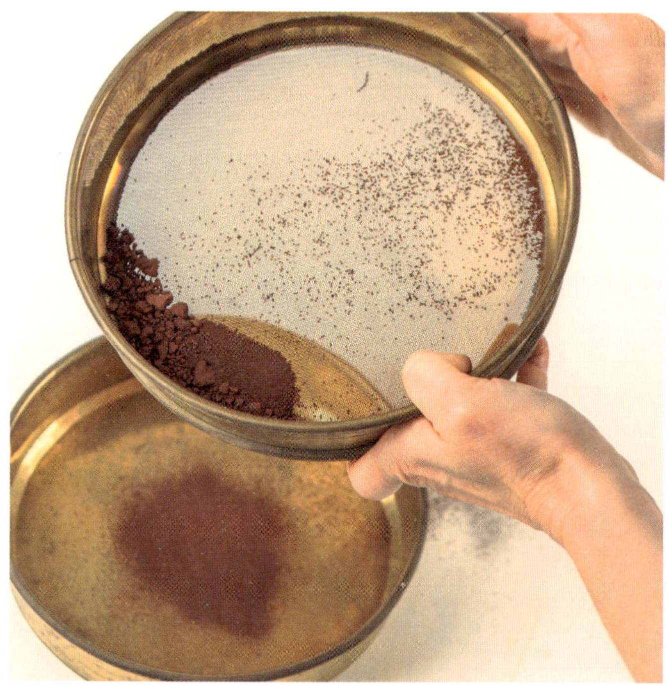

Fügen Sie das gemahlene Material in das Sieb und klopfen Sie wie bei einem Tamburin leicht auf den Rand.

4 Schlämmen

Wenn Sie beim Sieben ein sauberes, brillantes Pigment erhalten haben, können Sie diesen Schritt auslassen. Wenn Sie jedoch feststellen, dass sich noch Erde, pflanzliche Stoffe oder andersfarbiges Gestein in Ihrer Farbe befinden, kann das Schlämmen helfen. Für diesen Schritt benötigen Sie mindestens vier große Schultergläser (Gläser mit einer Verjüngung am oberen Rand) mit Deckeln.

Wenn Sie Ihr Material mindestens auf die Korngröße von Sand gemahlen und es entweder trocken gesiebt oder bereits mit ein wenig Wasser zu einer Paste angerührt haben, können Sie das Pigment nun waschen, um verschiedene Partikelgrößen voneinander zu trennen. Die feinen Sedimente, die sich danach am Boden der Gläser absetzen, sind die Pigmente. Diese können dann getrocknet, gegebenenfalls miteinander vermengt und zur weiteren Verwendung gelagert werden.

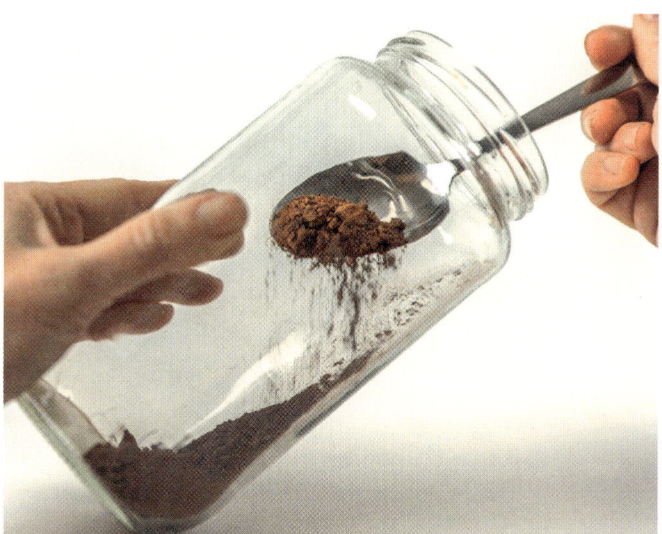

1 Füllen Sie alle Pigmente aus Ihrer Schüssel in das größte der Deckelgläser. Dabei spielt es keine Rolle, ob das Material nass oder trocken ist.

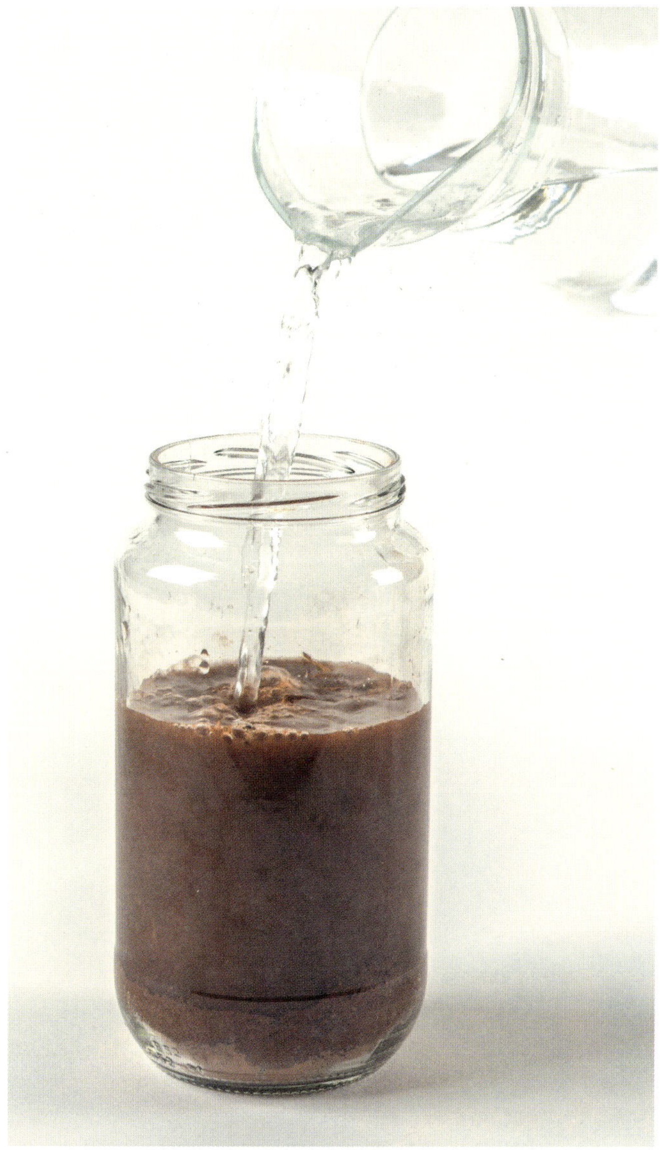

2 Füllen Sie das Glas zu etwa drei Vierteln mit Wasser.

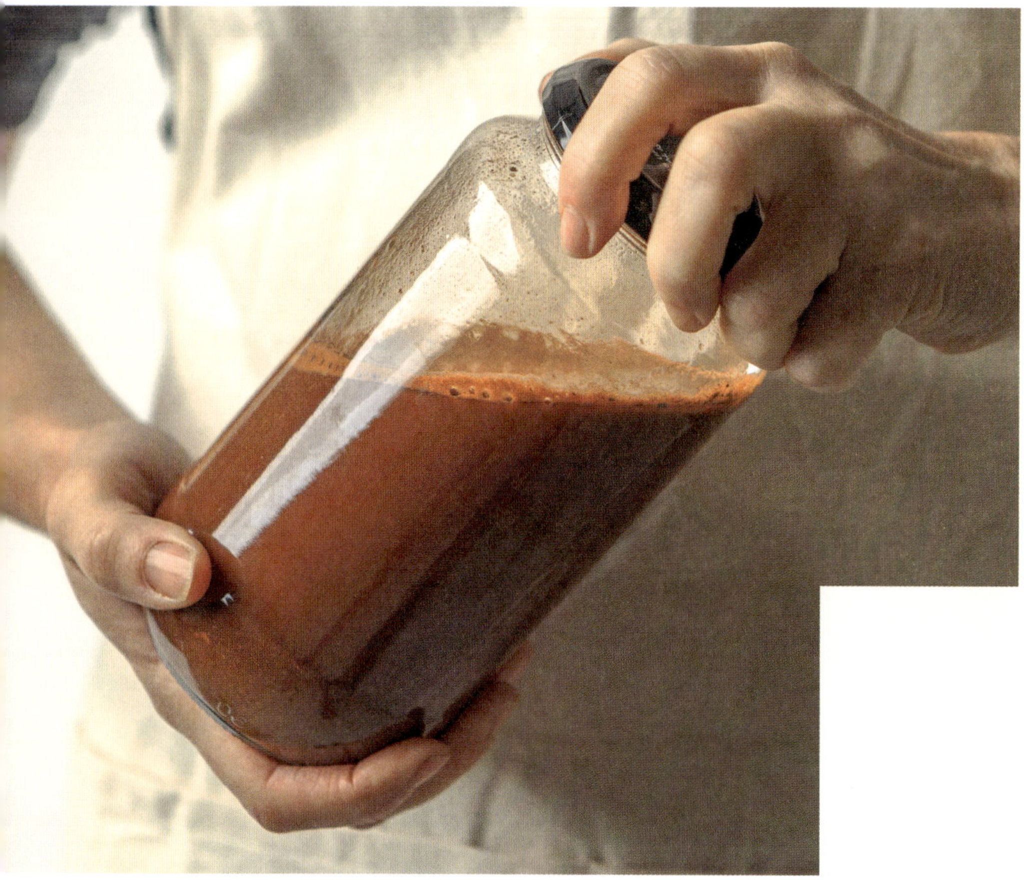

3 Verschließen Sie das Glas fest mit dem Deckel, schwenken Sie es kräftig und zählen Sie bis zehn.

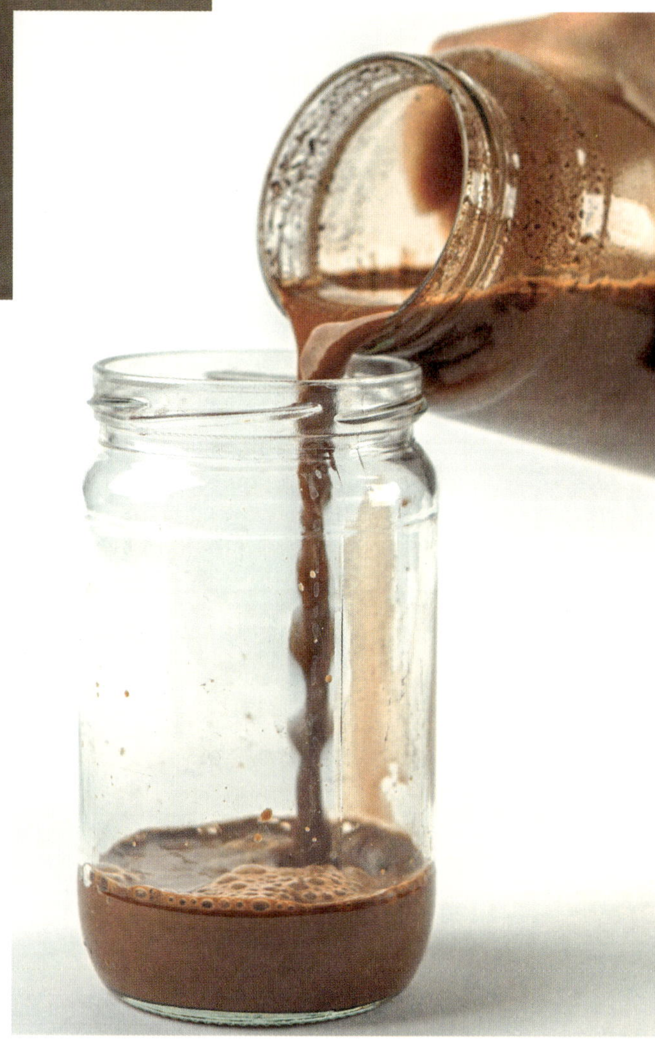

4 Nach dem Schwenken zählen Sie bis fünf und warten dabei. Gießen Sie das gefärbte Wasser, das noch voller Pigmente ist, anschließend in ein anderes Gefäß.

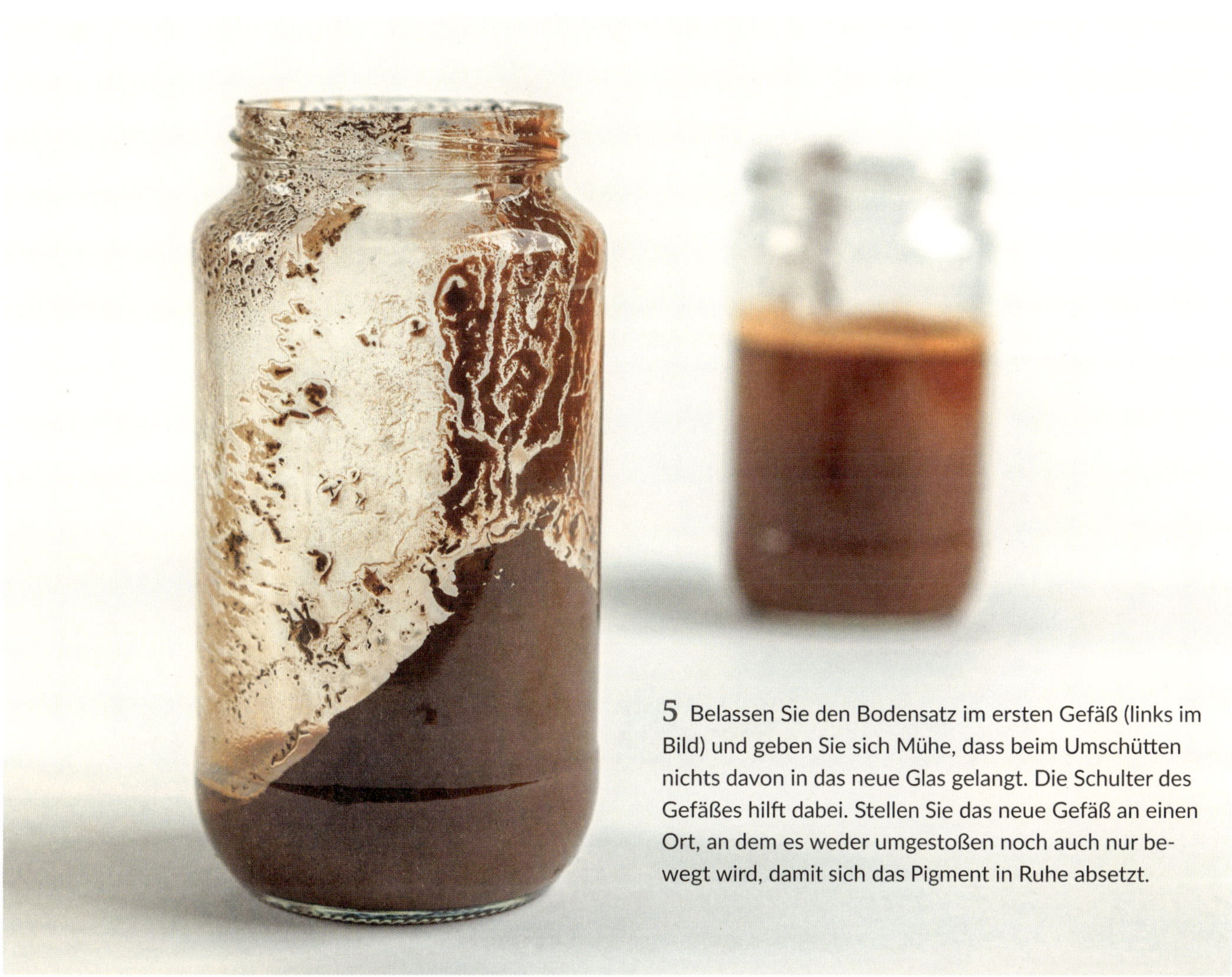

5 Belassen Sie den Bodensatz im ersten Gefäß (links im Bild) und geben Sie sich Mühe, dass beim Umschütten nichts davon in das neue Glas gelangt. Die Schulter des Gefäßes hilft dabei. Stellen Sie das neue Gefäß an einen Ort, an dem es weder umgestoßen noch auch nur bewegt wird, damit sich das Pigment in Ruhe absetzt.

Freiheitsgrade

Beim ersten Abguss werden die kleinsten Schwebeteilchen abgegossen, die die feinste Pigmentqualität ergeben. Bei jedem weiteren Abguss aus dem Ursprungsglas werden die Teilchen etwas größer und manchmal variiert die Farbe; jeder Abguss führt also zu einer allmählich schlechteren Pigmentqualität. Das ursprüngliche Glas sollte am Ende nur noch ein Sediment enthalten, das keine Farbe mehr abgibt.

Die sich nun einzeln in Gläsern befindlichen Pigmentsorten müssen trocknen. Es kann sinnvoll sein, einige davon noch einmal zu mahlen oder zu sieben, um die Feinkörnigkeit zu verbessern. Für manche Pigmente braucht man mehrere Durchgänge, andere sind schon beim ersten Mahlen fast rein. Wie sich das bei Ihren regionalen Erdproben verhält, werden Sie durch Experimentieren herausfinden.

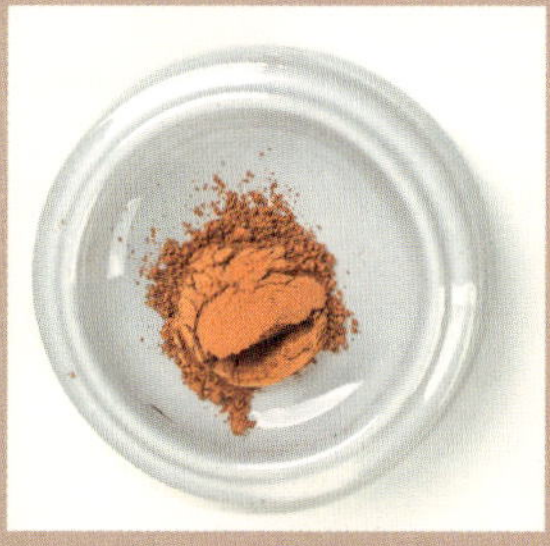

Erster Abguss – feinstes Pigment

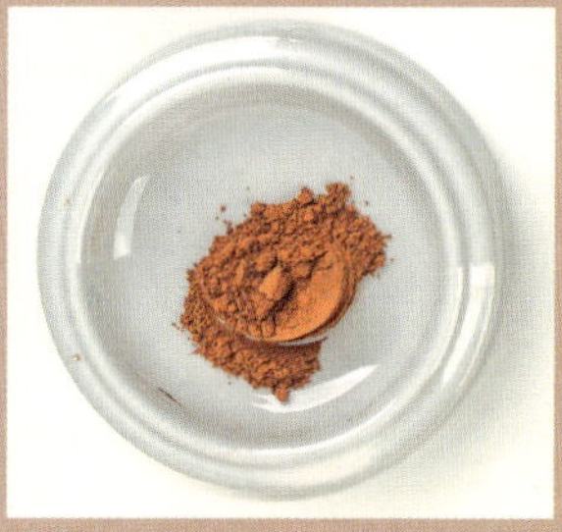

Zweiter Abguss

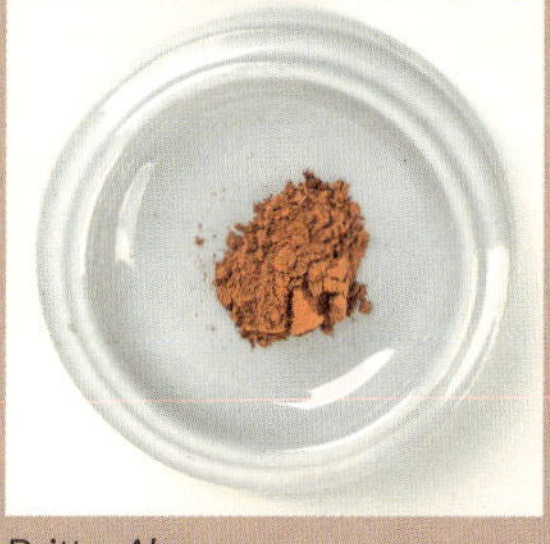

Dritter Abguss

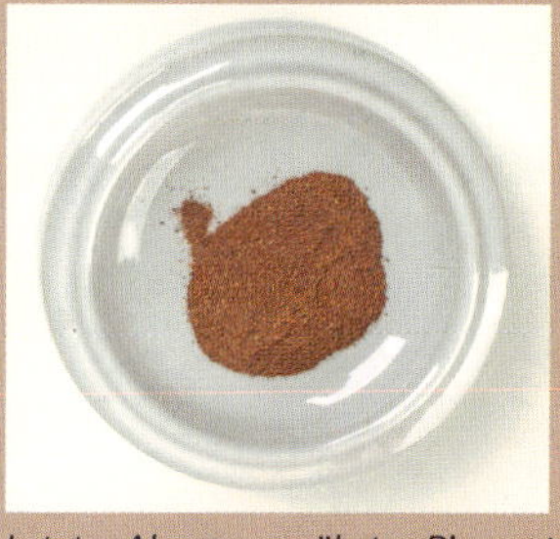

Letzter Abguss – gröbstes Pigment

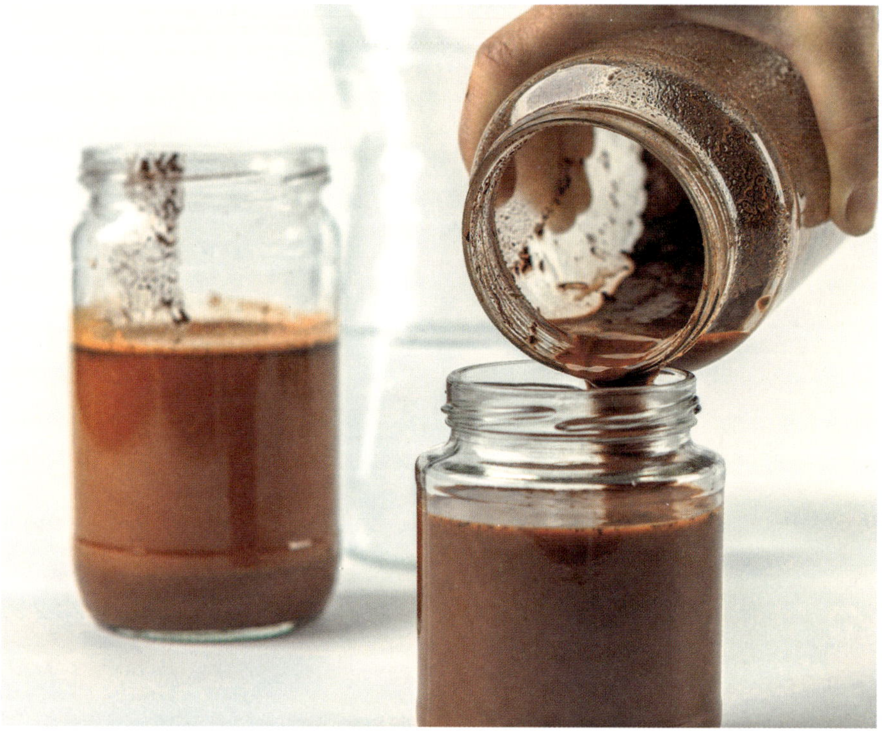

6 Der erste Abguss ergibt die beste Pigmentqualität, da er die feinsten und brillantesten Partikel enthält. Wenn Sie den Vorgang wiederholen, können Sie mehr aus Ihrem gesammelten Material herausholen. Füllen Sie dafür das erste Glas (in dem nur noch Sediment vorhanden ist) erneut mit Wasser. Führen Sie die Schritte 3 bis 5 durch wie zuvor und verwenden Sie für die neue Suspension ein neues Glas. Wiederholen Sie den Vorgang noch zwei- bis viermal oder bis das ursprüngliche Sediment kaum noch Farbe abgibt.

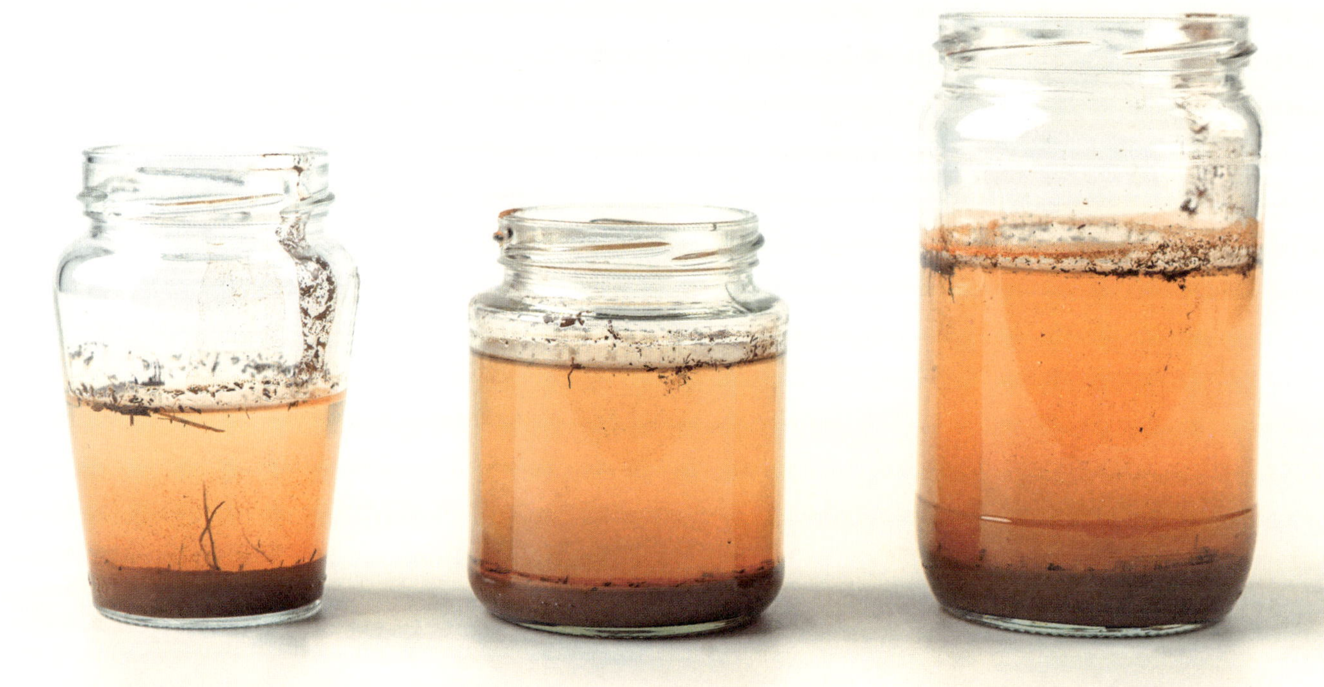

7 Sie erhalten eine Reihe von Gläsern in der Reihenfolge ihres Auffüllens. Lassen Sie sie mehrere Stunden stehen. Die Gläser sind fertig zum Abgießen, wenn sich das Wasser geklärt hat. Wie lange das dauert, hängt von dem verwendeten Pigment ab. Je kleiner die Teilchengröße ist, desto mehr Zeit ist nötig, bis die Teilchen sich absetzen. Beachten Sie, dass das Wasser bei minderwertigen Pigmenten schneller klar wird, da sie aus größeren, schwereren Teilchen bestehen. Wenn möglich, lasse ich die Gläser über Nacht ruhen.

Restwasser

Da das abgegossene Wasser ausschließlich natürliche Mineralien und organisches Material enthält, können Sie es problemlos auf Ihre Pflanzen oder in den Abfluss schütten.

Sie können aber stattdessen auch das gesamte klare Wasser in einem größeren Behälter zusammenschütten. Warten Sie einfach und schauen Sie, ob sich noch ein Bodensatz aus interessanten Pigmentmischungen von mehreren Schlämmvorgängen bildet.

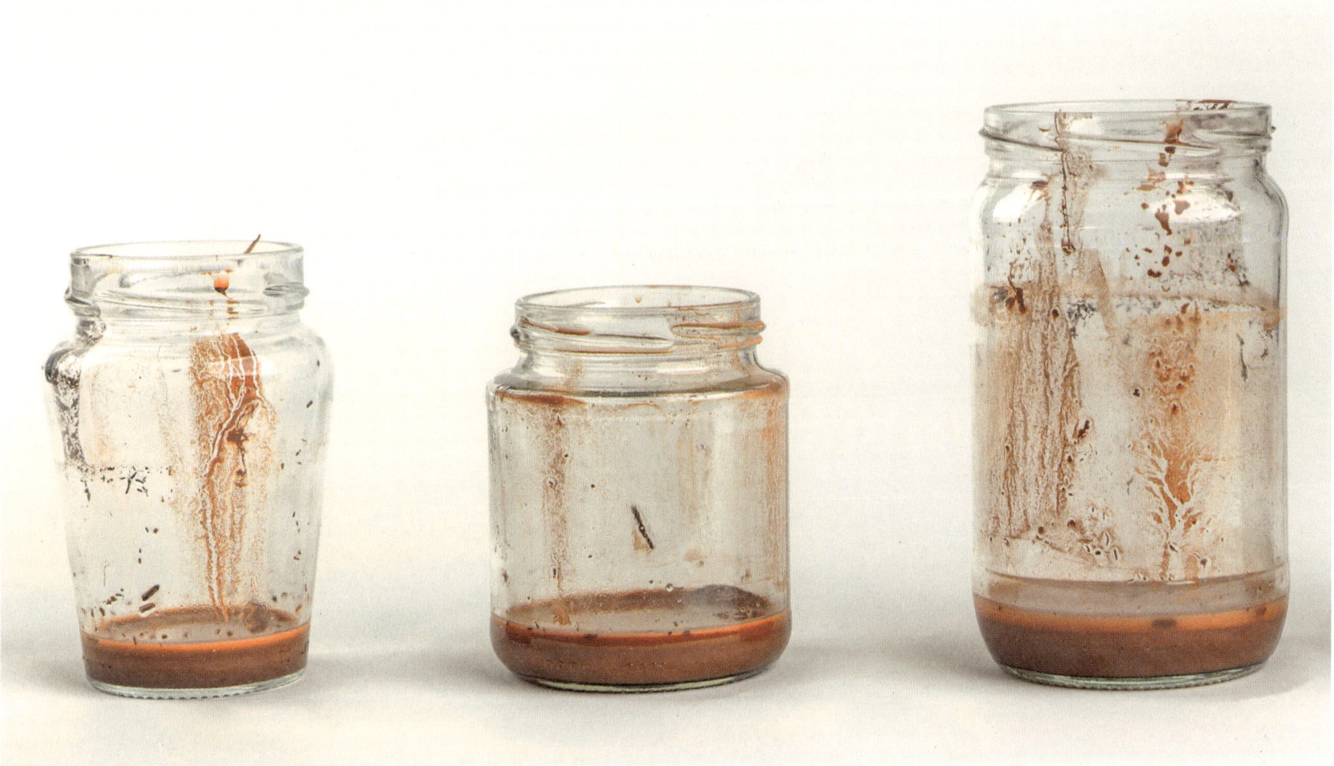

8 Gießen Sie nach dem Ruhen der Gläser vorsichtig so viel klares Wasser aus den Gläsern ab, wie möglich ist. Manche Leute nehmen das Wasser auch mit einer Bratenspritze oder einer Pipette ab. Ich finde allerdings: Eine ruhige Hand und ein Glas mit Schulter reichen völlig aus. Wiederholen Sie diesen Vorgang sobald sich das Pigment wieder absetzt. Und führen Sie ihn so lange durch, bis Sie so viel klares Wasser haben, wie nur geht. Normalerweise stelle ich nicht mehr als vier Körnungsvarianten her. Dabei mische ich die letzten Abgüsse, anstatt endlos Gläser aufzureihen.

5

Trocknen

Die vollständig getrockneten Pigmente sehen oft wie aufgerissene Erde oder abblätternde Farbe aus. Es gibt zwei einfache Methoden, Ihre Pigmente für den Gebrauch oder die Lagerung zu trocknen. Der Hauptunterschied zwischen diesen beiden Möglichkeiten liegt in der dafür notwendigen Zeit.

Verdunstung

Wenn Sie das Glück haben, über eine sonnige Fensterbank zu verfügen, stellen Sie die Gläser mit den feuchten Pigmenten einfach in die warme Sonne. Die Feuchtigkeit verdunstet dann. Unsere mineralischen Pigmente werden durch ultraviolettes Licht nicht beeinträchtigt und verblassen auch nicht. Sollten Sie Bedenken wegen möglichen Staubs haben, können Sie ein Tuch oder ein Stück Musselin über die Gläseröffnungen legen. Die Trocknung wird je nach Raumtemperatur zwischen einem Tag und einer Woche in Anspruch nehmen. Manch einer mag seine Pigmentgläser zum Trocknen auf ein Brett über einem Radiator oder der Heizung stellen. Wählen Sie das Vorgehen, das für Sie am praktischsten ist. Auch das Gewächshaus wäre ein geeigneter Ort.

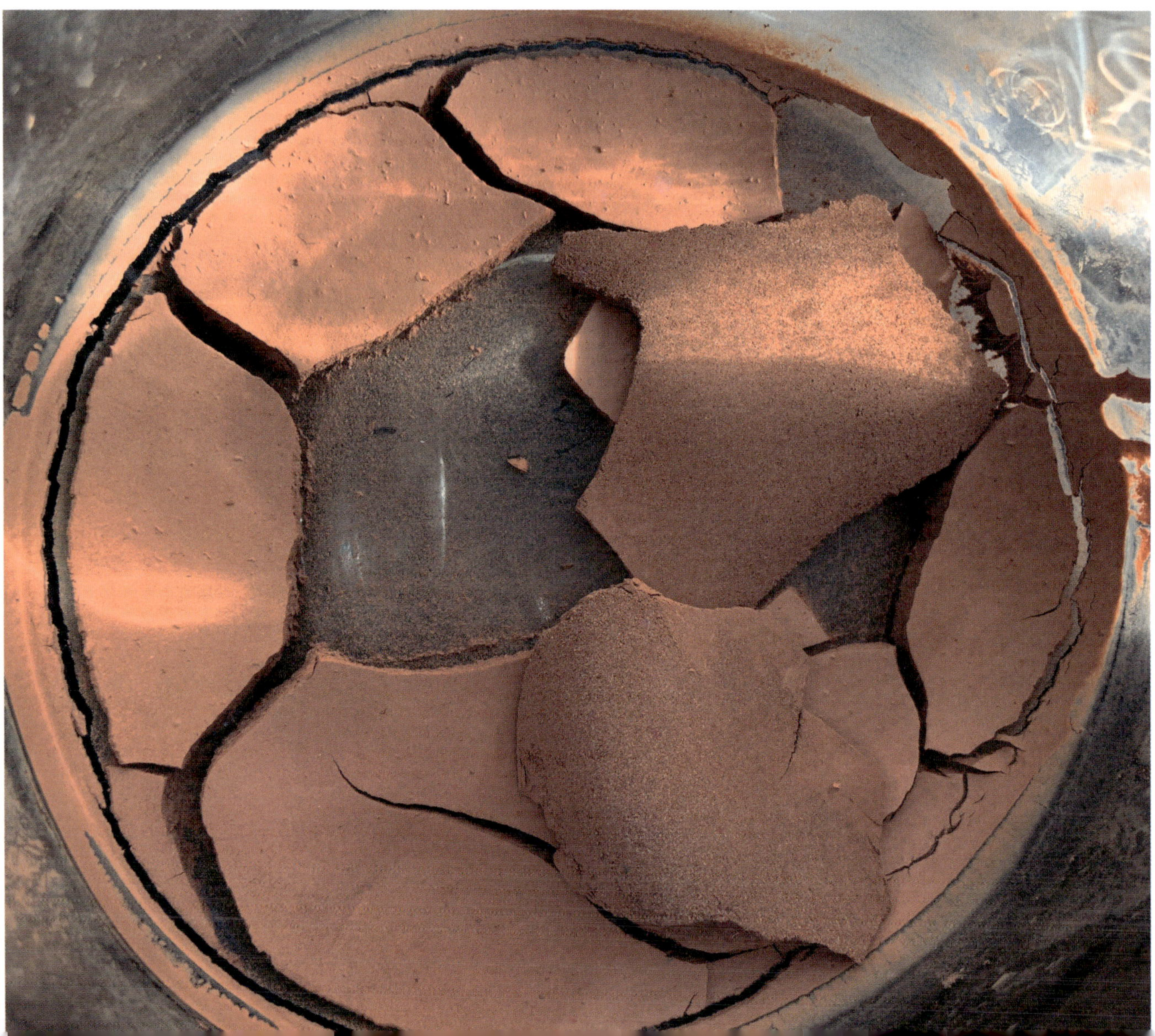

Filtern

Wenn es schnell gehen soll, löffeln oder schütten Sie das feuchte Pigment aus dem Glas auf Kaffeefilterpapier, das Sie in einen Trichter oder ein Sieb gelegt haben. Sobald das Wasser abgetropft ist, können Sie das Pigmente in einer dünnen Schicht ausstreichen. So trocknen Sie es auf einem Gitterrost an einem warmen Ort.

Einige Künstler:innen nutzen für diesen Vorgang waschbare Mull- oder Baumwolltücher und Silikonmatten. Ich verwende gerne große ungebleichte Kaffeefilter aus Recyclingpapier, da ich die zart gefärbten Papiere anschließend für Papierschnüre und -garn verwende.

Sie werden feststellen, dass die Pigmentfarbe beim Trocknen blasser wird. Lassen Sie sich davon nicht beunruhigen, die satte Farbe kehrt zurück, sobald Sie die Pigmente zu Malfarbe weiterverarbeiten.

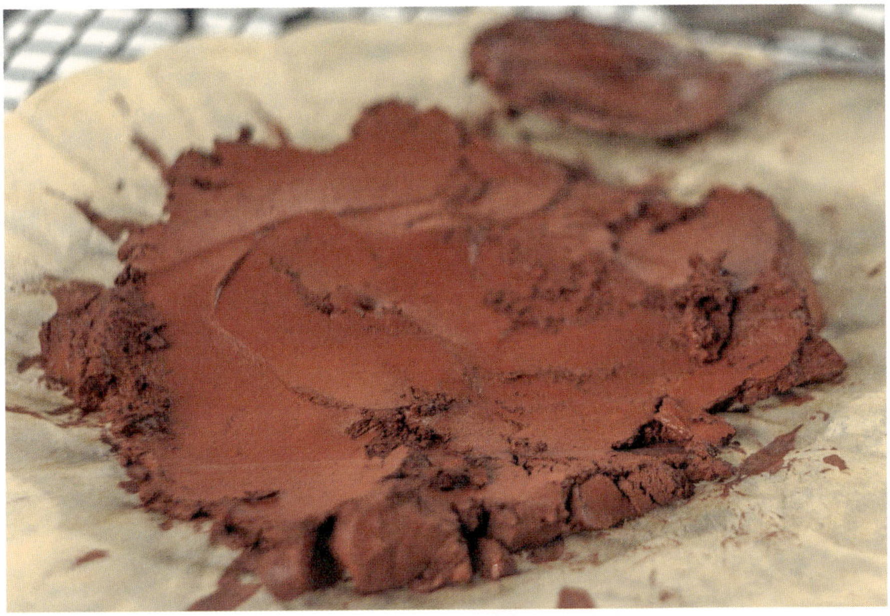

1 Entnehmen Sie das Material, das sich auf dem Boden Ihres Gefäßes sammelt. Verteilen Sie es auf einem Kaffeefilter. Das saugfähige Papier hilft dabei, das restliche Wasser zu entziehen, was das Trocknen beschleunigt.

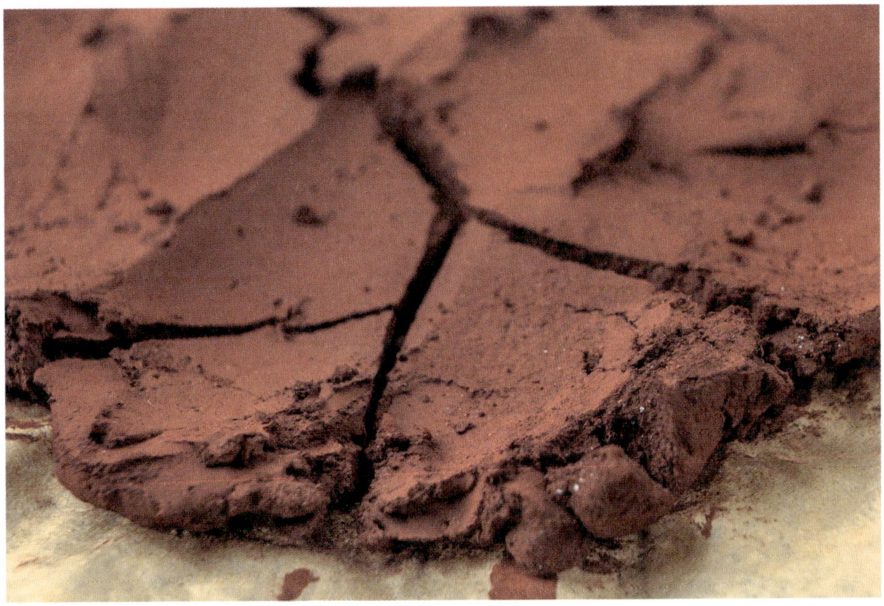

2 Nach dem Trocknen bleibt Ihnen eine Art Kuchen aus feinem Pigment. Keine Sorge, wenn er bricht oder bröckelt: wir müssen ihn zum Herstellen der Farbe sowieso noch weiterbearbeiten und dafür zerkleinern.

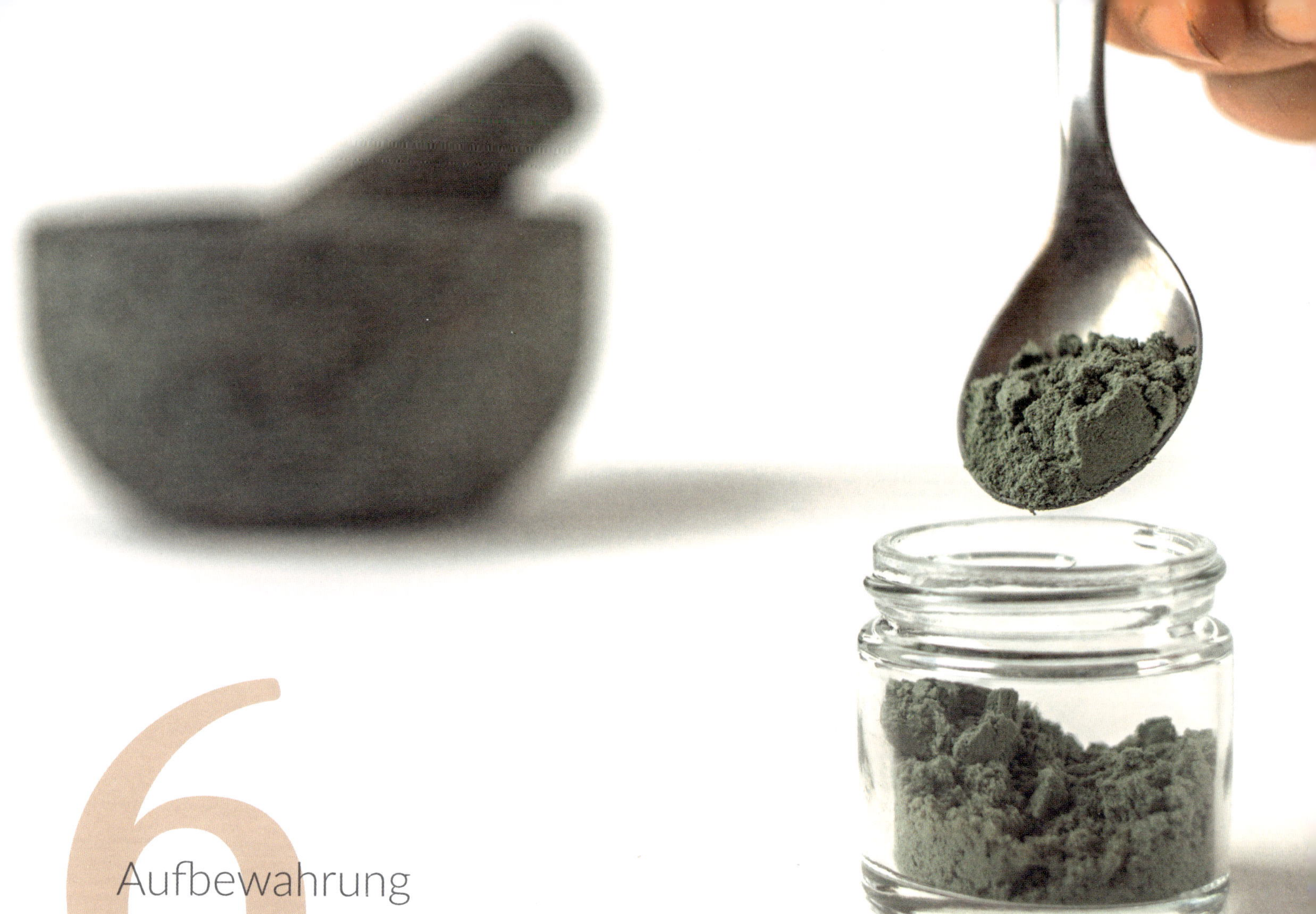

Mörsern oder sieben Sie den festen Pigmentkuchen kurz, um ihn wieder zu pulverisieren. Löffeln Sie ihn dann in Ihren Vorratsbehälter (in diesem Fall ein kleines Schraubglas).

6 Aufbewahrung

Unabhängig von dem Vorgehen beim Trocknen, müssen Sie sich die so entstandenen Farbkuchen genauestens ansehen. Dann müssen Sie entscheiden, ob Sie mehrere Feinheitsgrade zusammenmischen wollen, wenn sich diese sehr ähnlich sehen, oder ob Sie sie lieber getrennt halten.

Ich bewahre das Ergebnis des ersten Abgusses (siehe Seite 69) immer separat auf, da es die feinste Teilchengröße aufweist. Abguss zwei und Abguss drei mische ich aber oft zusammen. Zerbröseln Sie den Pigmentkuchen mit einem Spachtel oder Löffel und fegen Sie das Pulver mit einem festen Pinsel in kleine Schraubgläser. Die Gläser haben Sie idealerweise schon gut beschriftet und Pigmentsorte, Feinheitsgrad und das Datum angegeben. Waschen Sie die leeren Gläser und den Pinsel danach gleich aus, um alles für den nächsten Gebrauch bereit zu haben.

Zu Anfang werden Sie Ihre Pigmente höchstwahrscheinlich in irgendwelchen kleinen, sauberen Gläsern aufbewahren, wie Sie sie gerade zur Hand haben: Mini-Marmeladengläser sind dafür besonders gut geeignet. Aber mit der Zeit werden Sie vermutlich zu einheitlichen Fläschchen greifen oder Schraubgläser in Standardmaßen oder stapelbare Behältern benutzen. Was Sie verwenden, ist eine Frage dessen, was Sie persönlich am schönsten finden. Und da Glasgefäße unbegrenzt wiederverwendbar sind, schadet es nicht, dafür extra Anschaffungen in Kauf zu nehmen und dem eigenen Geschmack zu folgen.

Kennzeichnung

Was für manche Kunstschaffende eine nebensächliche Information ist, ist für andere essenziell. Ich versuche auf meinen Etiketten zu beschreiben, worum es sich bei dem Pigment handelt. Dazu gehört in der Regel auch der Ort, von dem es stammt. Auf meinen Etiketten steht also in der Regel so etwas wie „Rotocker aus Totnes, 20/08/21, Grad 1“ oder „Lehm von unterhalb der Quelle St. Anthony‘s Well, Imbolg-Fest 2022, gewaschen“.

Freund:innen von mir bewahren ihre Pigmente in Marmeladengläsern zusammen mit einer Karte auf, auf der eine ganze Geschichte notiert ist: Wo und wie wurde das Pigment gefunden? Mit wem waren sie damals an welchem Datum unterwegs? Wie war das Wetter und mehr …

Sie könnten auch ein einfaches Zahlensystem verwenden. Das ist besonders praktisch, wenn Ihre Gläser und Etiketten klein sind. In einem Notiz- oder Musterbuch können Sie dann neben die Nummer Ihres Pigments alles schreiben, was Ihr Herz begehrt. Auf Seite 92 steht noch mehr zum Dokumentieren der eigenen Farben.

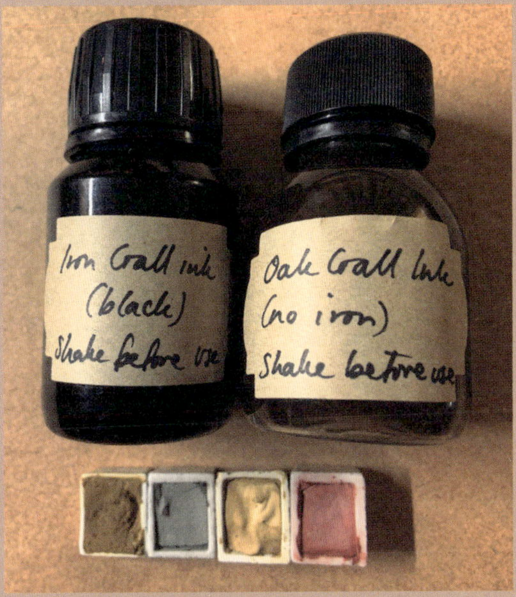

Handgeschriebene Etiketten machen sich hier natürlich besonders gut

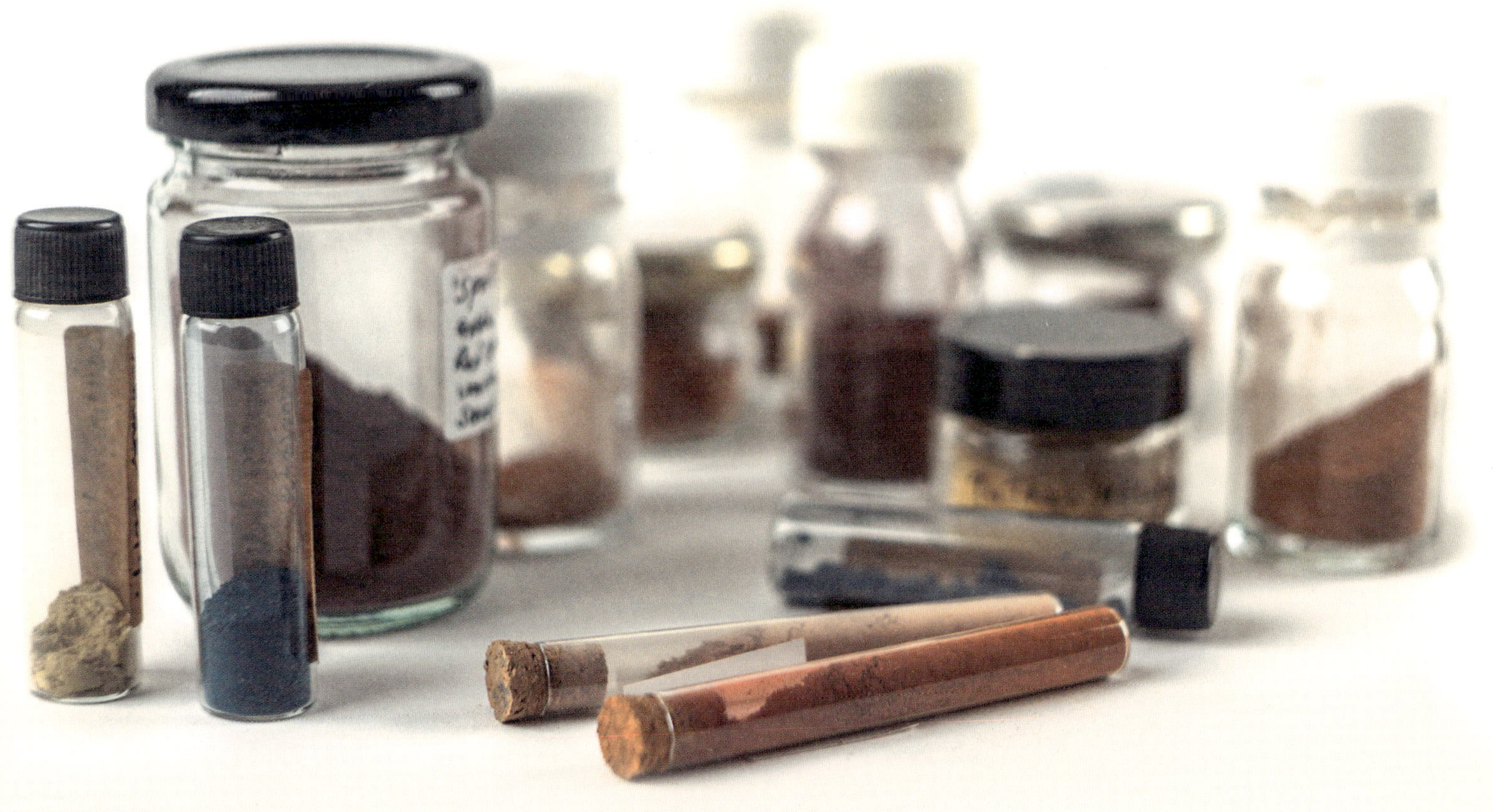

Röhrchen und Gläser mit Pigmentpulvern aus meiner Sammlung

Anfertigen Ihrer ersten Farbe

Nachdem ich mich jahrelang spontan und improvisiert in dem Anfertigen von Farben versucht habe, erlebte ich zum ersten Mal bei Daniel Chatto an der Royal Drawing School und später in einem kurzen Werkkurs bei David Cranswick, wie man traditionell Aquarellfarben herstellt. Alle Rezepte in diesem Buch beruhen auf meinen Notizen aus dieser Zeit. Sie wurden ergänzt und weiter verfeinert, denn ich habe danach mit natürlichen und gesammelten Pigmenten viel experimentiert. Später kamen hier noch unterschiedliche Baumgummis dazu, mit denen ich zu Hause gearbeitet habe. Es gibt zu diesem Thema einige klassische Quellen. Diese habe ich als weiterführende Literatur auf Seite 127 aufgeführt – wer möchte, kann diese für zusätzliche Informationen zurate ziehen. Mir ist jedoch wichtig, dass Sie allein mit meinem Buch Farben herstellen können, ohne über Vorkenntnisse verfügen zu müssen. Deshalb orientiert sich mein Buch an den einfachen und bewährten Rezepten aus meiner Atelierpraxis und meinen Kursen.

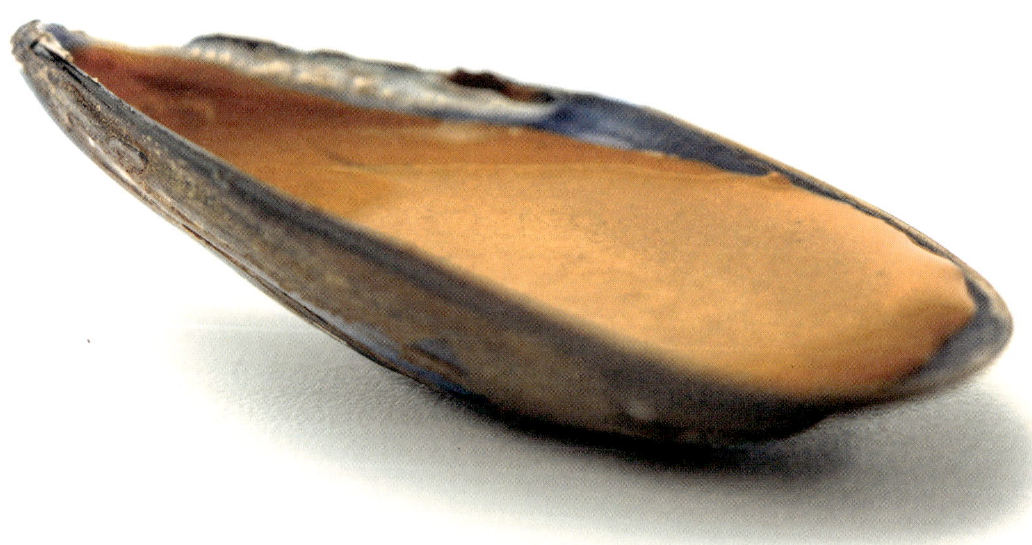

Sie benötigen

- / pulverförmiges Pigment
- / flüssiges Aquarellbindemittel
- / Wasser
- / Tee- oder Messlöffel
- / Farbmischpalette oder ein anderes geeignetes Gefäß
- / Pipette oder Tropfenzähler
- / Malpinsel
- / Papier zum Testen der Farbe
- / Muschelschalen oder kleinen Behälter zum Aufbewahren der Farbe

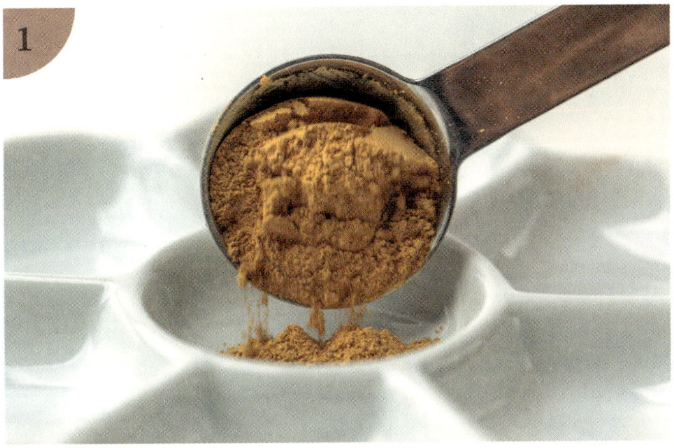

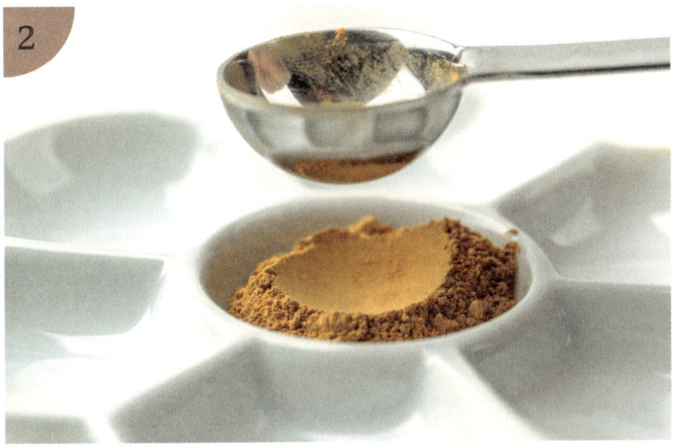

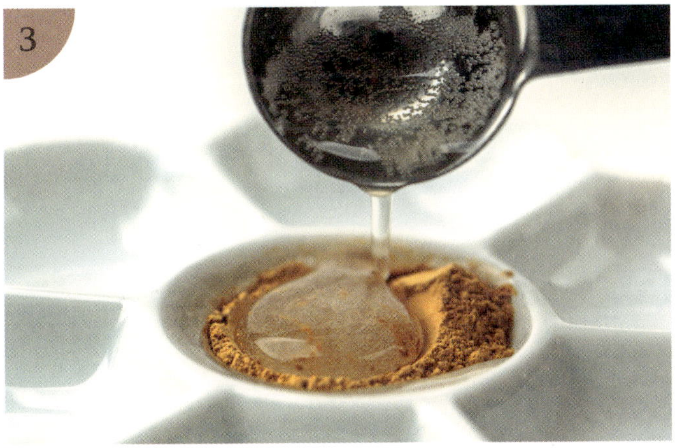

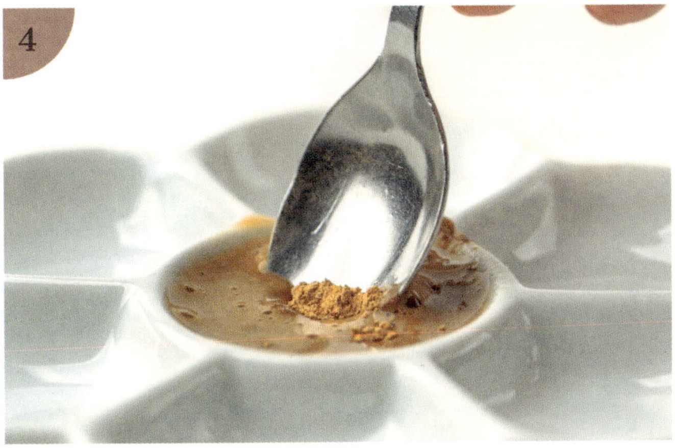

Anmischen der Farbe

Sie können Ihre erste Farbe ganz einfach in einer Schüssel oder Mischpalette mit einem Löffel anmischen. Verwenden Sie etwa einen Teil Trockenpigment auf einen Teil Aquarellbindemittel. Am einfachsten ist es, mit etwa einem Teelöffel von beidem zu beginnen.

1 Geben Sie einen Teelöffel des pulverisierten Pigments in eine Mulde Ihrer Farbmischpalette oder ein anderes geeignetes Gefäß.

2 Drücken Sie mit der Rückseite des Löffels eine kleine Vertiefung in das Pulver.

3 Geben Sie einen Teelöffel Aquarellbindemittel in die Vertiefung. Alternativ können Sie mit der Pipette die gleiche Menge Bindemittel wie Pigment hinzufügen.

4 Vermengen Sie beide Zutaten mit einem Teelöffel oder, wenn Sie möchten, mit dem Pinsel. Ergänzen Sie die Mischung um ein paar Tropfen Wasser, um sie dünnflüssiger zu machen: Die Farbe soll aber nicht ganz flüssig werden, sich jedoch leicht verrühren lassen. Durchmischen Sie die Farbe zunächst gründlich mit dem Löffel, dann weiter mit einem sauberen, angefeuchteten Pinsel, bis sie von Konsistenz und Aussehen einen homogenen Eindruck macht.

Anmischen im Mörser

Anstatt die Farbe mit einem Löffel in einer Schüssel zu vermischen, kann man sie auch in einem Mörser mit glatter Innenseite und einem glatten Stößel anreiben, zum Beispiel einem Porzellanmörser.

Aquarellbindemittel

Sie können das Aquarellbindemittel aus Gummiarabikum in jedem guten Geschäft oder Onlineshop für Kunstbedarf finden. Wenn Sie Ihr Bindemittel selbst herstellen möchten, lesen Sie auf Seite 86, wie Sie es aus gekauftem oder gesammeltem Gummi aufbereiten können.

Farbtest

Testen Sie Ihre Farbe mit dem Pinsel auf einem Stück Papier. Trocknet sie spröde oder stumpf auf, fehlt es der Mischung an Bindemittel. Glänzt sie klebrig, ist sie zu transparent oder trocknet nicht richtig auf, braucht sie mehr Pigment. Verändern Sie die Zusammensetzung der Mischung solange, bis sie ihre Zwecke erfüllt und Sie mit ihr zufrieden sind. Unterziehen Sie die Farbe auch einem Praxistest, indem Sie damit malen. Dokumentieren Sie Farbanmutung samt Notizen in einem Skizzenbuch oder auf einem Testbogen. Unterschiedliche Pigmente erfordern unterschiedliche Mengen an Bindemittel, daher ist das Experimentieren der Schlüssel zum Erfolg. Ein genaues Rezept für Pigmentfarben gibt es schlichtweg nicht.

Das war's! Sie sind im Besitz einer echten Aquarellfarbe für unterwegs. Vielleicht hat die Farbe nicht die Geschmeidigkeit einer gekauften Farbe. Dennoch ist sie eine tolle, sofort gebrauchsfertige Farbe, die sich aus gefundenen Steinen sogar in der freien Natur präparieren lässt. Allerdings müssten Sie dafür stets ein Fläschchen Bindemittel bei sich tragen …

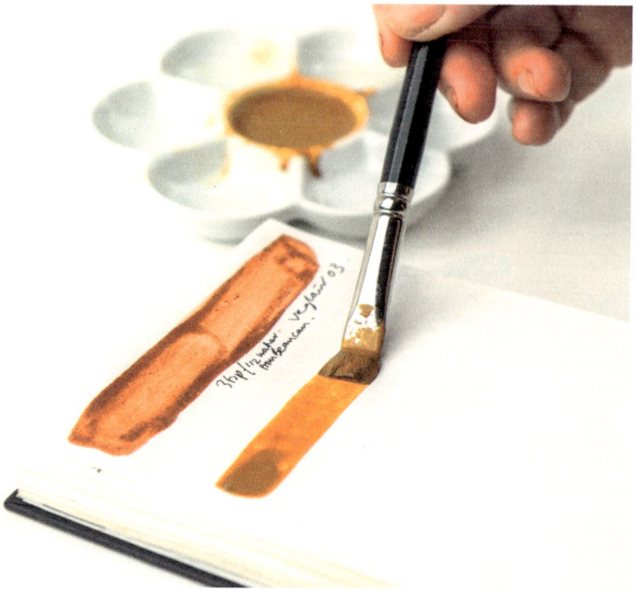

Fertigen Sie für jede Farbe eine Probe an, um sie zu testen und zu dokumentieren.

Aufbewahrung

Sofern Sie die Farbe nicht unmittelbar aufbrauchen, streichen Sie die Reste mit Pinsel und Löffel zusammen und geben Sie sie zum Trocknen und zur späteren Verwendung in ein geeignetes Gefäß. Ich verwende dafür Muschel- oder Nussschalen, gebrauchte Farbnäpfchen, leere Kosmetiktiegel, Kontaktlinsenverpackungen und -behälter, Kronkorken, kleine Schraubdeckel, Lebensmittelverpackungen und so weiter – die Liste ist endlos. Stellen Sie lediglich sicher, dass der Behälter nicht mit den Farbsubstanzen reagiert und makellos sauber ist. Trocknen Sie Ihre Farben gründlich an einem warmen schattigen Ort. Um Risse in der Farbe zu vermeiden, sollte die Farbe nicht in der prallen Sonne liegen. Lagern Sie sie dann gut belüftet, eine abgedichtete Kiste fördert die Schimmelbildung.

Nichts verschwenden!

Um die kostbare Farbe nicht zu verschwenden, geben Sie zum Schluss ein wenig Wasser in Ihren ausgeleerten Farbmischbehälter. Vermengen Sie die noch vorhandene Farbe und das Wasser mit einem festen Pinsel und verstreichen Sie diesen gesamten Rest auf bereitgelegtes Schmierpapier, Skizzenbuchseiten oder Aquarellpapier. Das ergibt wunderbare farbige Untergründe für Malereien und Zeichnungen, Material für Collagen oder einen Vorrat an schönem Verpackungs- und Bastelpapier. Ich möchte jedem diese Praxis wärmstens empfehlen – sie ist ein Weg, der Erde, dem Wasser und den Pflanzen, von denen wir unsere Kunstmaterialien entnehmen, Dankbarkeit zu erweisen. Darüber hinaus, finde ich, ist farbenprächtiges handgefärbtes Papier auch ein wirksames Mittel gegen den Winterblues.

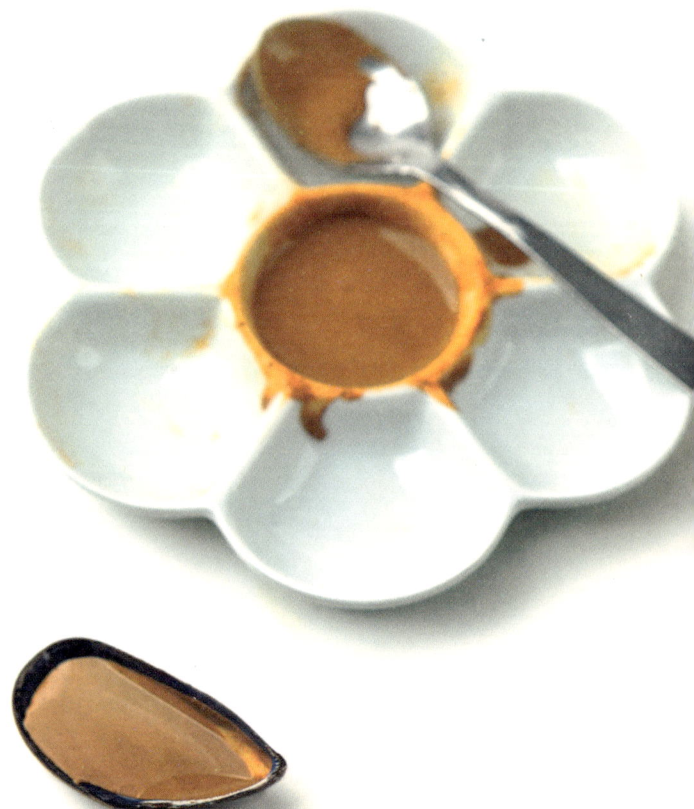

Löffeln Sie Ihre Farben beispielsweise in Muschelschalen – so können Sie sie lagern, ohne sich etwas anschaffen zu müssen. Auf der gegenüberliegenden Seite sehen Sie fünf frisch hergestellte Farben in ihren von der Natur hergestellten Töpfchen.

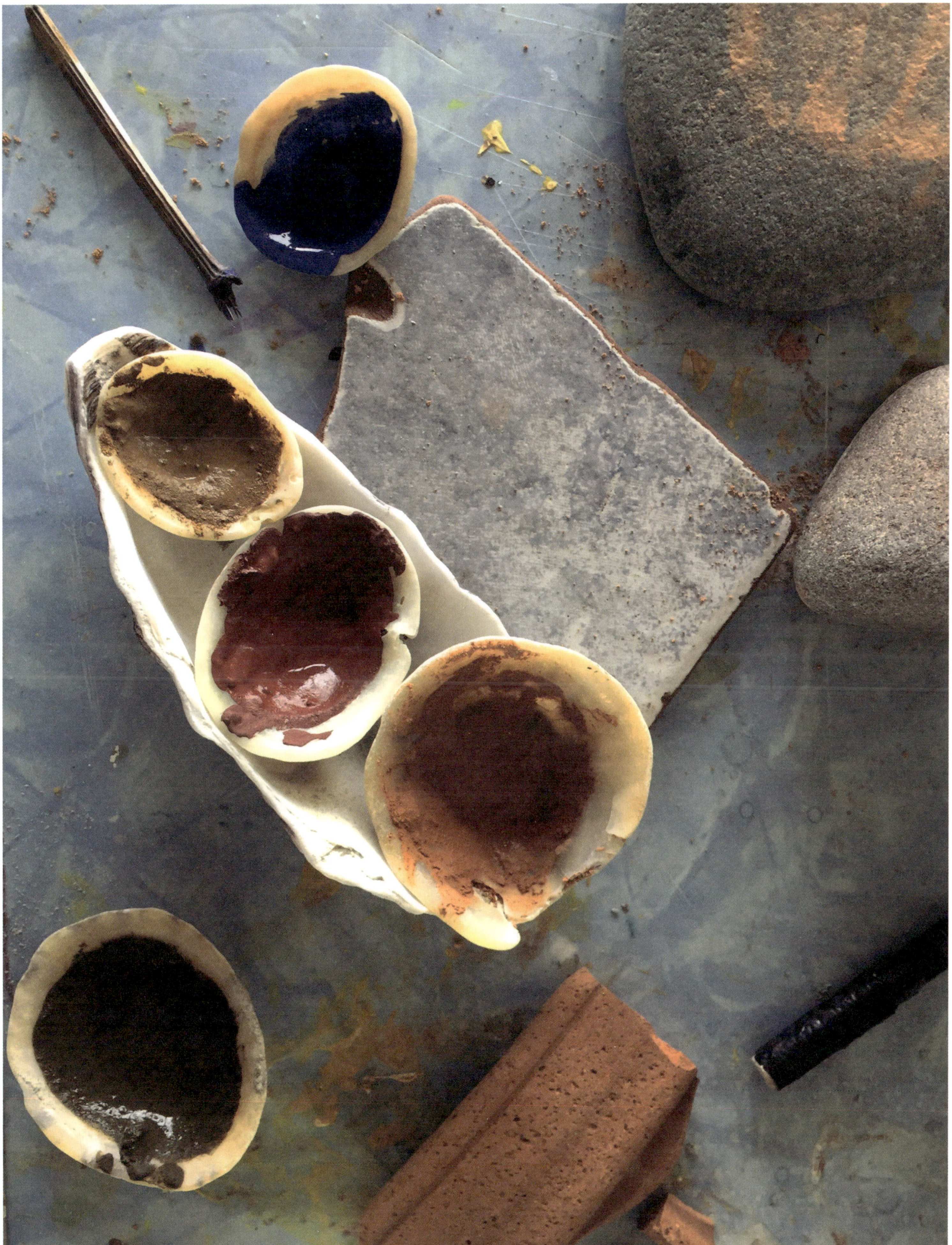

Farbe in Studioqualität

Es wird Sie vermutlich überraschen, aber tatsächlich gibt es keinen wesentlichen Unterschied zwischen den Zutaten, die in unserem ersten und einfachen Farbenrezept aufgezählt sind und denen, die Sie im Rezept für hochwertige Aquarellfarben finden. Die Art und Weise, wie mit den Materialien gearbeitet wird, ist allerding anders, insbesondere die Zeit und die Aufmerksamkeit, die ihnen zuteil wird.

Neben dem sorgfältigen Anmischen der Farbe stellt das gründliche Anreiben einen wichtigen Arbeitsschritt dar. Anreiben bedeutet in der Malerei die Bearbeitung von Farbe auf einer Glas- oder Steinplatte mit einem sogenannten Läufer, in der Regel ist dieser ein Stück Glas, Stein oder ein anderes widerstandsfähiges Material mit flachem Boden.

Das Anreiben ist fester Bestandteil der Pigmentaufbereitung bei Ölfarben, es ist aber ebenso zweckmäßig bei Aquarellfarben. In diesem Stadium braucht das Pigment nicht mehr noch feiner gemahlen zu werden, das haben schon Mörser oder Mahlstein besorgt. Stattdessen reiben wir nun die Pigmentteilchen in das Bindemittel hinein, bis sie so vollkommen wie möglich davon umhüllt sind. Die Farbe wird dadurch homogener und geschmeidiger.

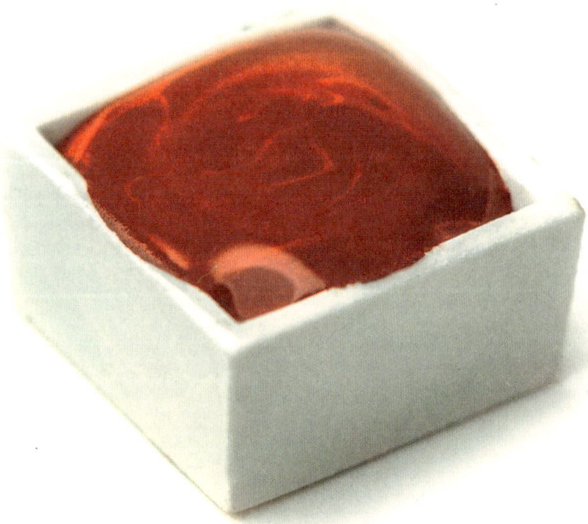

Sie benötigen

/ pulverförmiges Pigment

/ flüssiges Aquarellbindemittel

/ Wasser

/ Herdabdeckplatte oder Schneidebrett aus gehärtetem Glas, polierte Stein- oder Marmorplatte oder Anreibeplatte sowie einen Läufer aus Glas

/ Tee- oder Messlöffel

/ Pipette oder Tropfenzähler

/ Palettenmesser

/ Malpinsel

/ Papier zum Testen

/ Muschelschalen oder kleine Behälter zum Aufbewahren der Farbe (eventuell Leernäpfe)

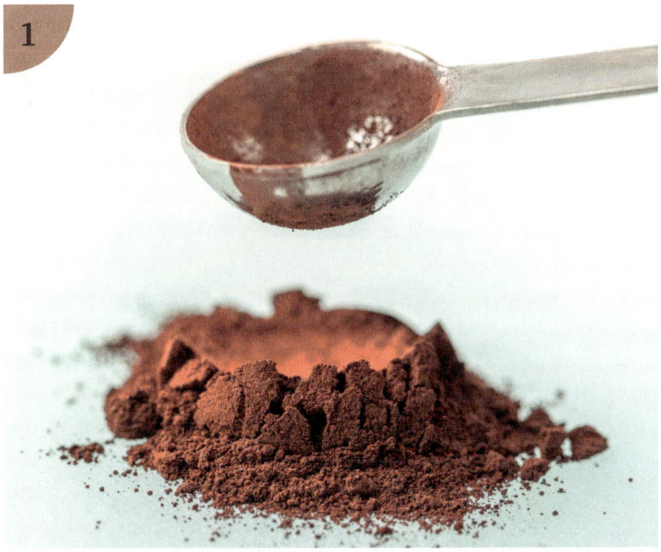

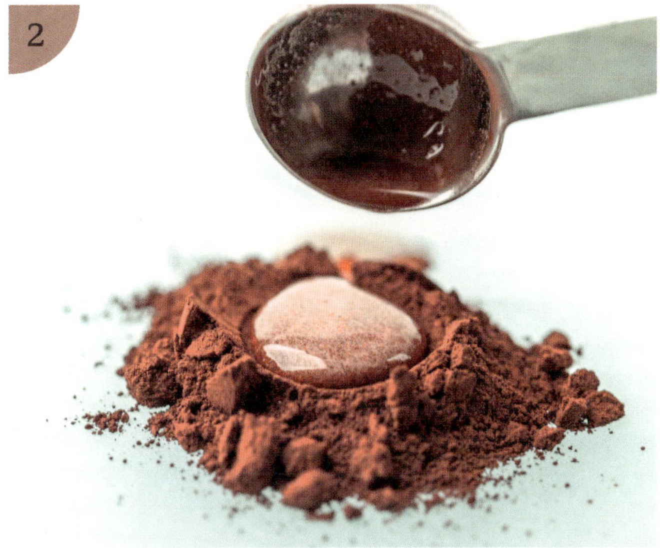

Anmischen

Diese Phase ähnelt dem Anmischen der ersten Farbe (siehe Seite 76). Den Hauptunterschied macht der Untergrund, auf dem Sie arbeiten. Es empfiehlt sich, die feinste Pigmentqualität zu verwenden, die Sie hergestellt haben, das heißt: Sie nehmen die Pigmente aus dem ersten Abguss.

1 Auf eine gläserne Herdabdeckplatte, eine Glas- oder Marmorplatte oder Ähnliches geben Sie einen Teil Trockenpigment. (Ein Teelöffel von jeder Zutat eignet sich gut.)

2 Machen Sie mit dem Löffelrücken eine Vertiefung in das Pigment und fügen Sie dann einen Teil Aquarellbindemittel hinzu.

3 Vermengen Sie Pigment und Malmittel mit dem Palettenmesser.

4 Geben Sie tropfenweise Wasser hinzu, bis sich die Mischung zu einer weichen Paste verbindet. Ich verwende eine Pipette, damit ich nicht versehentlich zu viel Wasser auf einmal hinzufüge.

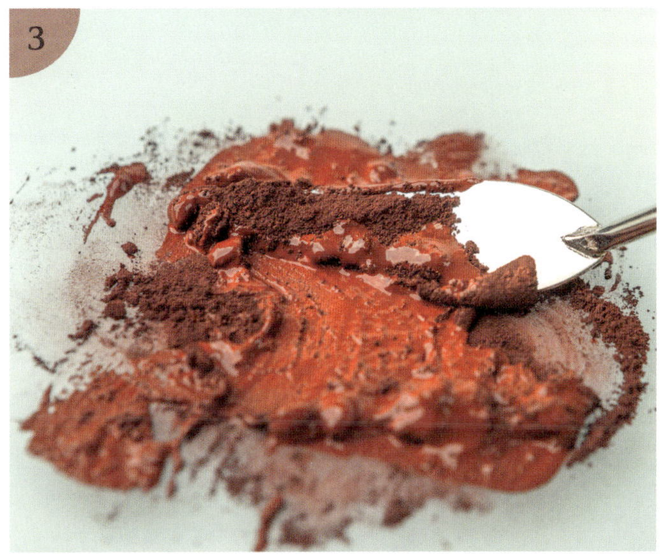

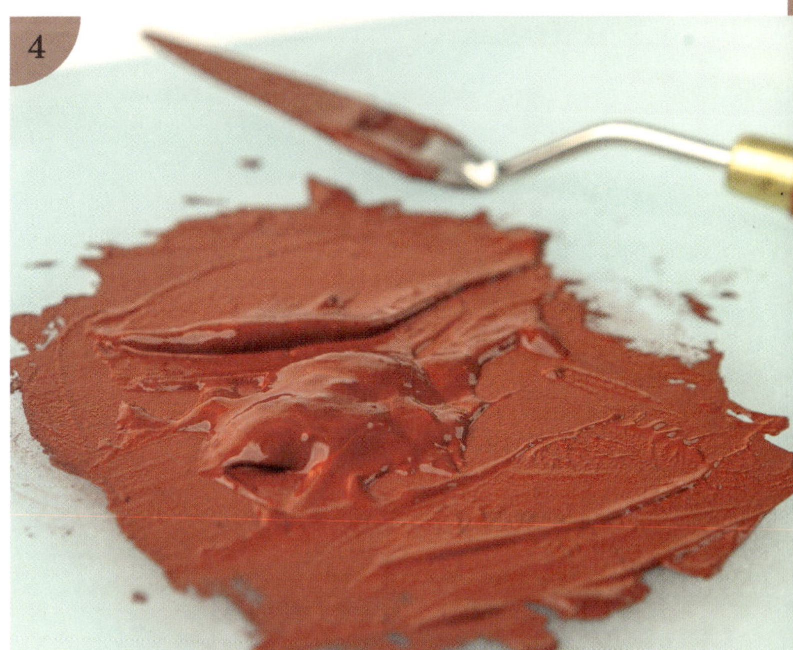

Die Konsistenz der Masse unter dem Messer sollte sich wie Zahnpasta anfühlen. Ist sie noch etwas klumpig, fügen Sie mit einer Pipette ein oder zwei Tropfen Wasser hinzu und fahren Sie mit dem Vermengen fort.

1

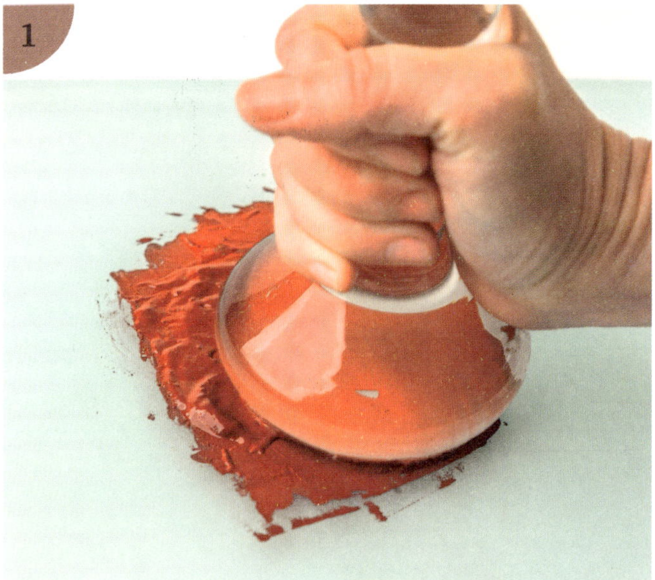

Anreiben

Um die angemischte Farbe gründlich mit dem Bindemittel zu vereinen, wird sie nun auf der Platte bearbeitet. Der Glasläufer wird dabei durch ständiges Kreisen über die Farbe bewegt. Ziel ist es, die einzelnen Pigmentteilchen gleichmäßig mit dem Bindemittel zu überziehen und so eine homogene Farbe zu erzeugen. Das Anreiben kann fünf Minuten Zeit in Anspruch nehmen oder mehr als zwanzig Minuten. Jede Minute länger macht sich in der Qualität der Farbe bemerkbar. Sofern Sie in einem warmen Raum arbeiten, müssen Sie hin und wieder ein paar Tropfen Wasser hinzufügen, da die Farbe durch den dünnen Auftrag langsam, aber sicher trocknet. Anstelle des Glasläufers kann man auch mit einem Fermentiergewicht, einem Briefbeschwerer oder einem Krug arbeiten, solange die Dinge aus Glas sind und einen flachen Boden haben.

2

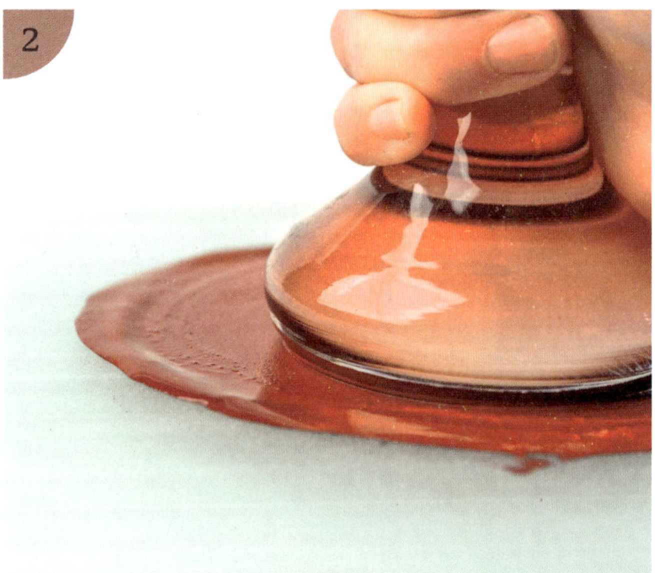

1 Stellen Sie den Glasläufer auf die Farbe. Arbeiten Sie – ohne fest aufzudrücken – mit dem natürlichen Gewicht Ihres Arms. Verteilen Sie die Farbe über kreisende oder achterförmige Bewegungen auf der Platte.

2 Bleiben Sie bei den sanften, kreisenden Bewegungen. Achten Sie auf Veränderungen im Klang des Läufers: Wahrscheinlich wird es am Anfang stärker knirschen als am Ende.

3 Ist die Farbe verteilt, heben Sie den Läufer ab. Schaben Sie die Farbe mit dem Palettenmesser von diesem herunter. Geben Sie sie zu der anderen Farbe auf der Platte.

4 Schieben Sie mit dem Messer die gesamte Farbe in der Mitte der Platte zusammen, Achten Sie darauf, dass die Farbe feucht bleibt und reiben Sie sie dann wieder mit dem Läufer aus. Streichen Sie die Farbe immer wieder zur Mitte und fahren Sie fort, bis der Läufer leicht und glatt über die Farbe gleitet.

3

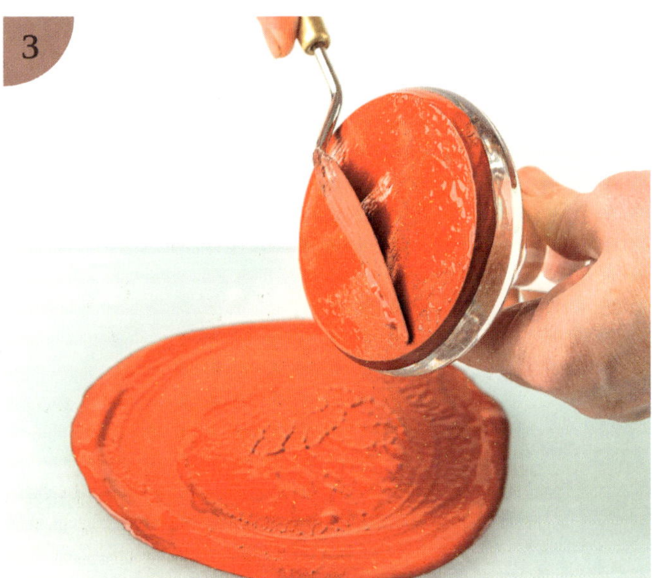

4

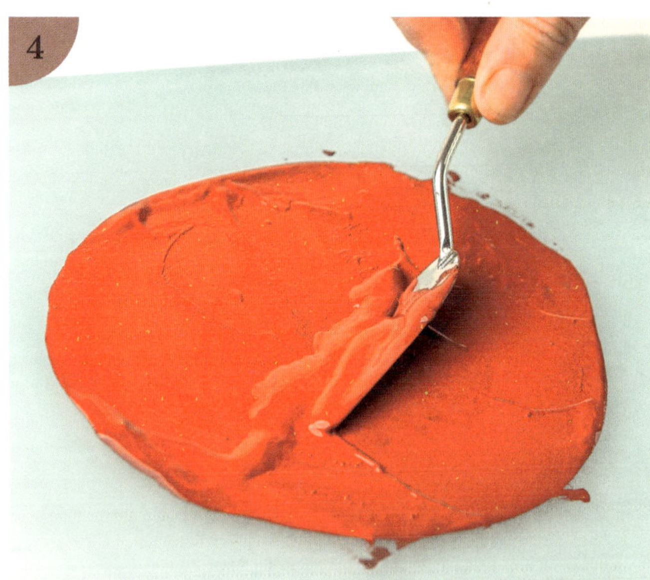

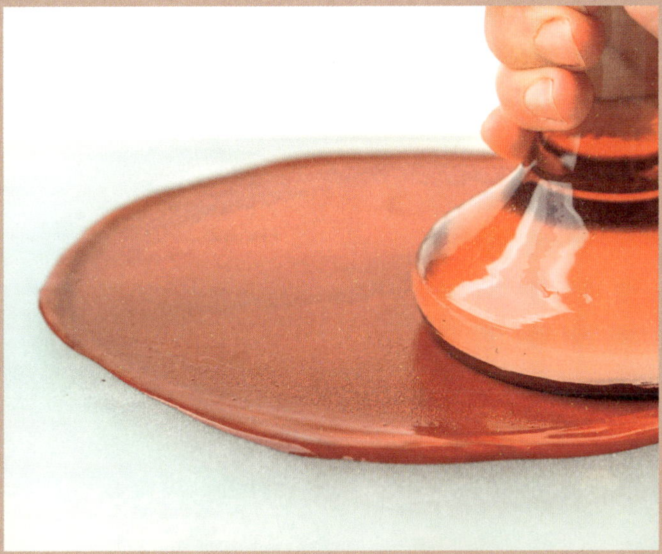

Optik, Haptik und Akustik

Gegen Ende des Prozesses, wenn die Farbe fast fertig ist, wird Ihnen auffallen, dass sich die Geräusche verändert haben: Gab es am Anfang ein unregelmäßiges Knirschen, gleitet der Läufer nun fast geräuschlos über die Farbe. Ebenso hat sich die Haptik verändert: Zu Beginn fühlte sich die Farbmasse unter dem Läufer sandig und klumpig an. Darunter litt die Gleichmäßigkeit, mit der sich der Läufer bewegen ließ. Beides verbesserte sich, es entwickelte sich eine viel flüssigere Bewegung ohne ständiges Stocken. Ist es nicht faszinierend, dass wir bei der Herstellung von etwas so Visuellem wie Farbe in dieser Phase ein besseres Feedback von unseren Händen und Ohren bekommen als von unseren Augen?

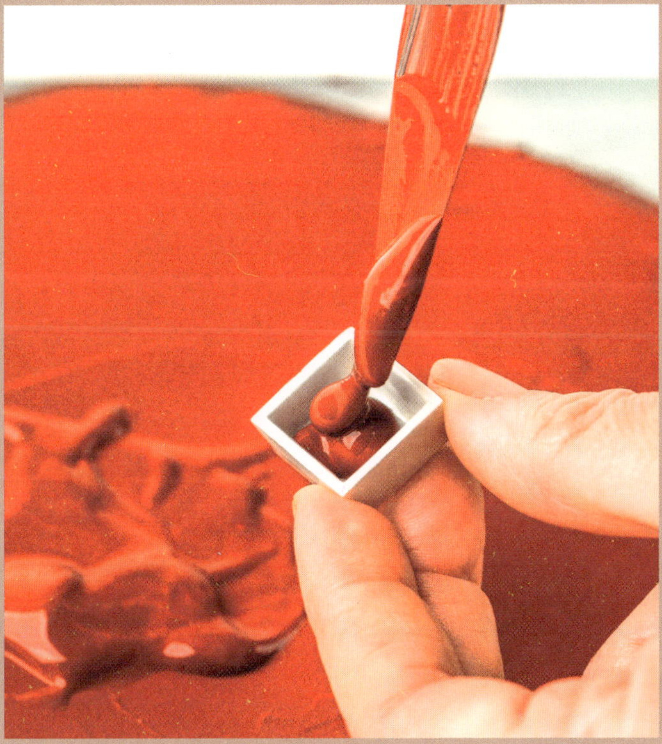

Aufbewahrung

Wenn Sie den Eindruck haben, dass die Farbe fertig ist, testen Sie sie auf einem Stück Papier und passen Sie gegebenenfalls die Konsistenz an, wie auf Seite 78 beschrieben. Vermischen Sie die Farbe anschließend mit dem Palettenmesser, schieben Sie sie zusammen und heben Sie sie in das von Ihnen gewählte Gefäß. Schaben Sie alle Reste von der Platte und fügen Sie diese ebenfalls bei. Lassen Sie dann die Farbe an einem warmen, trockenen Ort ohne direkte Sonneneinstrahlung durchtrocknen – am besten über einen Zeitraum von drei Tagen bis hin zu einer Woche. Informationen zur Aufbewahrung finden Sie auf Seite 74.

Die selbst hergestellten Farben können zusammen mit gekauften Aquarellfarben verwendet werden, da die Grundzutaten identisch sind.

Für perfekt gefüllte, wie im Handel gebräuchliche Farbnäpfchen, gibt man die Farbe mit einer Spritze hinein und stellt nach halber Befüllung den Napf zum Trocknen beiseite. Ein oder zwei Tage später füllt man ihn bis zum Rand auf: So erhält man die hochgewölbte Kissenform.

Ihre individuelle Farbpalette

Nachdem Sie nun sowohl einfache als auch qualitativ hochwertige Aquarellfarben herstellen können, ist es an der Zeit, eine geordnete Farbskala anzugehen. All Ihre gesammelten Steine, Lehme, Kreiden, die Holzkohle, der Schiefer und die Tonscherben sind jetzt gefragt. Zunächst gilt es dabei, eine Bestandsaufnahme vorzunehmen. Breiten Sie Ihre Fundstücke aus, betrachten Sie sie genau und überlegen Sie dabei, mit welchem Stück Sie beginnen möchten. Nutzen Sie die Gelegenheit auch für ein paar Fotos. Viele Künstler:innen und Sammler:innen bewahren kleine Proben des Ursprungsmaterials auf, bevor sie den Rest zu Pigmenten und Farbe verarbeiten. Da ich eher Künstlerin als Sammlerin bin, verbrauche ich meine Materialien gerne vollständig, denn mein Musterbuch, die Fotos und die Notizen zum Standort reichen aus, um mich an die Details zu erinnern.

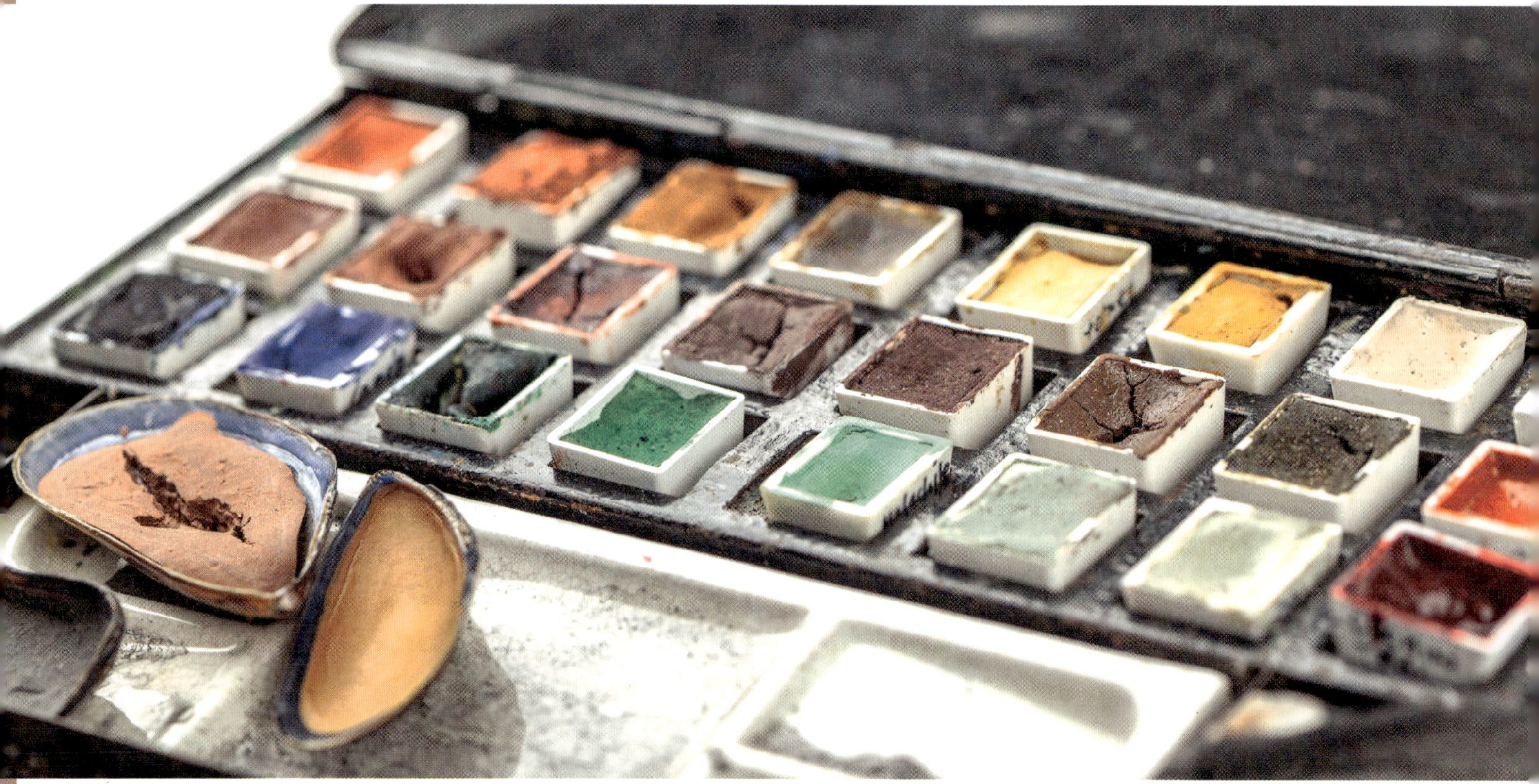

Sie benötigen

/ Ausstattung für die Pigmentherstellung (siehe Seite 60) und für die Herstellung von einfachen Farben oder Farben in Studioqualität (siehe Seite 76 und 80).

Behälter

Wählen Sie die Behälter zum Abfüllen Ihrer Farben aus. Ich selbst habe ein Faible für Muschelschalen, die in Großbritannien seit jeher als Farbnäpfchen benutzt wurden. Auch heute noch sind sie bei Miniaturmaler:innen und Illustrator:innen beliebt. Die glatte perlweiße Mulde der Innenseite ist wie gemacht zur Aufnahme der Farbe. Meine Muscheln finde ich am Strand, an Flussläufen oder auch an Kanälen – dort lassen die Vögel sie fallen, einige sind auch die Überreste von Mahlzeiten, die ich zu Hause oder in Restaurants genossen habe. Ich wasche die Muscheln jeweils gründlich und lege sie zum Trocknen an die Luft. Dann wird jede einzelne sorgfältig auf Festigkeit, Löcher oder Sprünge geprüft. Anstelle von Muscheln können Sie etwa auch Flaschendeckel, Kontaktlinsenverpackungen, Walnussschalen oder im Fachhandel erhältliche Leernäpfe verwenden. Achten Sie darauf, dass Ihre Behältnisse zusammenpassen, damit Ihr erstes Farbsortiment einen möglichst hübschen Eindruck macht.

Zeitliche Planung

Manche Leute bereiten ihre Pigmente gerne jeweils komplett auf und erstellen eine Farbe nach der anderen: Zerkleinern, Mahlen, Sieben, Anmischen, Anreiben und Abfüllen, alles in einem Durchgang. Jedoch bei Pigmenten, die geschlämmt werden müssen, ist dies nicht ohne Weiteres durchführbar, denn dieser Vorgang braucht mindestens einen Tag zum Absetzen und einen weiteren Tag zum Trocknen. Schauen Sie also Ihre Funde durch. Wenn dort Kreiden oder Holzkohlen dabei sind, die nicht geschlämmt, sondern nur gesiebt werden müssen, können Sie diese Farben verarbeiten, während andere Pigmente die Prozesse des Absetzens und Trocknens durchlaufen. Jetzt wissen Sie, warum man vor der Zeit gebrauchsfertiger Farben Ateliergehilfen hatte! Übersichtslisten stellen hier eine große Hilfe dar. Mit ein wenig Vorplanung werden Sie all Ihre gesammelten Funde dann verarbeiten können, ohne zu viel Aufwand zu haben.

Vorgehensweise

Sind Ihre Pigmente gemahlen oder geschlämmt und fertig für die Farbzubereitung, sollten Sie genügend Zeit einplanen, um mehrere Farben hintereinander fertigstellen zu können. Da Ihr Vorgehen auf diese Weise einheitlich ist, haben Sie die direkten Vergleichsmöglichkeiten, was die entstandenen Farben, Qualitäten und den Umgang mit den verschiedenen Pigmenten angeht. Auf der Grundlage dieser Erfahrungen können Sie Anpassungen vornehmen und die Methoden optimieren. Sorgen Sie für ausreichend Platz und reinigen Sie die Werkzeuge und Arbeitsflächen vor und nach jeder Farbe. Es besteht kein Anlass zur Eile: Es geht nicht darum, die Effizienz von Maschinen zu kopieren. Nehmen Sie sich Zeit, schwelgen Sie im sinnlichen Reichtum der anstehenden Aufgaben, gestehen Sie sich Entschleunigung zu und arbeiten Sie mit maximalem Genuss und in dem Ihnen angemessenen Tempo.

Ihre eigene Farbpalette

Bis die Farben so trocken sind, dass Sie sie lagern können, kann bis zu einer Woche vergehen. Gebrauchsfertig sind sie jedoch schon nach der Herstellung, so wie das auch bei gekauften Aquarellfarben aus der Tube der Fall ist. Sie müssen nicht auf die feste Farbe aus dem Napf warten.

Nach der Fertigstellung sollten Sie alle Ihre Farben auf einem Teller oder Tablett, in einer Schachtel oder Schale arrangieren und sich an den Farbtönen und Texturen erfreuen, die Sie geschaffen haben. Jetzt liegt die wunderbare Aufgabe vor Ihnen, dieses auf der Welt einmalige Farbschema zu testen und zu nutzen. Gratulation zur Herstellung Ihres ersten Farbensatzes! Hoffentlich ist dies die Premiere, der noch die Auftritte vieler persönlicher Farbreihen folgen werden!

Namen für Ihre Farben

Von Paynesgrau bis Neapelgelb, die traditionellen Farben tragen so manche interessanten Namen mit faszinierenden Hintergrundgeschichten, deren Erforschung sich durchaus lohnt.

Was die Namensgebung für Ihre selbst gesammelten Pigmente betrifft, so haben Sie dabei jede erdenkliche Freiheit. Meine Pigmente sind teilweise nach den Orten benannt, an denen sie zu finden waren, zum Beispiel „Dart yellow“ für ein Gelb vom Fluss Dart. Andere sind nach ihrem Ausgangsstoff benannt, wie etwa „Schuttrot“ oder „Eisensteinorange“, und wieder andere nach ihrer Eigenschaft, zum Beispiel „Glitzerndes Malachit (grob)“ und „Blasses Malachit (fein)“. Sie haben freie Hand, Ihre Benennungen so poetisch oder sachlich zu gestalten, wie Sie mögen.

Selbst hergestelltes Aquarellbindemittel

Als ich vor Jahren bei Daniel Chatto an einem Kurs zu klassischen Kunstmaterialien teilnahm, erwähnte er beiläufig, dass in der Vergangenheit Kirschbaumgummi anstelle von Gummiarabikum als Farbbindemittel verwendet wurde. Das traf sich gut, denn ich war auf der Suche nach natürlichen und regional verfügbaren Materialien, um die synthetischen Produkte aus meiner künstlerischen Arbeit verbannen zu können.

Die Zubereitung des Aquarellfarbenbinders ist einfach und die Vorgehensweise ist Ihnen von der Herstellung Ihrer Farben bekannt. Selbst ein einziger Teelöffel gesammelten Gummis reicht schon, um etwas Bindemittel zu erzeugen. Sofern Sie das Mittel nicht in seiner frischen Form aufbrauchen, das heißt innerhalb von ein oder zwei Tagen, müssen Sie der Mischung ein paar Tropfen antimikrobiell wirkendes ätherisches Öl zusetzen oder sie im Kühlschrank lagern.

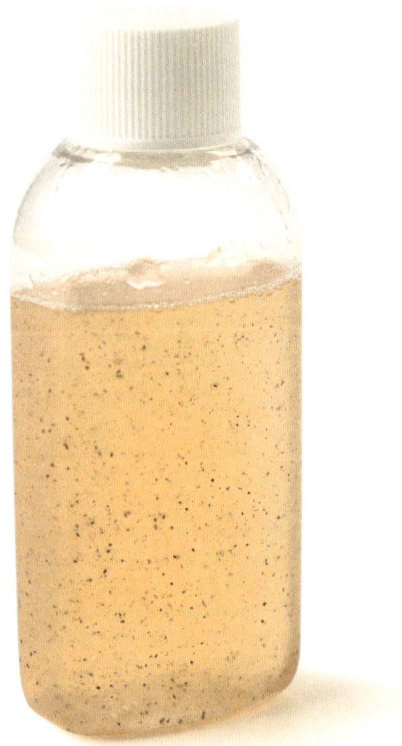

Aquarellbindemittel aus Kirschgummi

Sie benötigen

- trockenes, festes Baumgummi – entweder gekauftes Gummiarabikum am Stück oder gesammeltes Kirschgummi, Akazien- oder Eukalyptusgummi beziehungsweise anderes Baumgummi, das nicht von Nadelbäumen stammt
- Wasser
- Honig
- Mörser
- Glasgefäß
- Teelöffel
- Netzbeutel
- Kochtopf
- Teesieb
- Behälter zur Aufbewahrung

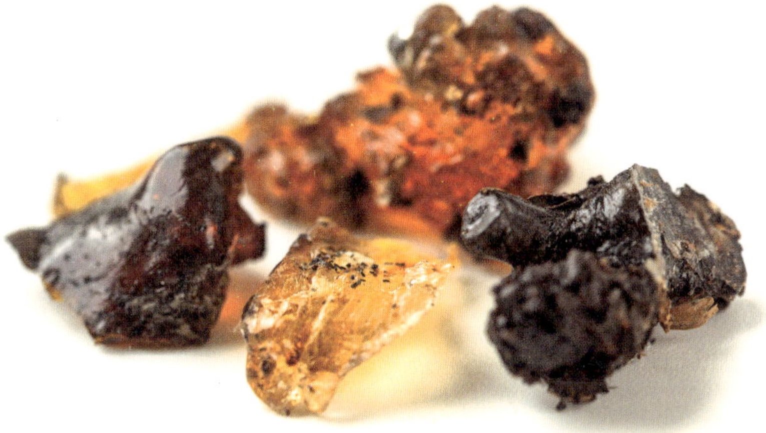

Nach historischen Rezepten aus dem Baltikum war Kirschgummi Zutat für Bernsteinimitate, die für Schmuckstücke und Ornamente verwendet wurden. Ich finde tatsächlich, dass manche Stücke schön genug wären, um sie in Silber zu fassen – trotzdem sind die meisten von ihnen für mein Aquarellbindemittel bestimmt.

Baumgummi sammeln

Echtes Gummiarabikum stammt aus dem Senegal und von Akazienbäumen. Aber neben Akazien sondern auch Obstbäume der Gattungen *Prunus* und *Eucalyptus* zu bestimmten Zeiten aus Rindenspalten klebriges Gummi ab. Dieses Gummi können Sie ernten, ohne den Baum zu schädigen. Sie müssen sich nur an wenige simple Regeln halten: Sammeln Sie dort, wo reichlich vorhanden ist. Nehmen Sie nur, was sich auf der Rindenoberfläche befindet und schneiden oder stechen Sie niemals in die Rinde.

Zu den infrage kommenden Bäumen gehören Kirschen, Pflaumen, Marillen, Renekloden etc. sowie verschiedene Akazien. Kirschbaumgummi hat eine helle, geleeartige Konsistenz mit matter Oberfläche. Das bekanntere Gummiarabikum aus Akazien ist dagegen eine honigartige Masse, die Pigmente sehr gut bindet und der Farbe leichten Schimmer verleiht.

Im Regen weicht das Gummi auf, sodass man es mit den Fingern oder einem Löffel leicht abnehmen kann. Bei trockenem Wetter härtet es dagegen aus und man braucht ein Messer zum Ernten. Transportieren Sie das Gummi in einer Dose oder Plastiktüte und lassen Sie es vor dem Einlagern zu Hause gründlich trocknen. In einer Papiertüte oder einer Schachtel aufbewahrt, bleibt es unbegrenzt haltbar.

Im Frühjahr, wenn an den Pflanzen die Säfte steigen, kann der Gummifluss klar, blassgelb oder sogar farblos sein. Solche Gummis sind für uns echte Glücksfunde, denn ohne den sonst vorhandenen deutlichen Gelbstich taugt das Gummi zur Herstellung von reinen weißen, violetten und blauen Farben. Ein gelbliches oder bernsteinfarbenes Bindemittel würde diese Pigmenttöne schmutzig erscheinen lassen, da es sich mit der Komplementärfarbe vermischt.

Im Sommer kann es dann sein, dass man sogar an Früchten klare Tröpfchen eines klebrigen Sekrets findet. Sie sehen wie Tränen aus und werden von Wespen verursacht, wenn diese in die Haut der Früchte stechen. Auch diese Tränen können gesammelt werden und eignen sich als Bindemittel für reine blassblaue Farbtöne.

Im Spätsommer und Herbst erhält das Gummi einen dunklen Ton: Bernstein, Tiefbraun oder sogar Schwarz sind möglich. Das Gummi ist in allen Farben brauchbar. Deshalb lohnt es sich, sie nach dem Trocknen für verschiedene Verwendungszwecke nach Farbtönen zu sortieren. Unabhängig davon, wie dunkel das Original war, ist es möglich, die helleren zweiten und dritten Aufgüsse des Kirschgummigels für farbneutraleren Aquarellbinder zu nutzen

Verarbeitungsmethode

Im folgenden Beispiel verwende ich Kirschbaumgummi. Sie können jedoch jedes gekaufte oder gesammelte Gummi auf die gleiche Weise bearbeiten. Das aus Kirschgummi hergestellte Bindemittel ist weniger klebrig oder glänzend als Gummiarabikum. Sie sollten sich also darauf einstellen, den Farben vergleichsweise mehr Binder hinzufügen zu müssen, das kann bis zu einem Viertel ausmachen. Derart gleichen Sie den Anteil des flüssigen Honigs beziehungsweise des Zuckers wieder so aus, dass das Verhältnis für Ihre Zwecke stimmt. Für mehr Glanz können Sie, falls erforderlich, auch eine Deckschicht des Bindemittels über Ihre fertige Arbeit streichen.

1 Beginnen Sie etwa mit einem halben Teelöffel getrockneten Gummis.

2 Zerstoßen und zerreiben Sie die Stücke mit einem Messingmörser in einem Netzbeutel (damit keine Teilchen herausfliegen) bis auf Sandkorngröße.

3 Geben Sie die Gummikörnchen in ein Glas und füllen Sie dieses zur Hälfte mit Wasser. Umrühren und über Nacht stehen lassen.

1

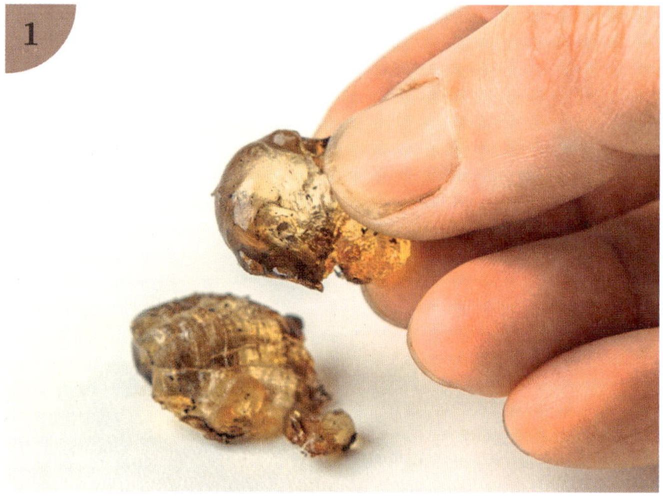

2

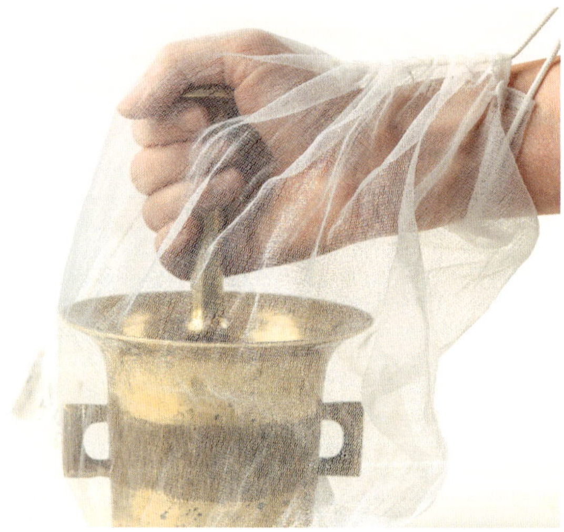

3

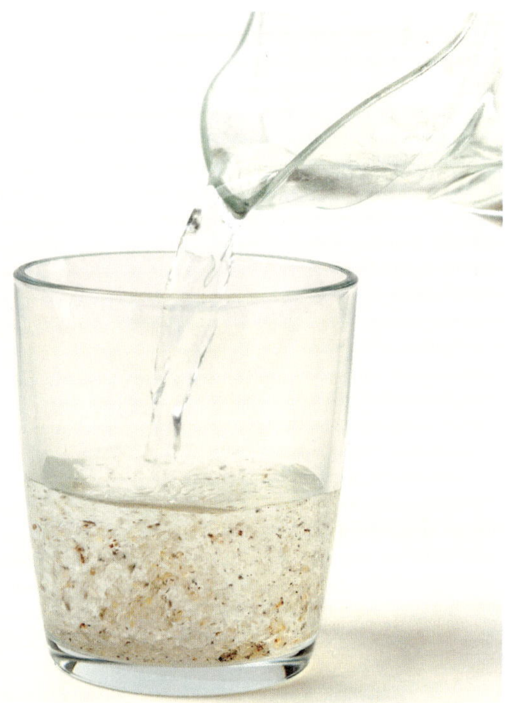

Haltbarkeit

Manche Künstler:innen fügen ihrem Bindemittel einen Tropfen ätherisches Öl mit antimikrobieller Wirkung hinzu, das dazu auch noch den Vorteil bringt, gut zu riechen. Ich verwende stattdessen – und mit ebenso guten Ergebnissen – ausgekochte Flaschen und Gläser und bewahre das Bindemittel anschließend im Kühlschrank auf.

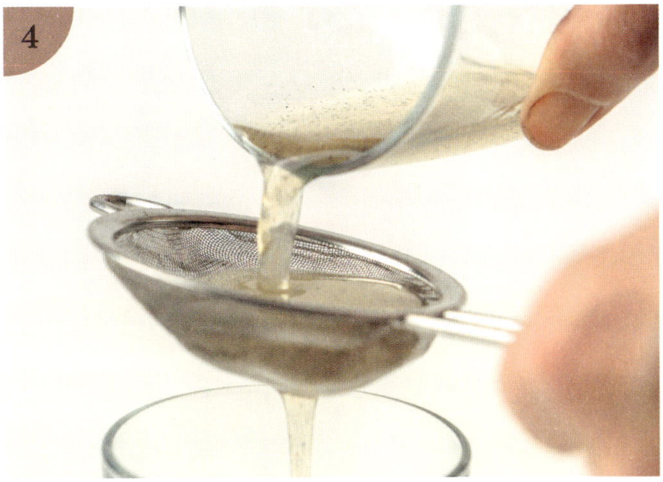

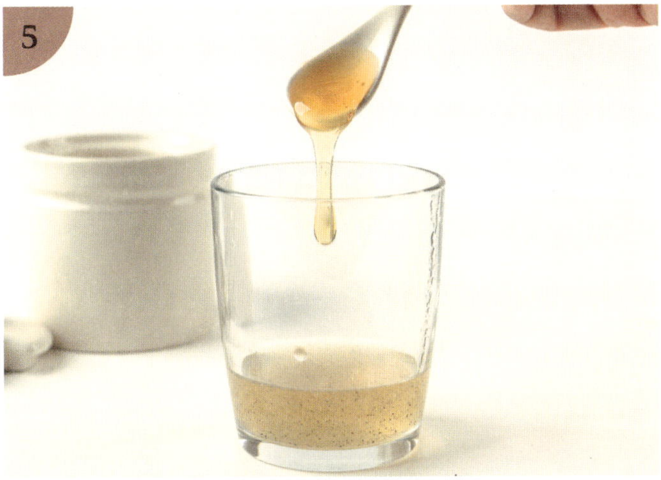

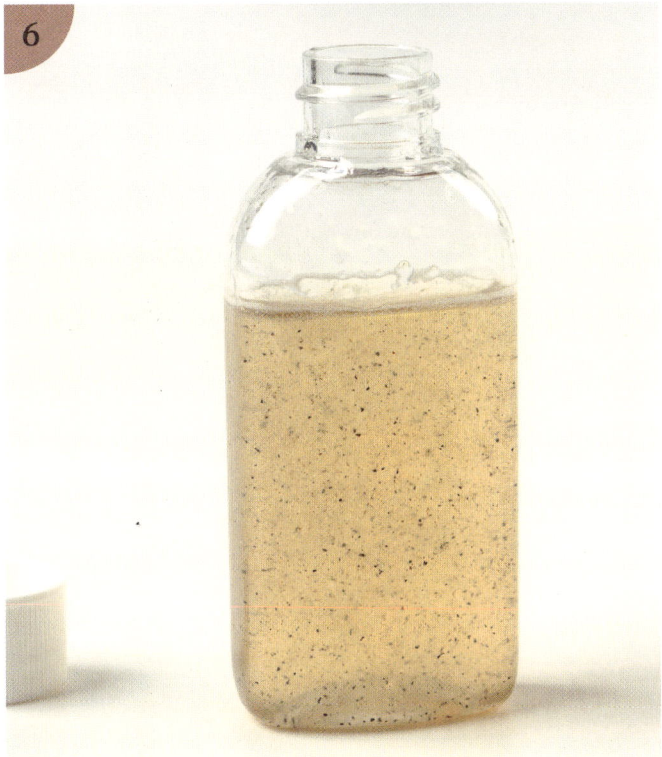

Zusätzliche Aufgüsse mit Prunus-Gummi

Bei der Verarbeitung des selbst gesammelten Gummis bleibt nach Schritt 4 wahrscheinlich noch ein Rest klumpiges Gummigel im Sieb zurück. Dieses kann wiederverwendet werden. Geben Sie es einfach zurück in den Topf, fügen Sie eine Tasse heißes oder gerade abgekochtes Wasser hinzu und führen Sie die Abfolge von Kochen, Abkühlen und Sieben noch einmal durch. Sie können dies bis zu zweimal tun, jede Charge wird dabei farblich ein wenig blasser werden. Dann mischen Sie entweder alle Aufgüsse zusammen oder bewahren sie für die Herstellung verschiedener Farben getrennt auf. Die späteren Aufgüsse sind nicht so stark bindend wie der erste, dafür aber sehr matt.

4 Am nächsten Morgen haben sich die Gummikörnchen zu einem Gel verwandelt beziehungsweise sind dabei, sich aufzulösen. Gießen Sie das Gel in einen Topf und erhitzen Sie es etwa eine halbe Stunde lang auf kleiner Flamme, bis es die Konsistenz von flüssigem Honig angenommen hat. Ist es zu zähflüssig, um sich gut rühren zu lassen, können Sie mehr Wasser hinzufügen. Sobald der Topfinhalt etwas abgekühlt ist, gießen Sie ihn durch ein Teesieb in ein Gefäß ab. Kleine Rindenstückchen und andere Ablagerungen sollten dabei im Sieb zurückbleiben, sie können einfach entsorgt werden.

5 Fügen Sie ein Rückbefeuchtungsmittel wie Honig hinzu; Veganer:innen können Glycerin oder in etwas warmem Wasser aufgelösten Puderzucker verwenden. Sie benötigen etwa einen Teil flüssigen Honigs auf neun Teile Gel. Rühren Sie die Mischung gut durch.

6 Zu guter Letzt füllen Sie die Mischung in ein sterilisiertes Glas um. Ich gieße sie bei dieser Gelegenheit gern noch einmal durch ein feinmaschiges Sieb. Vor Ihnen steht Ihr selbst gemachtes Aquarellbindemittel. Sie können es verwenden wie ein gekauftes Mittel oder eines, das Sie mit flüssigem oder pulverisiertem Gummiarabikum hergestellt haben.

FERTIGES AQUARELLBINDEMITTEL

Beschriften Sie Ihr Gefäß nach dem Befüllen eindeutig mit den verwendeten Inhaltsstoffen und dem Herstellungsdatum. Die Mixtur sieht köstlich aus und riecht auch so, deshalb empfehle ich: Immer ein Etikett mit der Aufschrift „Nicht trinken oder essen!!“ anbringen, bevor Sie sie in den Kühlschrank stellen.

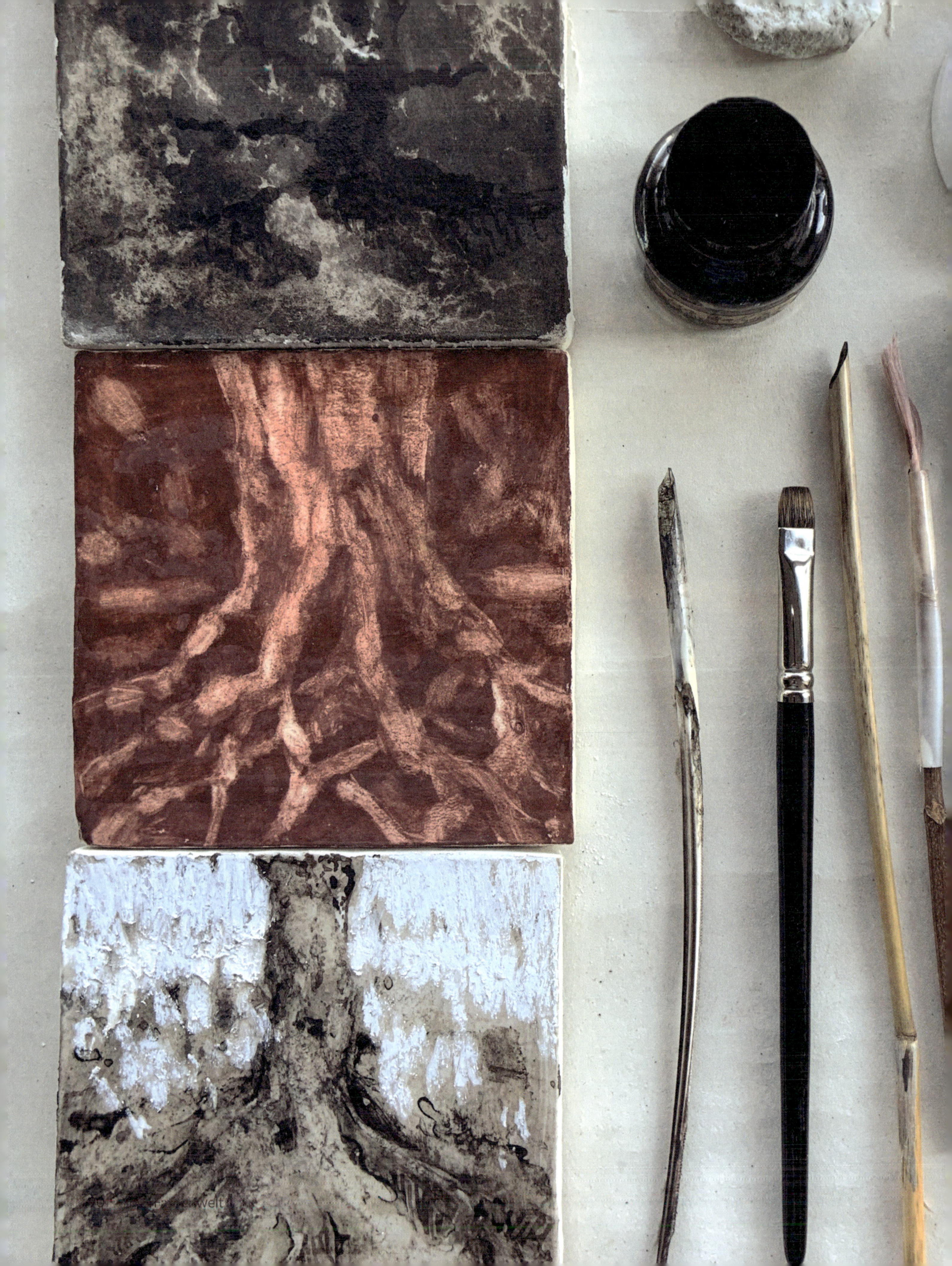

LERNEN SIE IHRE NEUEN FARBEN KENNEN

Letzten Winter fiel mir eine Schulversammlung aus meiner Grundschulzeit wieder ein. Der Schulleiter erzählte die Geschichte eines Kindes, das eine Weihnachtskarte malen wollte, aber nur einen roten, einen schwarzen und einen braunen Buntstift in der Federmappe hatte. Traurig schaute das Kind aus dem Fenster, als sich ein Rotkehlchen auf die verschneite Fensterbank setzte. Da wusste das Kind, wie es mit nur drei Farben ein Bild gestalten konnte!

Wenn wir in den Auslagen der Kunstbedarfsgeschäfte all die leuchtenden Acrylfarben und fluoreszierenden Malstifte sehen, geht es uns manchmal ein bisschen wie diesem Kind. Was, wenn unsere ersten Farbreihen ein bisschen zu braunlastig sind? Keine Sorge, mit zunehmender Erfahrung wird sich Ihr Blick für immer mehr Farbtöne der Natur weiten. Viel wichtiger ist es, dass Sie lernen, wie gute Farbe hergestellt wird, damit Sie den neuen Entdeckungen auch gerecht werden.

Beschränkungen gehören seit jeher zu den besten Anreizen für gute Kunst. Wenn Sie also vielleicht fünf in Ihrer Umgebung gefundene Pigmente zur Hand haben und zunächst davon absehen, dieser Auswahl weitere Töne hinzuzufügen, was können Sie dann mit diesen anfangen? Ein erstes tolles Projekt kann eine Farbmischtabelle sein. Auch Tonwertstudien anhand eines Stilllebens oder einer Naturszene bieten eine gute Möglichkeit, in den Umgang mit den eigenen Farben hineinzuwachsen – vor allem, wenn man an die Konsistenz von Fabrikprodukten gewöhnt ist.

Nehmen Sie sich ein paar Stunden – oder ein paar Tage –, um herauszufinden, was mit den wenigen Farben, die Sie hergestellt haben, möglich ist. Loten Sie die Grenzen des Machbaren aus. Nehmen Sie Ihre Farbtöpfchen und arbeiten Sie draußen, malen Sie Ihre Familie, Ihre Freund:innen oder Ihre Umgebung mit dem Pinsel und nur einer einzigen Farbe. Experimentieren ist das A und O!

Dokumentieren der eigenen Farben

Ein Verzeichnis von Farbmustern ist eine wunderbare Möglichkeit, festzuhalten, welchen Fund Sie wann und wo gemacht haben. Darüber hinaus kann Ihnen diese Aufzeichnung helfen, die Verarbeitung zu optimieren. Ein Heft oder ein Ordner mit Farbmustern stellt eine große Hilfe dabei dar, sich später zu erinnern, wo man einen pigmenthaltigen Stein gefunden hat, lange nachdem die Farbe bereits aufgebraucht ist.

Gestaltungsstile für eine Mustersammlung gibt es ebenso viele, wie es Künstler:innen gibt, die mit natürlichen Pigmenten arbeiten. Auf dieser Seite sehen Sie Beispiele dafür, wie man Farben dokumentieren kann.

Ein dafür reserviertes Skizzenbuch Meine favorisierte Art der Aufzeichnung kennen Sie bereits aus diesem Buch. Ich ziehe mit meiner Farbe einen breiten Pinselstrich über die gesamte Breite einer Skizzenbuchseite und dünne die Farbe auf den letzten Zentimetern aus, indem ich mit mehr Wasser arbeite. So verschaffe ich mir ein Bild von der Feinkörnigkeit. Ich füge knappe Notizen und das Datum hinzu.

Karteikästen Geordnete Karteikarten sind ideal, um sich längere schriftliche Notizen zu machen und Farbmuster großflächiger aufzutragen.

Große Bögen Kunstdruckpapier Sie erlauben es, gleichzeitig viele Muster in den Blick zu nehmen, wodurch sich die Farben besser vergleichen lassen.

Papierstreifen Sofern Sie auf natürliche Weise färben, verwenden Sie vielleicht schon Teststreifen aus hochwertigem säurefreiem Papier zum Testen oder Dokumentieren Ihrer Färbebäder. Auch bei der Herstellung von Tusche kommen die Tests zum Einsatz. Die Streifen eignen sich auch hervorragend für Pigmentfarben. Bewahren Sie sie in einem Sammelalbum oder zusammengeheftet in einer Schachtel auf.

Vorgedruckte Farbmusterkarten Im Fachhandel findet man vorgedruckte Blankomusterbögen mit Kasten- oder Kreiseinteilung, mit denen sich eine saubere, einheitliche Form der Dokumentation erzielen lässt.

Bildliche Gestaltung Malen Sie auf eine eigens dafür vorgesehene Karte oder ein Blatt Ihres Skizzenbuchs ein Bild in den neu angefertigten Farben. Notieren Sie Datum und eventuell Detailinformationen zu den Pigmenten auf der Rückseite.

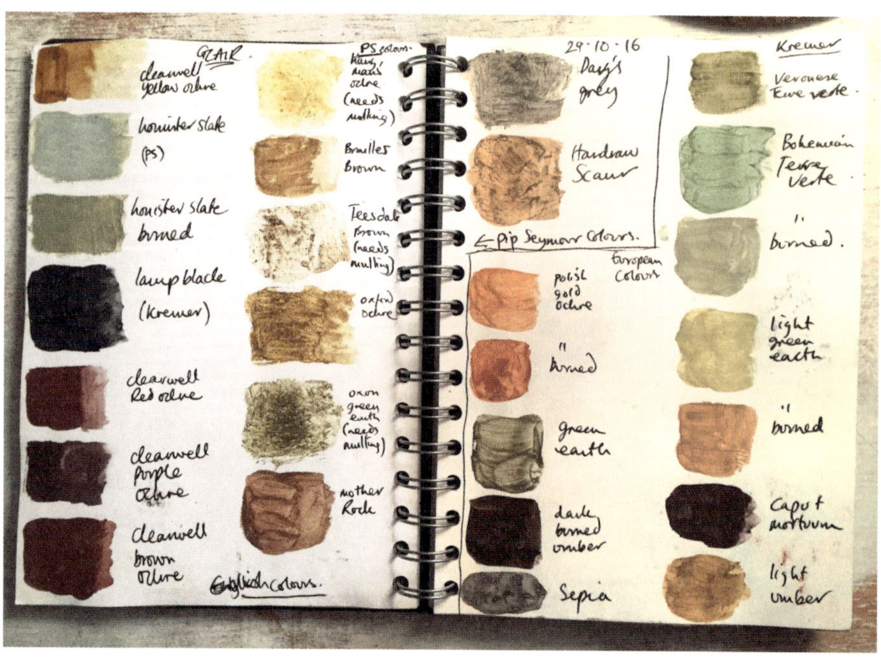

BEISPIELSEITEN AUS MEINEM SKIZZENBUCH

Eine Musterseite mit allen Pigmenten, die ich an einem bestimmten Tag vorrätig hatte

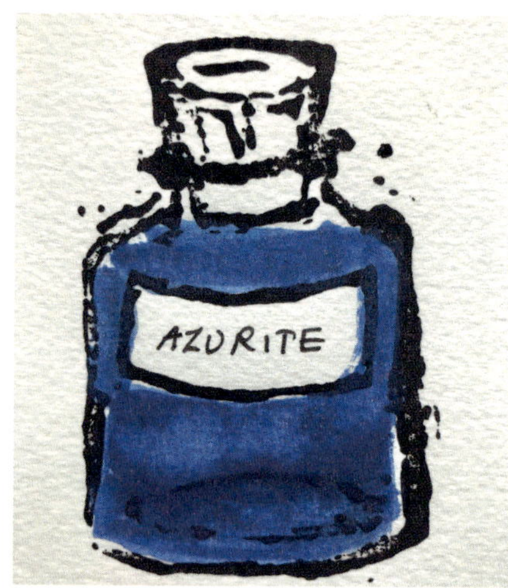

LINOLDRUCK

Ruth Siddall, Geologin am University College London, hat einen Stempel in Form eines kleinen Tintenfasses entworfen und bedruckt ihre Farbmusterkarten mit diesem Motiv. Anschließend füllt sie den Umriss mit der jeweiligen Farbe aus und beschriftet das Etikett mit dem dazugehörigen Namen.

Das Stempelmotiv wurde im Linolschnittverfahren erstellt; gedruckt wurde mit einer selbst hergestellten Tusche auf Ölbasis, zusammengesetzt aus Elfenbeinschwarz und Frankfurter Schwarzpigmenten sowie Kupferplattenöl (eingedicktem Leinöl).

Linol- oder Stempeldruck Wer mag, kann für seine Farbmuster ein persönlich gestaltetes Umrissmuster entwerfen. Alternativ lässt sich ein großer vorgefertigter Motivstempel verwenden. Achten Sie jedoch darauf, dass Sie mit permanenter, wasserunlöslicher Tusche drucken.

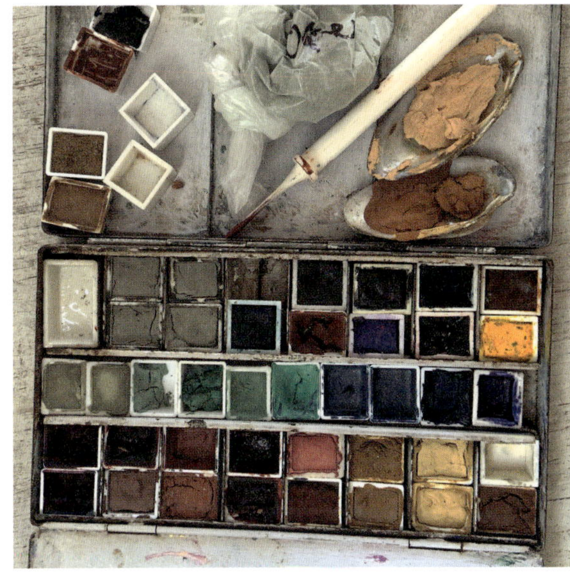

Farben und Erden im Atelier

Jenseits des Gekauften

Handgemachte und gekaufte Farben ergänzen einander gut. Inzwischen haben Sie sicher einige Muschelschalen, Deckelchen oder Näpfchen mit selbst hergestellten Aquarellfarben beisammen. Vielleicht ist Ihnen bei manchen Ihrer Farbtöne aufgefallen, dass diese den gekauften ähnlichsehen. Wenn Sie in Ihrem Aquarellkasten allmählich die Fabrikprodukte gegen vergleichbare selbst gemachte Erdfarben austauschen, schult das Ihre Fähigkeit, Farbnuancen zu erkennen. Und es ermöglicht Ihnen, Ihr Sortiment nach und nach zu personalisieren.

Startpunkte

Zu den weltweit häufigsten Farbpigmenten gehören rote und gelbe Ocker. Bei Ihren Exkursionen werden Sie Ihnen mit großer Wahrscheinlichkeit unterkommen, wenn das nicht schon geschehen ist. Die eisenoxidhaltigen Farben gehören zu den ältesten verwendeten Pigmenten. Sie sind haltbar, weit verbreitet und schön. Testen Sie Ihre Ockerfarben und vergleichen Sie sie mit handelsüblichen Rot- und Gelbtönen: Sind Ihre eigenen Farben körniger, deckender oder transparenter?

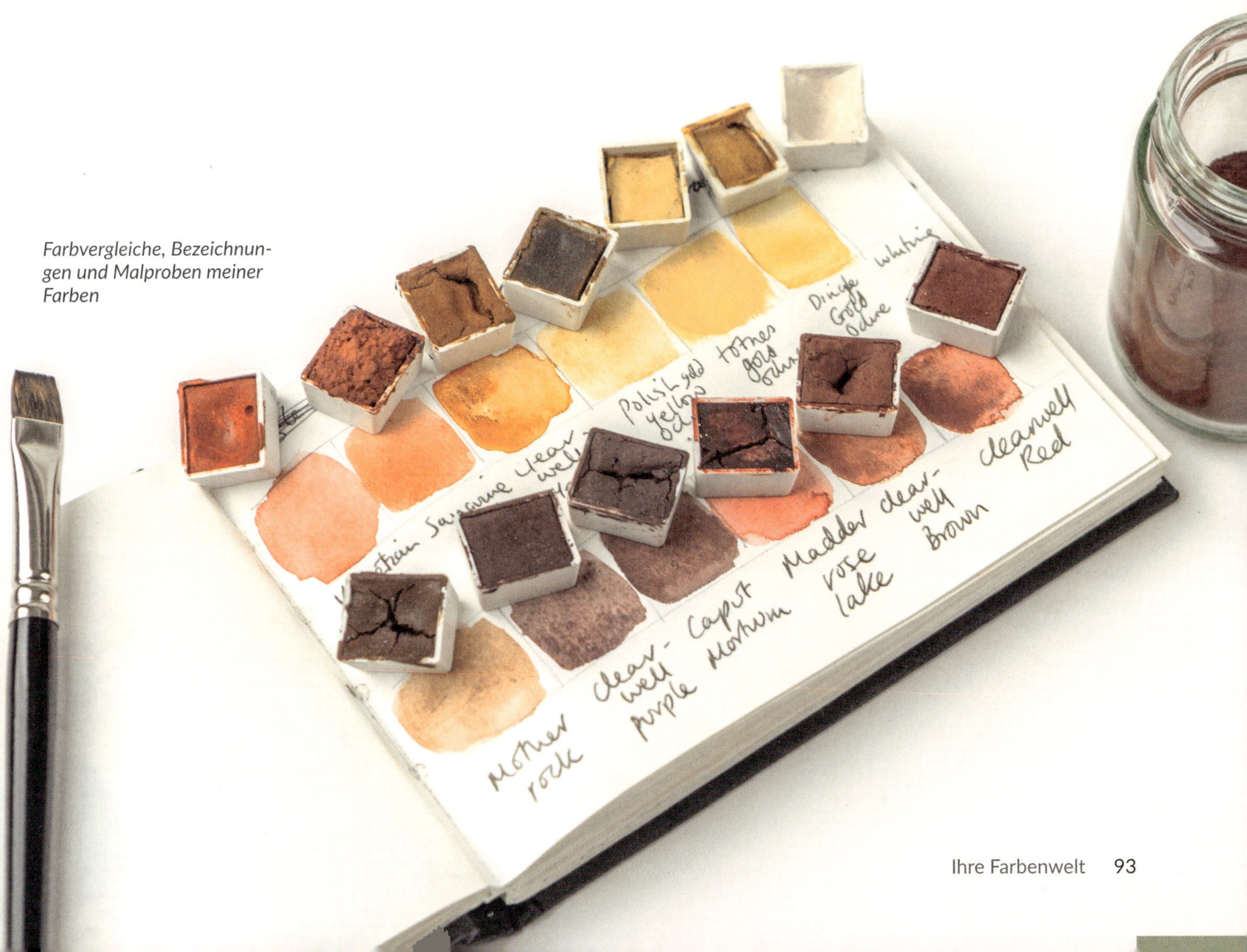

Farbvergleiche, Bezeichnungen und Malproben meiner Farben

Und was ist mit Blau?

Die Suche nach der Farbe Blau ist vielleicht so alt wie die Malerei selbst. In der Natur kommen blaue Pigmente recht selten vor. So ist Lapislazuli bereits seit der Jungsteinzeit begehrte Handelsware. Er ist Ausgangsstoff für das Pigment Ultramarin, was so viel bedeutet wie *von jenseits des Meeres.* Das Wissen um die Herstellung anderer blauer Pigmente, wie zum Beispiel Smalte, ging zeitweise über Jahrhunderte hinweg verloren, weil es nur in mündlichen Überlieferungen weitergegeben wurde.

Es ist unwahrscheinlich, dass Sie in der Natur auf kräftige, satte Blautöne stoßen. Sie brauchen daher kein schlechtes Gewissen zu haben, wenn Sie diese Lücke mit einem gekauften Blau füllen. Sie können Blautöne von kleinen regionalen Farbhersteller:innen beziehen (diese sind im Internet zu finden), die für ihre Produktion natürliche Bindemittel und hochwertige natürliche Zutaten verwenden.

Da Sie aber jetzt selbst in der Lage sind, Farben herzustellen, könnten Sie auch ein reines Blaupigment kaufen und Ihre eigene Farbe ansetzen. Wenn Sie vor Ort keine Einkaufsmöglichkeit für reine Pigmente habe, finden Sie online Bezugsmöglichkeiten. Europaweit können reine und natürliche Pigmente über die englischsprachige Website des Unternehmens der Umweltschützerin und Künstlerin Leah Fanning bezogen werden (www.naturalearthpaint.eu). Nachhaltigkeit hat sich auch die Firma Kremer Pigmente (www.kremer-pigmente.com) auf die Fahnen geschrieben – hier gibt es historische wie moderne Pigmente. Mehr Hinweise auf Bezugsquellen finden Sie auf www.haupt.ch/wilde-farben.

Im Handel sind brillante Farben mit ungiftigen synthetischen Pigmenten erhältlich. Diese lassen sich ohne weiteres zusammen mit Ihren selbst hergestellten Farben benutzen. Zu meiner eigenen Farbpalette gehören zwei blaue Grundtöne, zum einen Ultramarin, das zwar teuer ist, aber von dem man nur wenig braucht. Zum anderen Indigo, das aus Pflanzen wie Färberwaid gewonnen wird. In Kombination mit Kreide ergibt es ein gutes Jeansblau, mit pulverisierten Muscheln vermischt, erhält man das schöne, leuchtende Maya-Blau. Manchmal füge ich noch ein drittes Blaupigment hinzu: Vivianit, ein Eisenphosphat, das früher auch Eisenblau oder Blaueisenerde genannt wurde.

Obwohl eine rein aus lokalen Erdpigmenten bestehende Farbpalette eine wunderbare Sache ist, kann doch manchmal ein etwas kontrastreicher Pepp nicht schaden. Ergänzen Sie Ihre Farbskala um alle Farben, von denen Sie glauben, dass sie Ihre Funde farblich veredeln oder das Lokalkolorit abrunden.

Vivianit

Dieses blaue Mineral spielte einst eine zentrale Rolle für die indigenen Kulturen im Pazifischen Nordwesten Nordamerikas. Dann allerdings unterbrach die traditionelle Wissensüberlieferung infolge der Kolonisierung und Assimilation. Melonie Ancheta fand heraus, dass es sich bei dem auf Artefakten erhaltenen Blau, das zuvor für Kupfer gehalten wurde, richtigerweise um eine Form von hydratisiertem Eisenphosphat handelt, also um Vivianit. Dank dieser bahnbrechenden Arbeit findet ein Verständnis für das außerordentliche Pigment nun seinen Weg zurück zu den Ureinwohner:innen und in ihre Kunst. Es erlangt aber auch darüber hinaus weitere Verbreitung. Sofern Sie nicht das Glück haben, selbst Vivianit aufzuspüren, steht Ihnen im Handel ein großes Angebot zur Verfügung. So können Sie Ihrer Farbskala dieses Blau trotzdem hinzufügen.

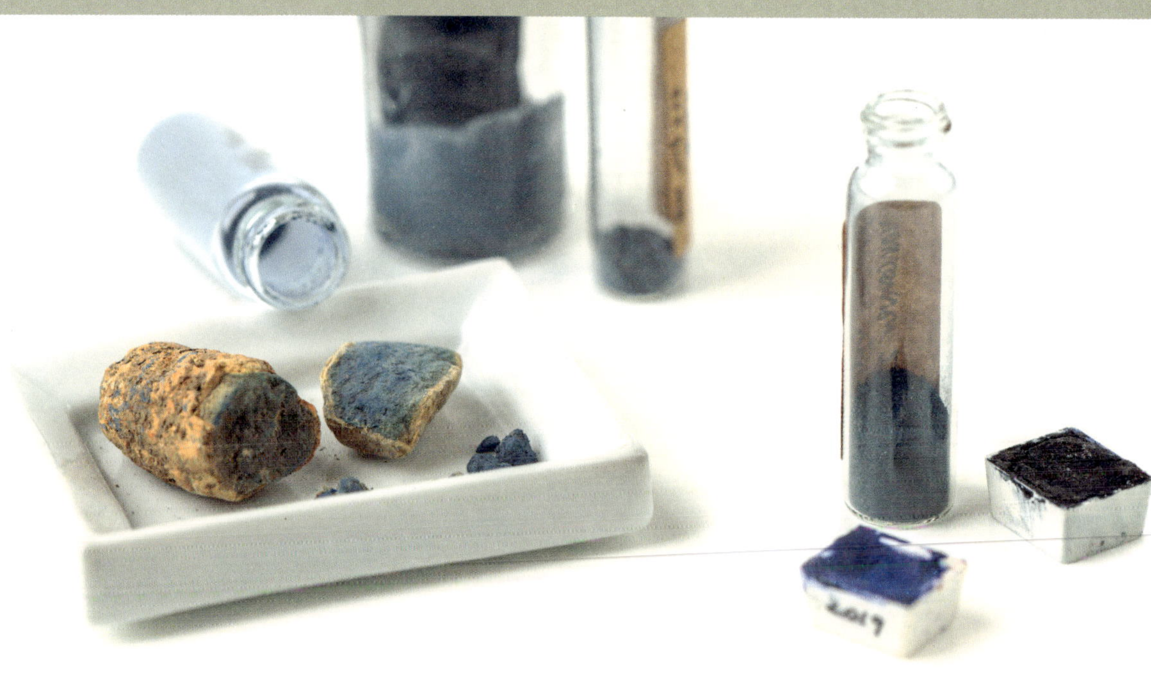

Ihre Farbpalette vervollständigen

Schon immer haben sich Künstler:innen über Farben, Ideen, Techniken und Materialien ausgetauscht und dabei enge Freundschaften geschlossen. Obwohl ich selbst eher, so könnte man sagen, „steinzeitlich" veranlagt bin, schätze ich einen Aspekt des Internets sehr: Dank seiner ist es viel einfacher, mit anderen Gleichgesinnten in Kontakt zu treten. Nichts und niemand steht dem im Wege, dass Sie Steine mit Freund:innen in nah und fern tauschen, um Ihr Sortiment durch zusätzliche Farben zu bereichern. Lassen Sie sich von mir zu regem Tausch ermutigen! Haben Sie zu viel von dieser coolen blassgrünen Aquarellfarbe? Setzen Sie sich mit einer Person online oder in Ihrer Nähe in Verbindung, die genau das warme Ockerorange hat, das Ihnen fehlt. Haben Sie einen lokal aufgetriebenen Eisenstein zu einem satten Rot gemahlen und noch mehrere Steine übrig? Tauschen Sie mit jemandem gegen ein Stück englische Kreide, die an Ihrem Wohnort vielleicht so selten ist wie ein Hühnerzahn.

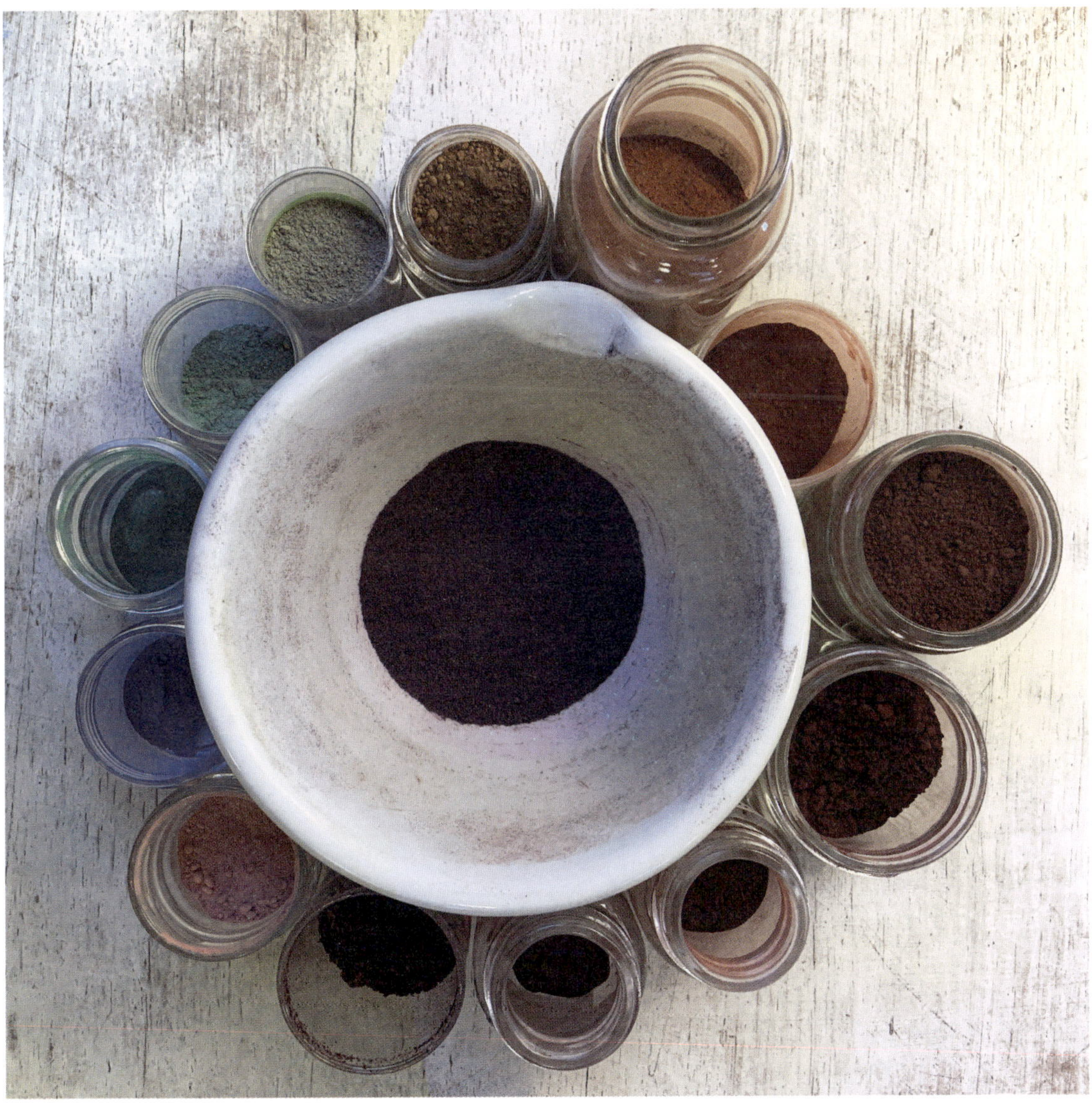

Handgemachte natürliche Pigmente, gesammelt von mir oder von Freund:innen – sie stehen Seite an Seite mit gekauften natürlichen Pigmenten, die ich von vertrauenswürdigen Unternehmen oder direkt von den Hersteller:innen bezogen habe.

LOKALKOLORIT

Die Böhmische Grüne Erde aus meiner Sammlung ist im Ton heller und kühler im Vergleich zur wärmer und weicher erscheinenden Terre Verte aus Frankreich, die ich kürzlich verwendete. Die roten Ocker mit der stärksten Leuchtkraft findet man in Großbritannien in den Clearwell Caves im Forest of Dean, während die eindrucksvollsten Blautöne des Vivianits vornehmlich im Pazifischen Nordwesten Amerikas zu finden sind. Alle diese Farben werden seit Jahrhunderten gehandelt, dennoch bestehen historische Kunstwerke und traditionelle kunsthandwerkliche Arbeiten – seien es Fresken, Tafelmalereien, Schilde, Totempfähle oder auch nur die Ölfarben einer Eisenbrücke – hauptsächlich aus den in der jeweiligen Region zu findenden Farben.

Es gibt daher tatsächlich so etwas wie *Lokalkolorit*. Aus diesem Grund kann ich Ihnen weder sagen, was für Sie verfügbar ist, noch, was Sie malen könnten. Stattdessen sind die folgenden Seiten dazu gedacht, dass Sie sich von den lokalen Farben verschiedener Künstler:innen aus aller Welt Ideen und Inspiration holen können.

„Der Erfindungsreichtum und die Beharrlichkeit unserer Vorfahr:innen geben uns Inspiration – weltweit."

Eine ultralokale Farbpalette

Meine Straße endet an einer Sandsteinklippe, an deren Fuß sich der Strand erstreckt. Entlang der Meeresküste werden viele bunte Steine angeschwemmt. Gelegentlich nehme ich eine Handvoll davon mit nach Hause, um sie zu Farben zu verarbeiten. Auf dem nebenstehenden Bild sehen Sie fünf davon, die Materialien dafür habe ich alle im Jahr 2022 maximal einen Kilometer entfernt von meinem Haus gefunden.

Ich liebe den sattroten Eisenstein, der eine sehr hohe Farbstärke hat, sodass man mit wenig von ihm bereits viel erreichen kann. Das tiefe Kohleschwarz lässt sich in Aquarellfarbenbinder wunderbar granulieren. Die Terrakotta-, die zarten Grün- und gebrochenen Weißtöne passen gut zusammen und balancieren kräftige und mittelstarke Farbnuancen aus. Was in dieser Farbengruppe fehlt, sind Gelb- und Blautöne, die an meinem Strandabschnitt nicht zu finden waren.

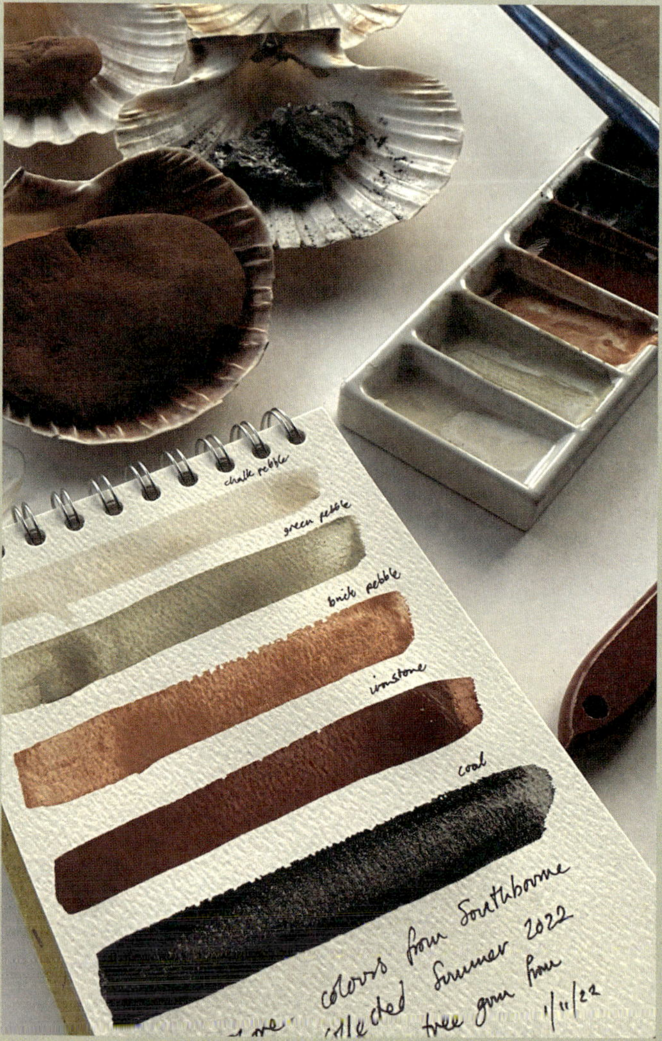

Erweiterung eines Farbsortiments

Wenn ich dieses Farbspektrum ergänzen wollte, würde ich zunächst bei meinen Kolleg:innen im Ausland anfragen, die ich in der Regel online kennengelernt habe. Konkret würde ich einen Tausch vorschlagen. Vielleicht kräftiges Eisensteinrot gegen ein wenig Vivianitblau? Was das fehlende Gelb angeht, könnte ich die Ursprungsregion meiner Farben nach Westen ein bisschen ausweiten und hellen Gelbocker aus Devon hinzunehmen. Alternativ dazu könnte ich ein spezielles Pigment von Kremer Pigmente kaufen, zum Beispiel Lapislazuli oder Goldocker, um Akzente zu setzen.

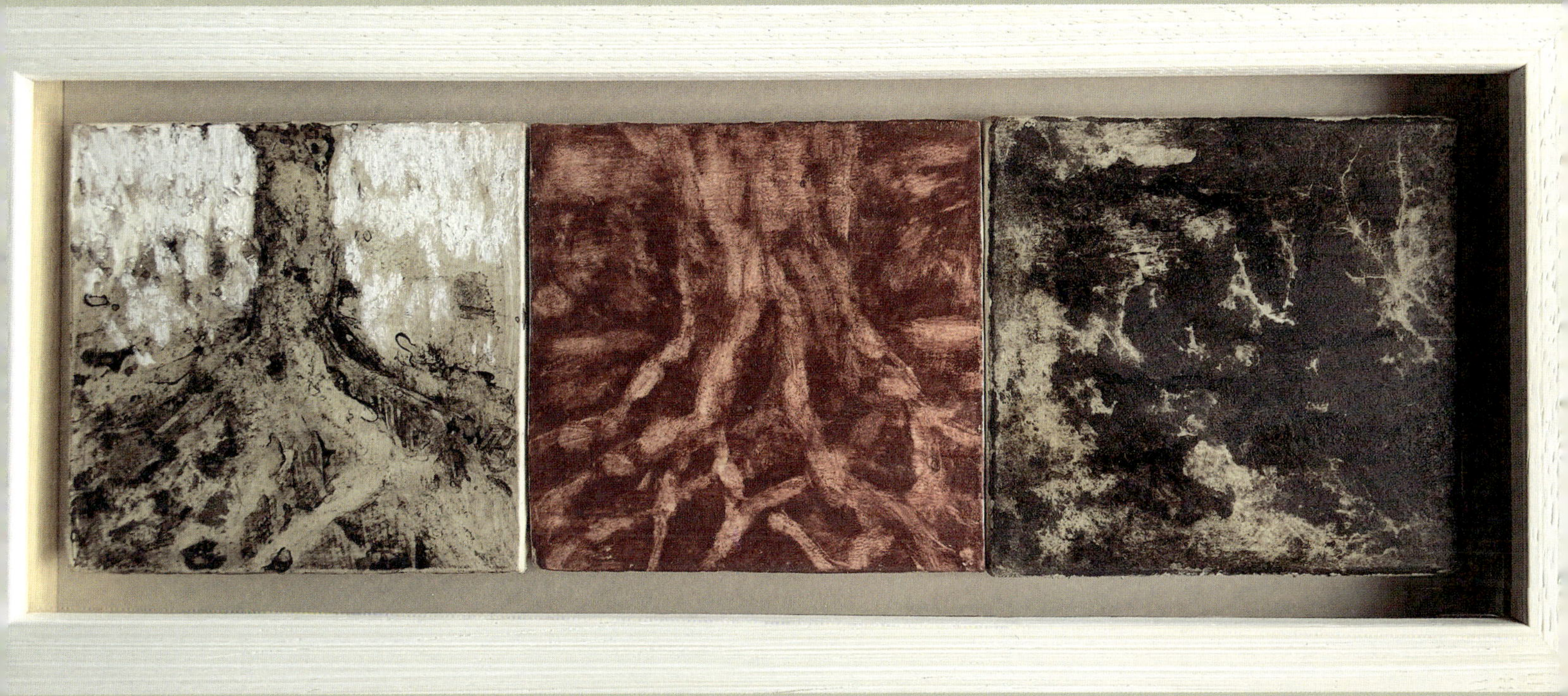

BENEATH THE LABYRINTH 41 × 18 cm

Aquarellfarbe aus rotem Ocker, Eisengallustinte und Kreide auf Pergament. Ich bin Freundin reduzierter Farbskalen und ganz besonders der alchemistischen Farben Schwarz, Weiß und Rot. Für eine Ausstellung im Rahmen des Wild Pigment Project *in der* Form and Concept Gallery *habe ich zur Darstellung der drei Bäume auf Hirschhautpergament ausschließlich rohe Kreidesteine aus der Umgebung von Stonehenge verwendet: die auf den Seiten 80 bis 83 gezeigte rote Hämatitfarbe und Eisengallustinte.*

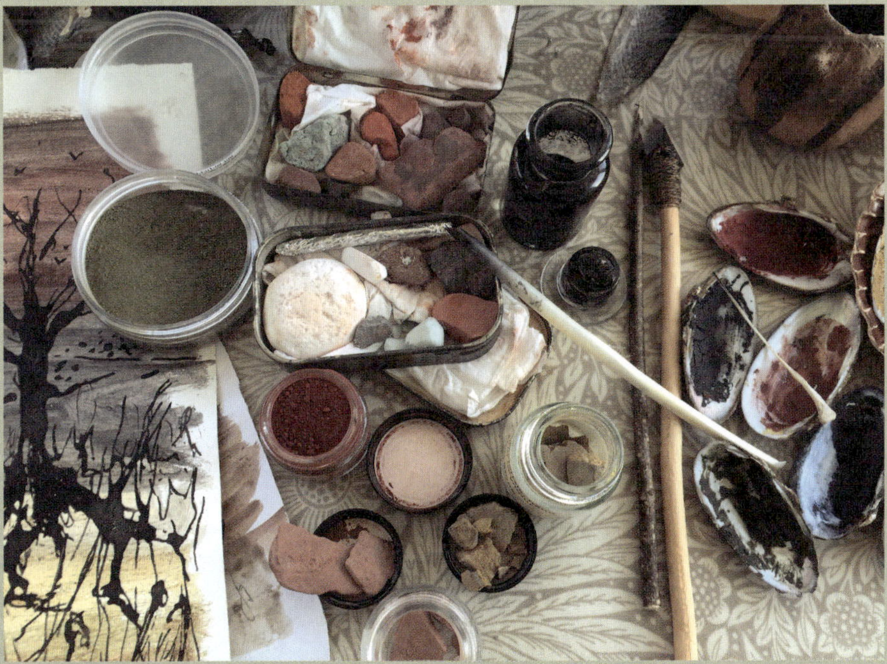

Es gibt keine Regeln. Halten wir unsere Farben streng geografisch auseinander oder kombinieren wir sie? Für mich kommt das stets auf den Kontext an und, was noch wichtiger ist, auf das, was das von mir gerade gemalte Werk verlangt.

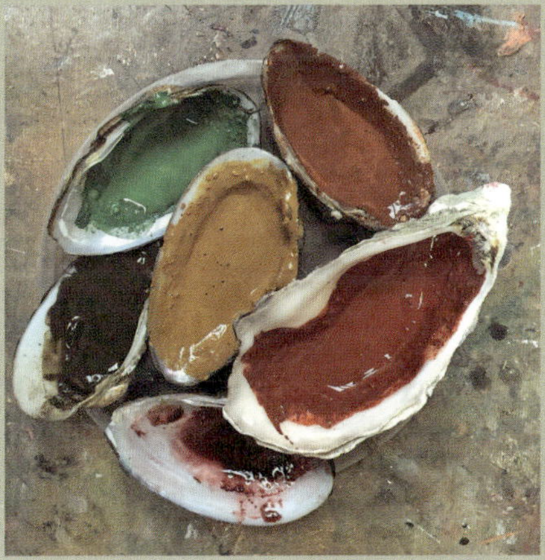

Die ersten Aquarellfarben in Studioqualität, die ich selbst gemacht habe

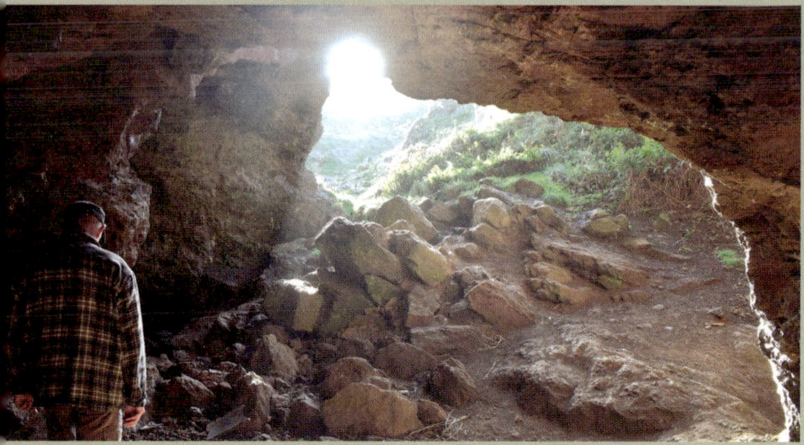

Peter Wards Farbpalette

Der Künstler Peter Ward befasst sich in seinen interdisziplinären Forschungsarbeiten mit den Materialien, auf die er stößt oder die er auswählt, aus der geologischen, ökologischen sowie der sozial- und kunstgeschichtlichen Perspektive. Ihre Herkunft liefert ihm Anknüpfungspunkte für die lebhafte Auseinandersetzung mit der Gegenwart, die seine Malerei und seine Workshops charakterisiert.

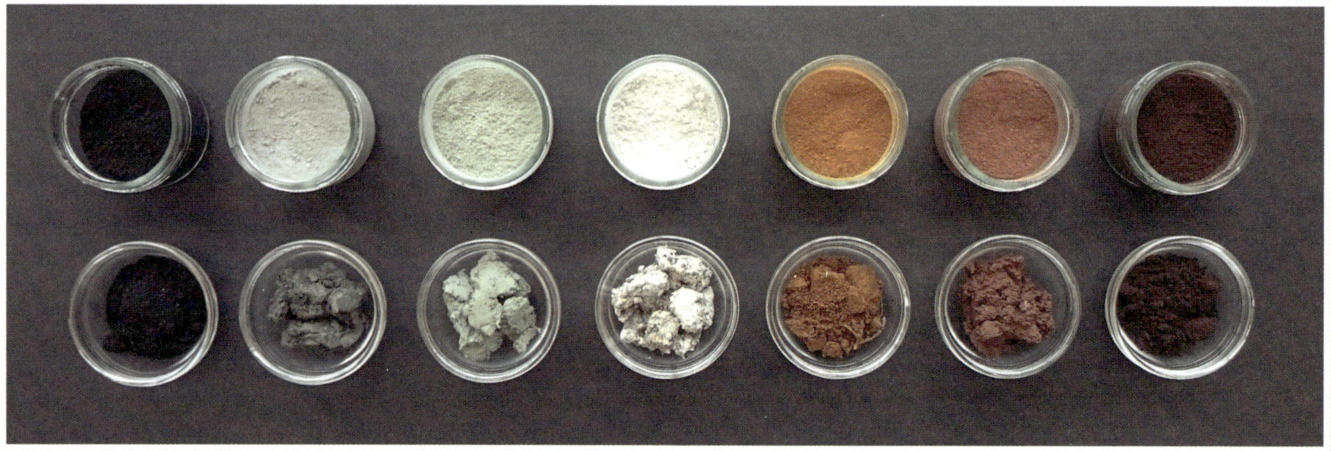

Die rohen und bearbeiteten Erdpigmente aus Peters Palette geben die Landschaft Cornwalls wieder.

Die Farben Cornwalls

Peter arbeitet ausschließlich mit Pigmenten, die er im Südwesten Englands selbst aufgespürt und eingesammelt hat. Im Hinblick auf die Erdpigmente begann seine künstlerische Reise 2007 in Nord-Devon, wo er sich mit dem historischen Pigment *Bideford Black* befasste. Im Jahr 2017 zog er nach West-Cornwall, wo sich seine Studien nun auf Pigmente konzentrieren, die zum einen aus natürlichen geologischen Landschaften stammen und zum anderen von verlassenen Bergbaugeländen.

Sein Kommentar: „Beim Malen repräsentiert eine eingeschränkte Farbskala, wie sie in einer bestimmten Gegend vorherrscht, umfassend den Geist des Ortes. Gleichzeitig stellt sie westliche Vorannahmen über die Bedeutung der Malerei selbst infrage. Die Begrenztheit steht im Kontrast zum übermäßigen Konsum, der die heutige Gesellschaft prägt. Sie bekräftigt ein Gefühl der Verbundenheit zu den Naturvölkern rund um den Globus."

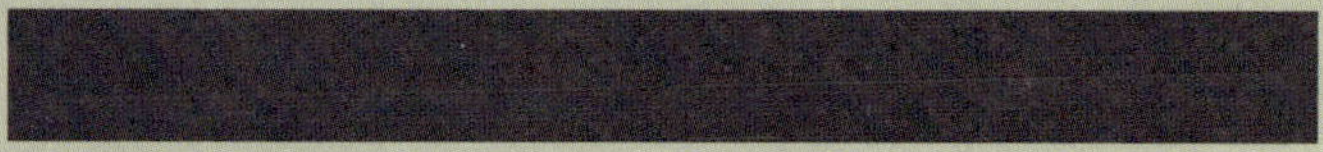

Botallack Schwarz

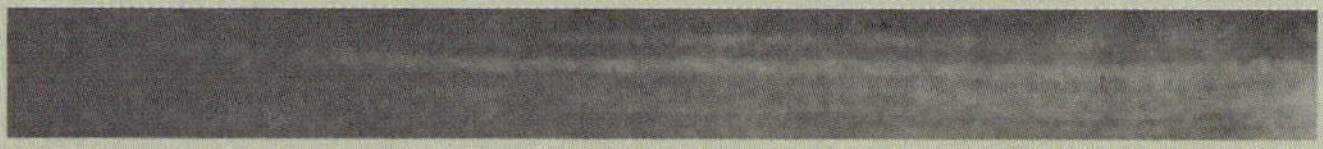

Wheal Maid Grau

Trevellas Cove Grün

Leswidden Porzellanerde

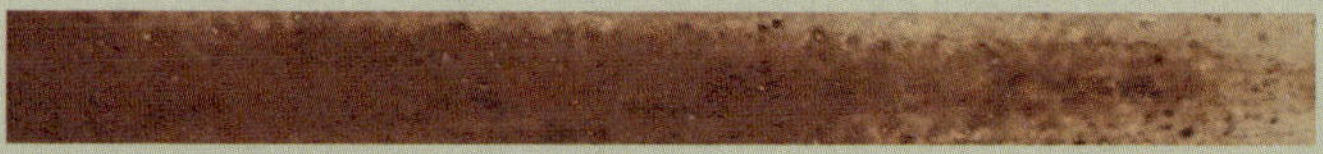

Tywarnhayle Gelber Ocker

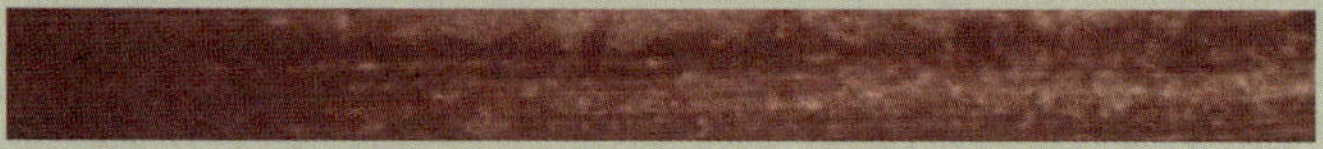

Geevor Roter Ton

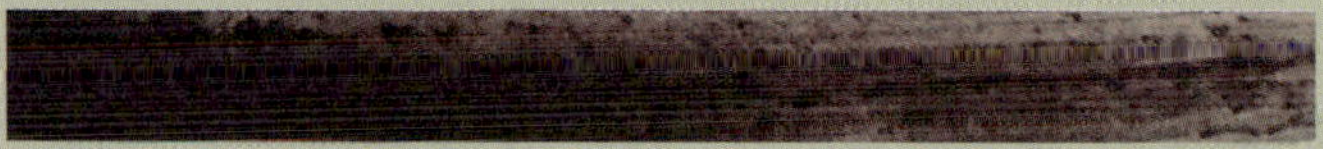

Levant Dunkelrot

Die Namen verweisen auf die Gegenden, aus denen die Pigmente stammen.

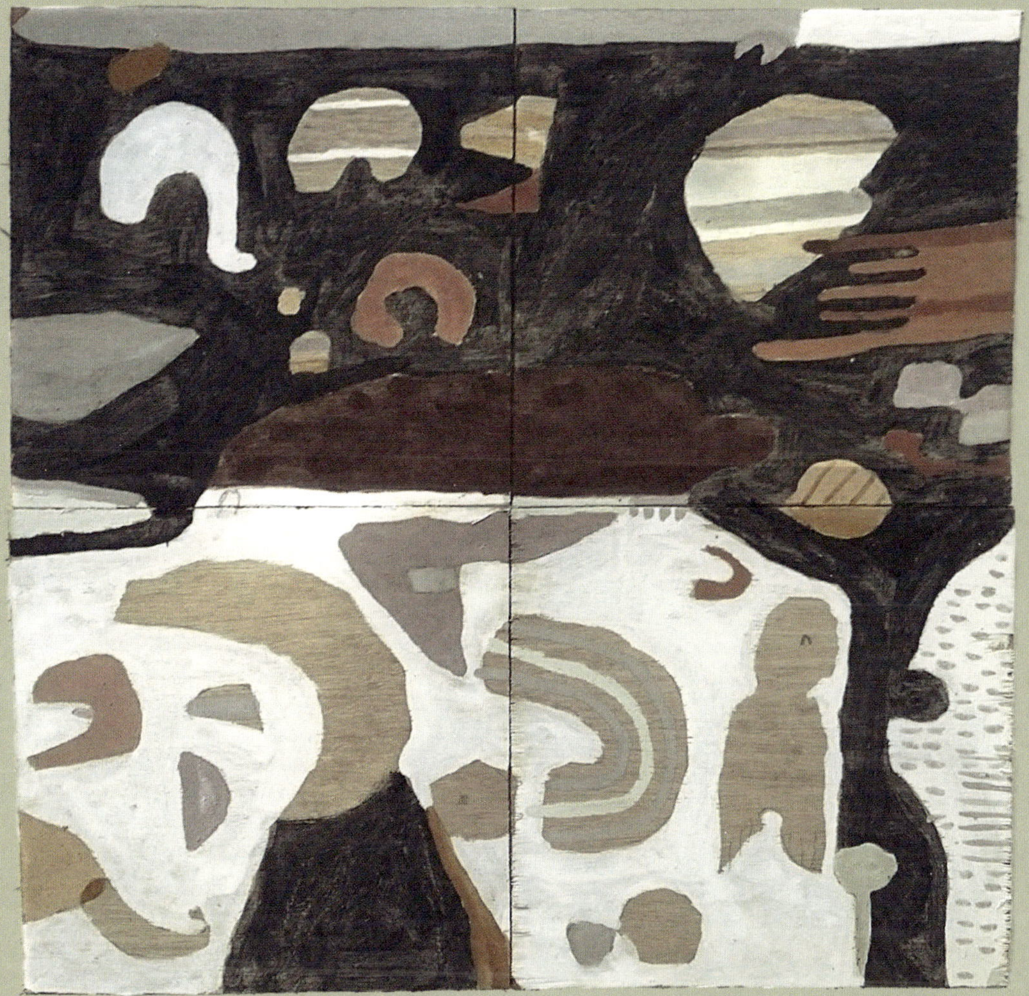

MEYN HIR DRE DEVEL YN GWELYOW, GANS ELERGH HA BUGHES HA GODHOW – PENWITH
68 × 70 cm
Erdpigmente aus Cornwall auf wiederverwendetem Brett, 2019. Der Titel bedeutet ins Deutsche übersetzt: Steine, die mit Schwänen und Kühen und Gänsen in Feldern stehen – Penwith

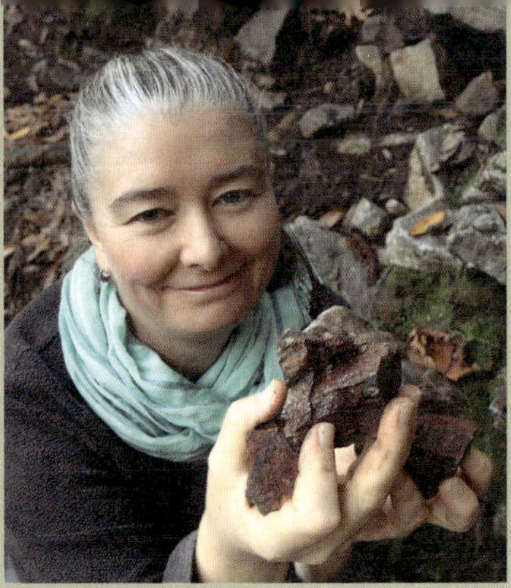

Shinehah Bigham hält einige ihrer gesammelten Rohstoffe in den Händen.

Shinehah Bighams Farbpalette

Shinehah aus den USA verwendet für ihre abstrakten und gegenständlichen Werke lokal gewonnene Naturfarbmittel aus Steinen, Ocker, Lehm und Pflanzen. Der Einsatz der handgefertigten Materialien hat das Ziel, dass die Bilder einen Eindruck der Pigmentnatur selbst vermitteln. Woraus die Werke bestehen, ist Teil dessen, worum es in ihnen geht.

Sie erklärt: „Das Land, von dem ich diese wertvollen Pigmente mit Respekt sammle, liegt in den nie abgetretenen indigenen Heimatgebieten sowohl der Awaswas als auch der Mutsun sprechenden Völker, aus denen der heutige Stamm der Amah Mutsun hervorgegangen ist."

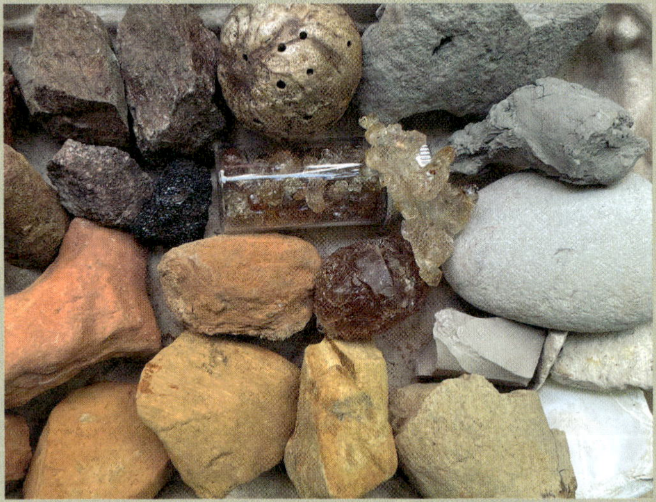

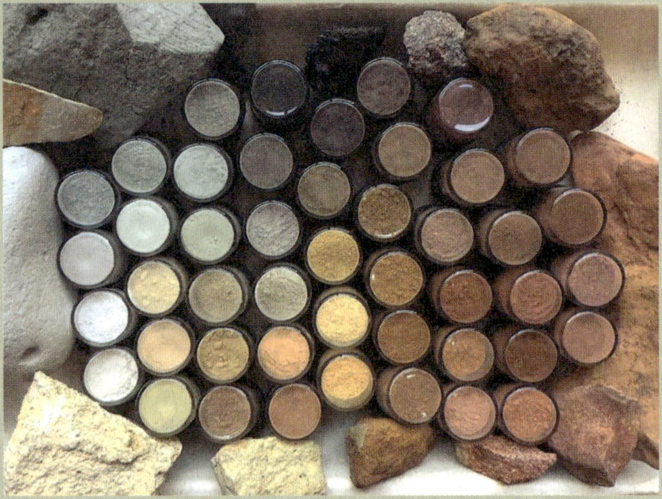

Shinehahs Pigmente und Farbstoffe

Shinehah sammelt in einem Landstrich, den die Amah Mutsun *Popeloutchom* nennen, und der in dem Gebiet liegt, das heute als Santa Cruz Country, Kalifornien, bezeichnet wird. Ihre Farbmittel stammen von wilden, windigen Klippen und ruhigen Bachläufen inmitten des Waldes wie auch 150 Meter tief aus der Erde, wenn das Graben von Wasserbrunnen sie zutage gefördert hat.

Nach dem sorgfältigen Sammeln in ihrer nahen Umgebung verarbeitet Shinehah die gefundenen Elemente durch Mahlen, Schlämmen und Anreiben zu Pigmenten (siehe oben rechts) und stellt daraus Farben in traditioneller Temperatechnik mit Eigelb-Bindemittel (siehe Seiten 108 bis 109) her. Auch Aquarellfarben mit Bindemitteln aus gesammeltem Akazien- oder Pflaumengummi produziert sie. Am Strand findet sie Steine mit Mulden, die von Bohrmuscheln verursacht werden. Diese eignen sich perfekt als Farbnäpfe, wie rechts zu sehen ist.

Eine Farbe aus Erdpigmenten kann je nach Größe der enthaltenen Pigmentteilchen eine deutlich andere Farbigkeit haben. Shinehah lässt daher manchmal ein Pigment leicht gekörnt, damit die Farbe so bleibt, wie sie in dem Stadium der Verarbeitung ist. Daraus bestimmt sich wiederum die Art oder das Mischungsverhältnis des Bindemittels, mit dem sich die Farbe vermalen lässt.

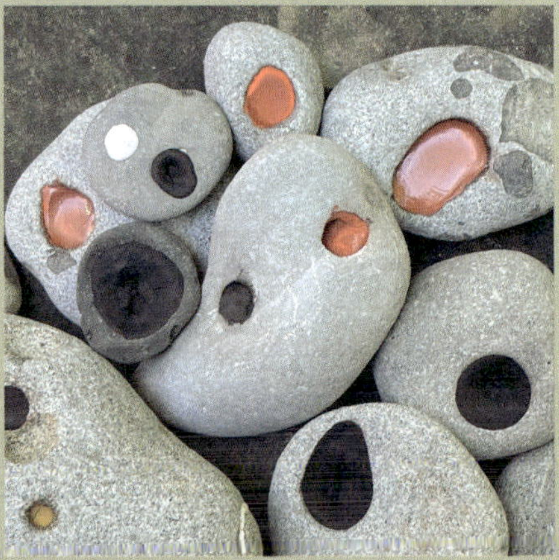

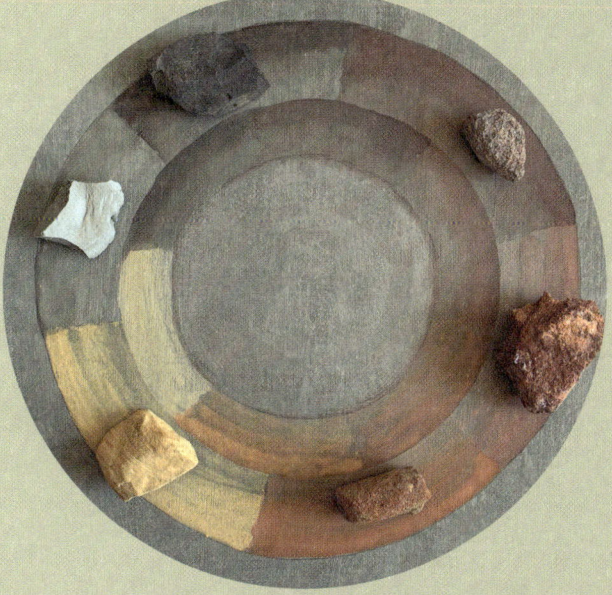

FARBRAD MIT SHINEHAHS FARBEN

Die Region, in der ich wohne, weist Unterschiede in geografischer, geologischer, wirtschaftlicher, ethnischer und kultureller Hinsicht auf. Der äußere Kreis dieses Farbrads zeigt sechs Pigmente (drei aus dem Süden und drei aus dem Norden), während der Innenkreis die Farbkombinationen zeigt, die sich durch das Mischen der nebeneinander liegenden Pigmente ergeben.

Dies wirft die Frage auf: „Ist dies eine Karte, ein Diagramm oder ein Kunstwerk an sich?"

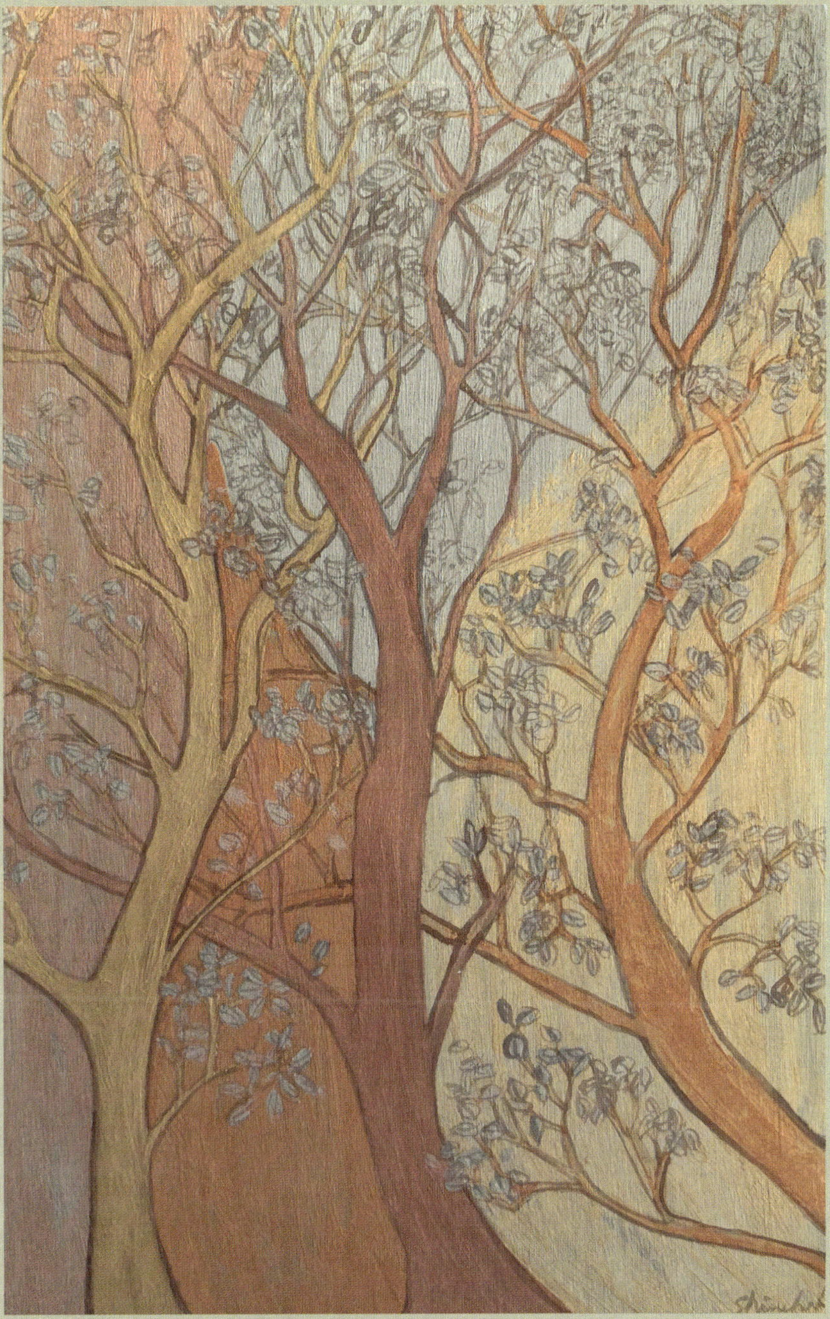

THREE OAKS 19 x 28 cm

Ocker- und Kreidepigmente in Eitempera auf heimischem Holz, mit Kreide grundiert

Gelbocker, gemahlen, von einer Meeresklippe; rosa schimmernder Glimmer, gemahlen, von einem Redwood-Waldwanderweg; orangefarbener Ocker, geschlämmt und gerieben, von einer erodierten Steilküste, und blaue Kreide von einer Brunnengrabung. Dieses Gemälde wurde mit Eigelb-Bindemittel auf eine grob mit Kreide grundierte Holzplatte gemalt. Es ist eine Studie darüber, wie sich die einzelnen Pigmente über- und nebeneinander zeigen.

Nina Cadzows Farbpalette

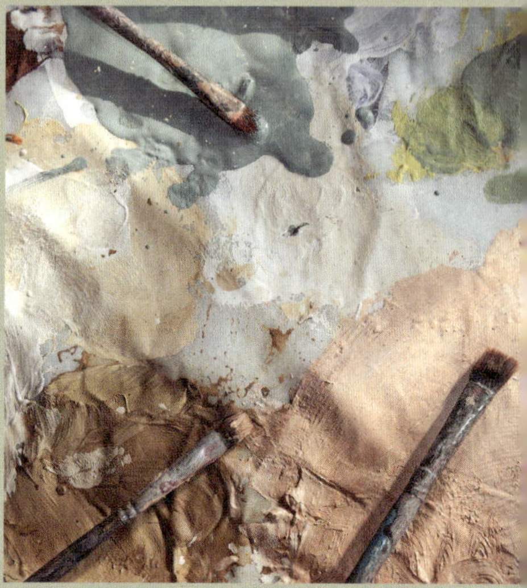

Nina liebt die Verbundenheit mit der Natur, die sie beim Sammeln von Schlamm und Steinen verspürt. Diese erinnert sie, wie sie es ausdrückt, „an die Tatsache, dass ich aus Erde bin". Die Mineralien, die sie verwendet, stammen zum einen von ihrem Wohnort im Südwesten Englands und zum anderen aus ihrem Geburtsland Australien.

Sie selbst meint: „Die Suche nach Pigmenten ist mir ebenso wichtig wie meine Kunst. Beide Prozesse befinden sich auf einem Kontinuum und können nicht einfach voneinander getrennt werden. Für meine Bilder verwende ich vor allem die Erde, auf der ich lebe. Ich lasse die Farben die Richtung bestimmen und gebe mich mit der Tatsache zufrieden, dass es Grenzen und Beschränkungen gibt."

Gleichwohl ergänzt Nina ihre Palette durch exotische Erden, wenn es ein Kunstwerk erfordert (siehe rechts). Zu diesen zusätzlichen Farben gehören gelbe Erde aus Italien, Orientrot und ein synthetisches Ultramarin – letzteres, weil sie in keinem ihrer üblichen Suchgebiete ein Blau finden konnte.

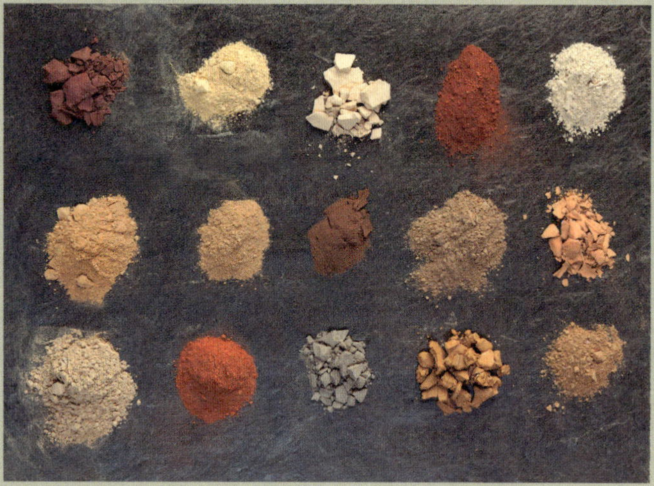

Herrliche australische Pigmente in ihrem Rohzustand. Das Sammeln von Farben, sagt Nina, „bedeutet, dass ich schöne Landschaften erwandere, unterwegs faszinierende Geschichten höre und interessanten Menschen begegne – all das sind verbindungsschaffende Akte."

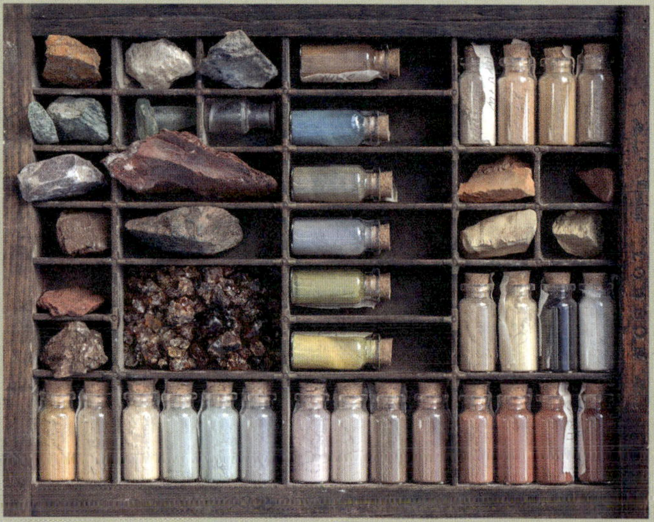

Farben zweier Kulturen

Die Farben von Mineralen und Erden sind der Oxidation und Hydratation geschuldet. Da Australien zu den älteren geologischen Formationen gehört, sind die Pigmente dort leuchtender als die in der vergleichsweise jungen Geologie Großbritanniens. Der australische Kontinent erstreckt sich über riesige Landflächen mit abwechslungsreichen Klimazonen von gemäßigt-kühl über tropisch bis hin zu ausgedorrten Wüsten.

Ninas Suchgebiet für die Pigmente erstreckt sich von Melbourne ausgehend zum nahe gelegene Yarra-Tal im heutigen Bundesstaat Victoria. Im Winter kalt und in guten Jahren dann ebenfalls feucht, ist es dort im Sommer brütend heiß. Die Region ist traditionell Land der Wurrundjeri- und Boonawurrung-Ureinwohner:innen. Nina achtet darauf, den ursprünglichen Bewohner:innen Respekt entgegenzubringen: „Indem wir uns die Zeit nehmen, die traditionellen Landbesitzer:innen angemessen zu würdigen, machen wir uns klar, dass wir auf dem Land der Ureinwohner:innen leben, arbeiten und träumen", erklärt sie.

Nina bezeichnet die Farben, die sie in Großbritannien gefunden hat, als ihre TQ-Farben, was sich auf den Postcode ihrer Adresse in Devon bezieht. Ihre TQ-Farben sind zwar nicht so kräftig wie die australischen. Sie zeigen aber eine enorme Bandbreite an tonalen Schattierungen des alles beherrschenden Rots der Erde, das die Felder um ihren britischen Wohnort herum über viele Meilen überzieht.

NINAS TQ-FARBEN

Kirschgummi vom Friedhof neben Ninas Haus; helle Rottöne von der Innenwand ihres Steinhauses; helle Kreiden und Grüntöne von den Wegen, die aus der Stadt hinaus in Richtung Harberton führen; und Signalgelb, gefunden unter einem Baum, der einem großen Sturm zum Opfer gefallen war.

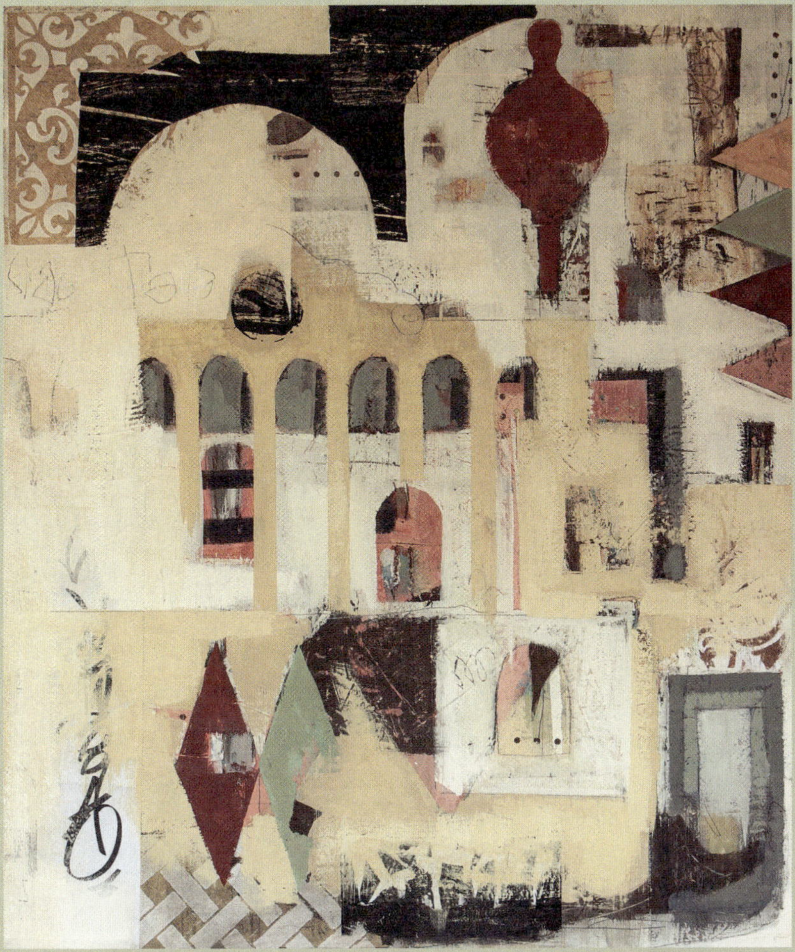

CARLTON NORTH 50 × 60 cm

Ich möchte, dass meine Arbeiten ein Gespür oder ein Gefühl für einen Ort vermitteln. Signalgelb, Toolangi-Rot, Orientrot und Ultramarin wurden hier mit Ölkreide und Collageelementen kombiniert.

Die Begegnung mit der Denkweise der australischen Ureinwohner:innen hat mich dazu gebracht, über meine eigenen Wurzeln nachzudenken – und über die meiner Mitmenschen. Wie viele von uns haben ihre Verbindung zum Land und damit auch ihre Sorge um das Land verloren?

Beim Graben nach Pigmenten und beim Stöbern auf dem Land meiner Vorfahr:innen denke ich an unsere schwindenden Ressourcen und nehme nur das, was ich vernünftigerweise verarbeiten kann.

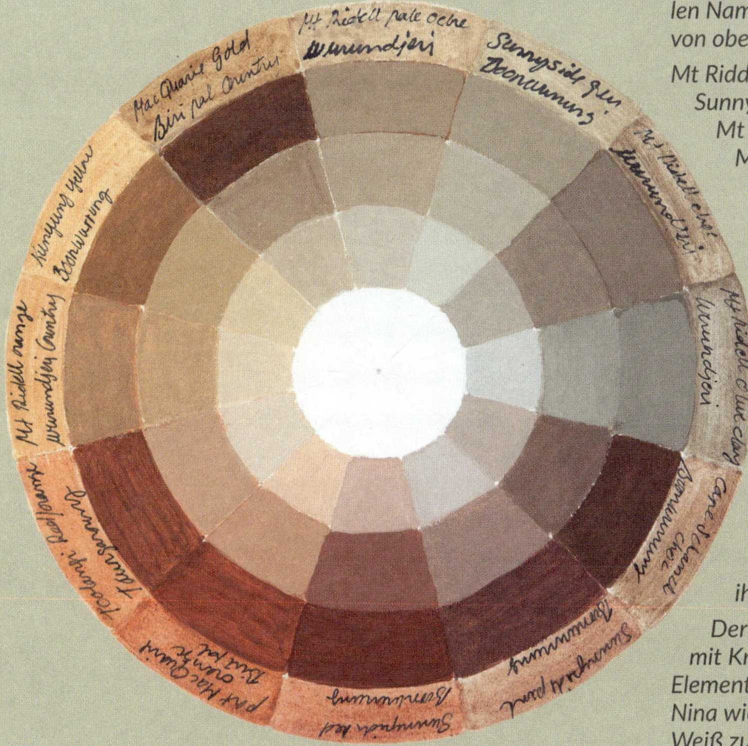

FARBRAD MIT NINAS AUSTRALISCHEN PIGMENTEN

In diesem Rad sind sowohl die englischen als auch die traditionellen Namen der Pigmentfundorte verzeichnet. Im Uhrzeigersinn von oben lautet die Beschriftung:

Mt Riddell pale ochre (blasser Ocker) – Wurundjeri;
Sunnyside grey (Grau) – Boonwurrung;
Mt Riddell chocolate (Schokoladenbraun) – Wurundjeri;
Mt Riddell olive clay (olivfarbener Ton) – Wurundjeri;
Cape Schanck chocolate earth (Schokoladenbraun) – Boonwurrung;
Sunnyside Beach pink – Boonwurrung;
Sunnyside Beach red (Rot) – Boonwurrung;
Port Macquarie orange – Biripal;
Toolangi orange – Taungarong;
Mt Riddell orange – Wurundjeri;
Kunyung Beach yellow (Gelb) – Boonwurrung;
Port Macquarie gold – Biripal

Der äußere Ring zeigt das mit Gummiarabikum vermischte Pigment, also die Farbe in ihrer durchscheinendsten Form.

Im zweiten Ring ist dasselbe Pigment zu sehen, vermischt mit Eitempera, das heißt, man sieht die Farbe in ihrer stärksten deckenden und gesättigten Form.

Der dritte und der innerste Ring beinhaltet Abtönungen des mit Kreide vermischten Pigments. Dies macht deutlich, ob das Element auf einem gelben, roten oder grauen Grundton beruht. Nina wiederum ermöglicht das, mit subtilen Abstufungen von Weiß zu spielen.

Scott Suttons Farbpalette

Das Kunststudium von Scott Sutton, heute ansässig in Taos, New Mexico, USA, beinhaltete Methoden der Farbherstellung aus Mineral- und Pflanzenpigmenten. Unter dem Namen *Pigment Hunter* ist er dabei, eine Plattform zu schaffen, auf der die Kulturgeschichte der Farbe gefeiert werden soll – insbesondere in einer Zeit, in der man sich rückbesinnt auf ein Leben in Partnerschaft mit der Natur.

Er hat die Vision eines Lernorts mit Workshopräumen, einem Galerieraum für Kunst mit naturbezogenen Inhalten und einem Residenzprogramm für Künstler:innen, deren Leben und Schaffen eine intensive lokale Verbundenheit und Sensibilität zum Ausdruck bringt.

Die nebenstehende Arbeit (Teil eines größeren Werks, das im *Taylor Ranch Community Center* zu sehen ist) wurde von seinem Abschluss in Landschaftsarchitektur beeinflusst und zeugt gleichfalls von seinem Interesse für Kartierung, 3-D-Grafikdesign und Modellierung mit der CNC-Fräse.

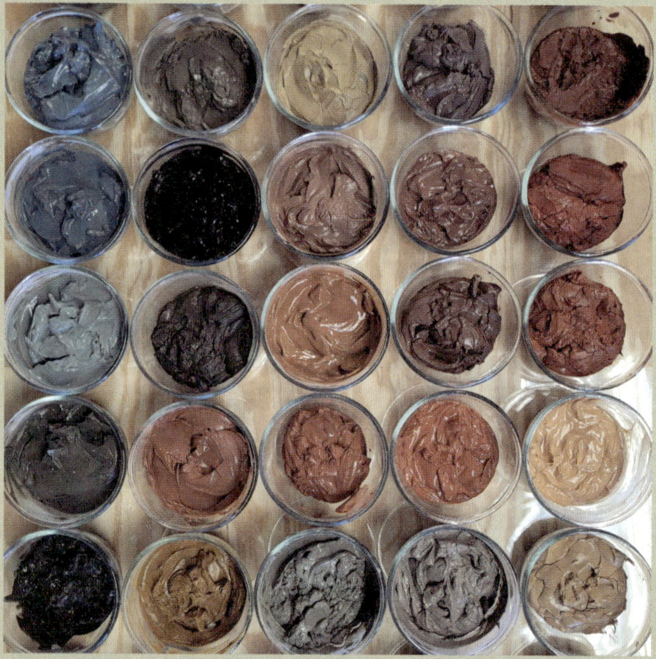

Scotts Pigmente und Farben

Bei den links abgebildeten Farben handelt es sich um Eitempera (siehe Seite 108) aus Standöl-Bindemittel und Mineralpigmenten, gesammelt im mittleren Rio-Grande-Becken, sowie japanischen Indigo, der im Oberlauf des Flusses wächst. Letzterer sorgt für die Blautöne, während die Mineralpigmente die Rot-, Gelb-, Orange-, Braun-, Schwarz- und Weißtöne liefern.

Die meisten Minerale in diesem Gebiet sind eisenhaltig und variieren – je nach ihrer chemischen Zusammensetzung – ihre Farbe. Wasserfreies Eisenoxid, auch als Hämatit bekannt, liefert verschiedene Rottöne, während sich wasserhaltige Eisenoxide – wie Limonit oder Goethit – für verschiedene Gelbtöne verantwortlich zeichnen. Andere natürliche Elemente – wie Mangan – verbinden sich mit den Eisenoxiden zu dunkleren rötlichen Farben sowie Violett- und Brauntönen.

Neben diesen Pigmenten verwendet Scott Kohle für Schwarz, Kalkstein für Weiß oder Grau und arbeitet in manche seiner Farben Glimmerteilchen ein, um ihnen einen unvergleichlichen Glanz zu verleihen.

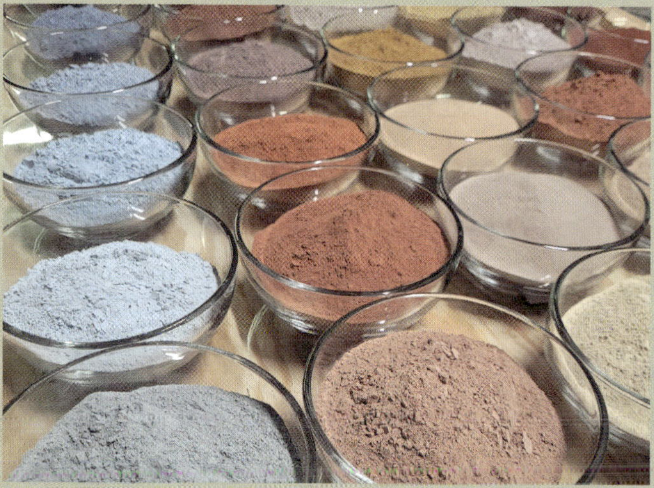

Die Mineralpigmente aus dem Rio-Grande-Becken wurden von Hand gesammelt und verarbeitet.

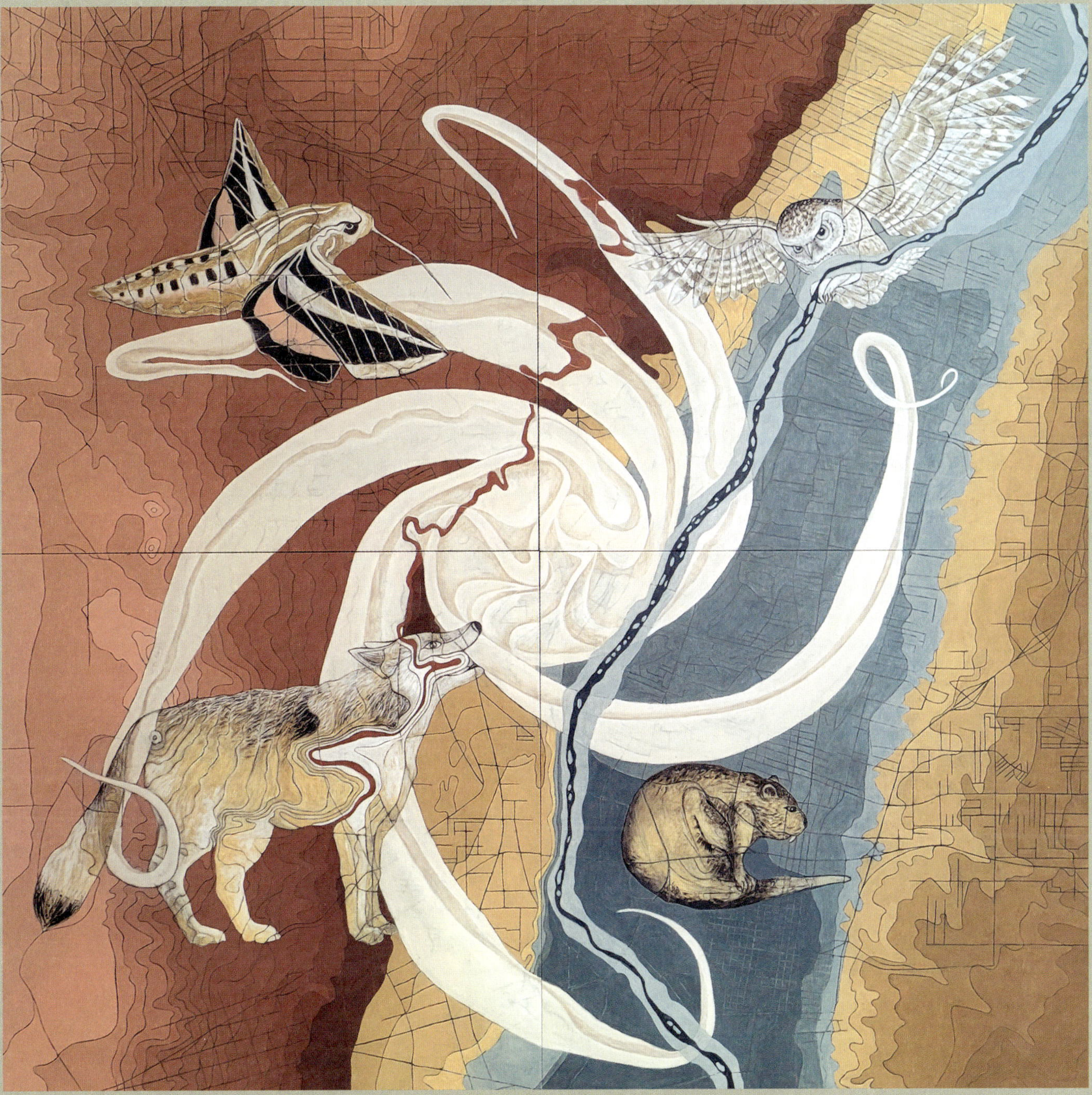

NOCTURNAL SUBTERRANEAN SPECIES OF THE RIO GRANDE BOSQUE
244 × 244 cm

Diese geografische/topografische Karte ist Teil eines drei Paneele umfassenden Triptychons und befasst sich mit dem Taylor Ranch Community Center und den Vulkanen des Petroglyph National Monuments sowie dem Rio Grande Bosque (einem Waldgebiet). Die Karte zeigt die Straßen, die die Landschaft durchkreuzen, die Höhenlinien, den Verlauf der hydrologischen Systeme und den vielfältigen ökologischen Lebensraum.

Alle Tierarten auf diesen Tafeln sind nachtaktiv, darunter sind solche, deren Reviere in den Boden gegraben sind, und solche, die darüber fliegen. Im Mittelpunkt des Bildes steht die nachtblühende Datura-Pflanze, die dem Volk der Havasupai in dieser Region heilig ist. Sie ist als Spirale dargestellt, die sich gerade öffnet und dem Taubenschwänzchen Nektar liefert.

Die anderen Arten, die Eule, der Biber und der mexikanische Grauwolf, sind alle im Bosque-Waldgebiet) oder in den nahe gelegenen Bergen heimisch.

JENSEITS VON AQUARELL

Vermischen Sie Ihre Pigmente mit anderen Trägermitteln, so erzielen Sie andere optische Effekte. Unterschiedliche Bestandteile erzeugen unterschiedliche Arten von Malfarben, angefangen von der deckenden, samtigen Gouache bis zur intensiven Tempera. Kunst entwickelt sich fortlaufend neu und so können auch Sie wachsen und forschen. Mit meiner Kreation *Veglair* (siehe Seite 112) zeige ich das beispielhaft auf.

Gouache

Gouache oder Plakatfarbe ist eine Aquarellfarbe unter Zusatz von Kreide oder einem anderen Füllstoff, der Körper und Deckkraft verleiht. Sie lässt sich problemlos mit anderen Aquarellfarben mischen.

Geben Sie folgende Mischung zusammen: Einen Teil des vorbereiteten Pigments Ihrer Wahl, bis zu einem Teil pulverisierte Kreide, Kalk oder gewaschene und gemahlene Eierschalen sowie einen Teil Ihres selbst hergestellten Aquarellbinders. Mischen Sie alles gut durch und testen Sie auf Papier, wie sich die erhaltene Farbe verstreichen lässt. Wir wollen eine undurchsichtige, streichfähige Farbe, die gut deckt und nicht streifig auftrocknet. Um die Streichfähigkeit dünn- oder dickflüssiger zu machen, fügen Sie entsprechend entweder mehr Wasser oder mehr Pigment hinzu. Nach dem Trocknen reiben Sie über die Farbe und prüfen so ihre Festigkeit: Sollte sie sich verwischen lassen, fügen Sie Ihrem Rezept mehr Bindemittel hinzu. Um die richtige Konsistenz und Deckkraft zu erzielen, benötigen Sie möglicherweise für jedes Pigment eine andere Menge an Kreide oder Bindemittel.

Gouache wird feucht und gebrauchsfertig gelagert. Wenn Sie die Gouache angemischt haben, kümmern Sie sich um Ihre finalen Notizen, fügen der Mischung ein oder zwei Tropfen antimikrobielles ätherisches Öl hinzu und rühren es gründlich ein. Dann füllen Sie die Farbe in ein makellos sauberes Gefäß, das Sie gut beschriften. Bei Aufbewahrung im Kühlschrank oder an einem kühlen Ort können Sie auf das ätherische Öl verzichten.

Sie benötigen

/ fein gemahlene Kreide (alternativ: kohlensauren Kalk – ausgefälltes Calciumcarbonatpulver – oder gemahlene Eierschalen)

/ gebrauchsfertiges Pigment

/ Aquarellbindemittel

/ Teelöffel

/ Sieb

/ Schale

/ glatte Arbeitsfläche

/ Palettenmesser

/ kleine saubere Deckelgläser zum Aufbewahren der Farbe

/ Pinsel und Papier

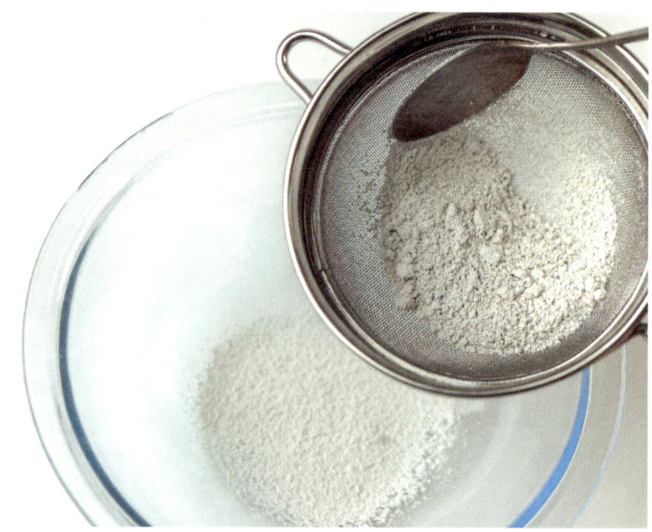

1 Etwas zerkleinerte Kreide mit der Rückseite eines Teelöffels durch ein Sieb streichen.

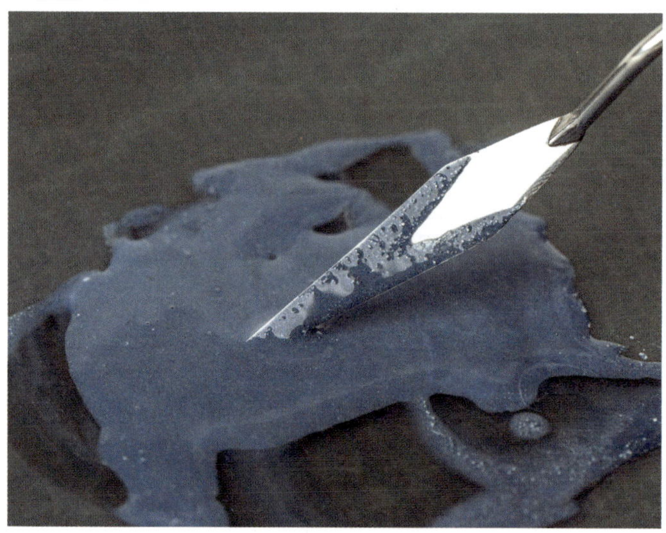

2 Auf einer glatten Fläche mit dem Palettenmesser einen Teil feingemahlenes Pigment mit einem Teil gesiebter Kreide und einem Teil Aquarellbindemittel vermischen.

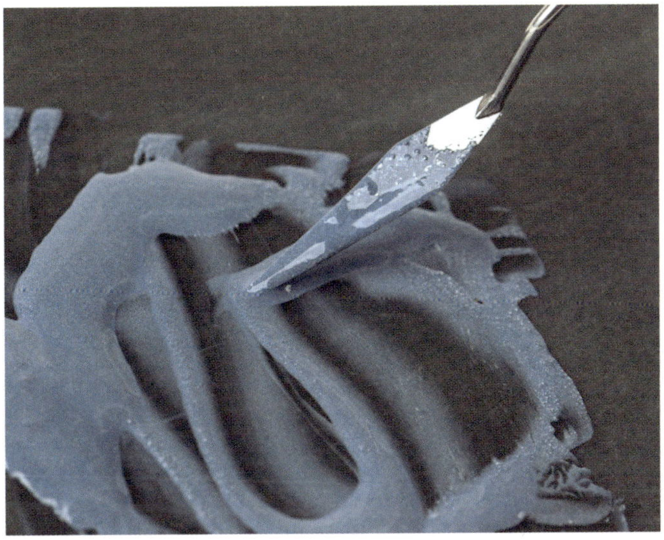

3 Bis die Gouachefarbe deckend ist, müssen Sie möglicherweise mehr Kreide hinzufügen, bis die Farbe die gewünschte Konsistenz zeigt.

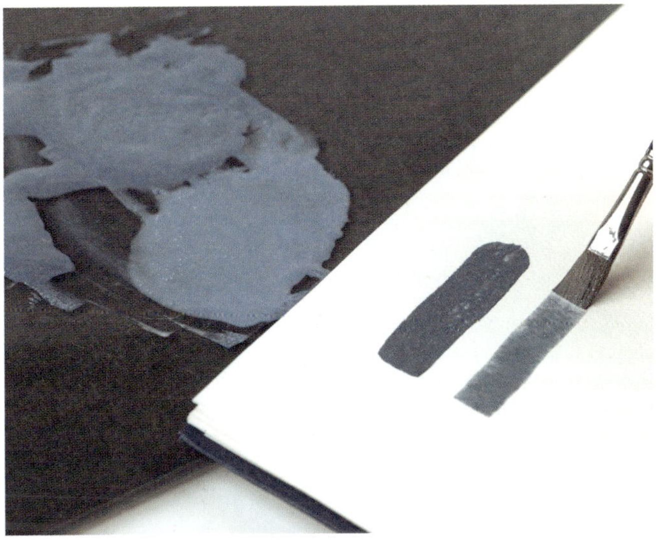

4 Die gebrauchsfertige Farbe ist in der Regel etwas dicker als Aquarellfarbe.

Malen mit Gouache

Gouache ist eine ausgezeichnet deckende Allzweckfarbe, die bei relativ trockenem Auftrag sogar ein wenig Überlagerung und Übermalung zulässt. Sie ist daher ein guter Ersatz für Acrylfarben, vor allem für Kinder, die einfach auf Papier malen wollen und keine Nachbearbeitung im Sinn haben.

Gouache, so angerührt, wie im Buch hier beschrieben, ist unbegrenzt haltbar, wenn sie an einem kühlen, dunklen Ort gelagert wird. Sollte sie einmal antrocknen, fügen Sie einfach etwas Wasser hinzu, mischen die Farbe gut durch und schon ist sie wieder streichfähig. Gouache ist ideal, wenn Sie Karten anfertigen oder Bastelmaterialien gestalten, denn auf Karton und festerem Papier kann sie wunderbar verwendet werden.

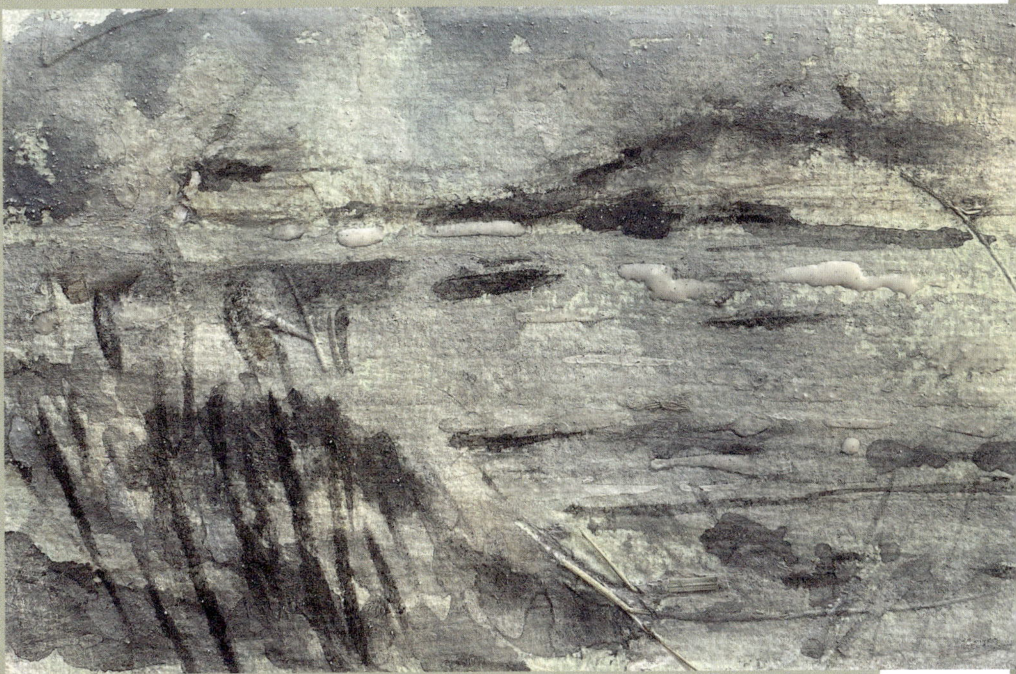

BLICK AUF DIE INSEL MULL (SKIZZE)
Vivianit- und Kreidegouache mit Details in Kohle auf aquarelliertem Malachitgrund

Eitempera

Sie benötigen

/ ein Ei
/ gebrauchsfertiges Pigment
/ weißen Essig
/ Messlöffel
/ kleine Schüssel
/ Glas mit Deckel
/ Pinsel und Papier

Eitempera ist ein vielseitiges Malmaterial, das Acryl in vielen Fällen ersetzen kann. Die Farbe wird mit Eigelb angerührt, ist schön, alterungsbeständig und einfach anzuwenden. Bis zum Aufkommen der Ölmalerei wurde in der europäischen Tafelmalerei vorherrschend Temperafarbe verwendet. Obwohl Temperafarbe wasserlöslich ist, handelt es sich um eine Emulsion aus winzigen Öltröpfchen in Flüssigkeit. Im Gegensatz zu den mit Gummibindemittel angerührten Aquarellfarben wird Tempera frisch vor der Verwendung zubereitet. Es gibt zahllose Rezepte für die Herstellung von Eitempera, darunter solche, bei denen Weißwein oder Weißweinessig zum Einsatz kommt. Ich habe großartige Ergebnisse und glänzende, geschmeidige Farben nur mit Eigelb und Wasser erzielt, sehen Sie daher selbst, was für Sie am besten funktioniert.

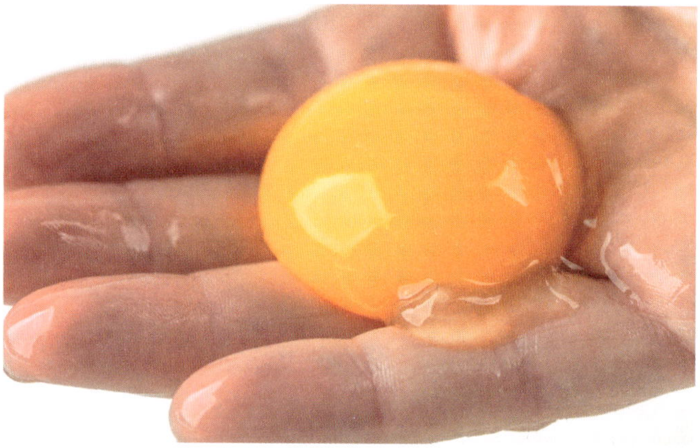

1 Ein Ei so trennen, dass das Eigelb in der Handfläche liegt (das Eiweiß kann als Bindemittel verwendet werden, siehe Seite 110).

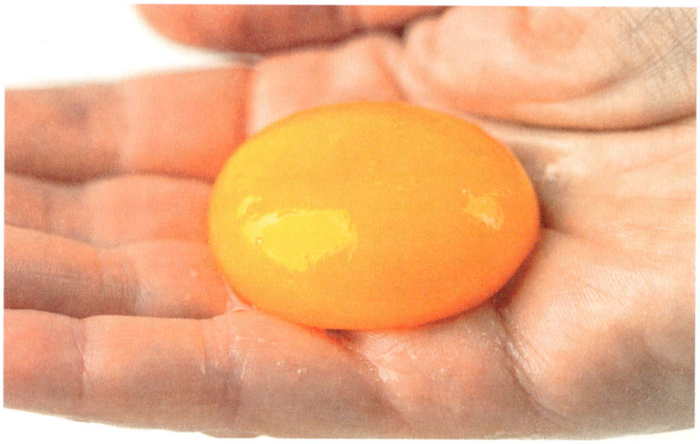

2 Rollen Sie das Dotter mehrmals vorsichtig von Hand zu Hand, um den Dottersack zu trocknen. Ist er weniger glitschig, lässt er sich leichter anheben.

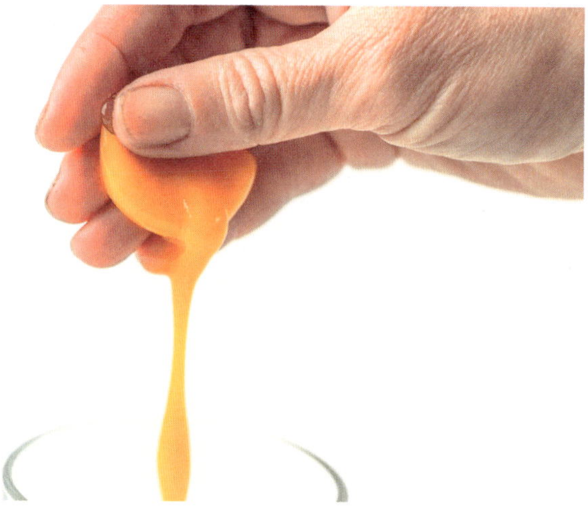

3 Halten Sie das Eigelb über das Glas und drücken Sie es vorsichtig zwischen zwei Fingern zusammen, bis es aufbricht und das Eigelb in das Glas läuft. Die leere Dotterhülle können Sie entsorgen.

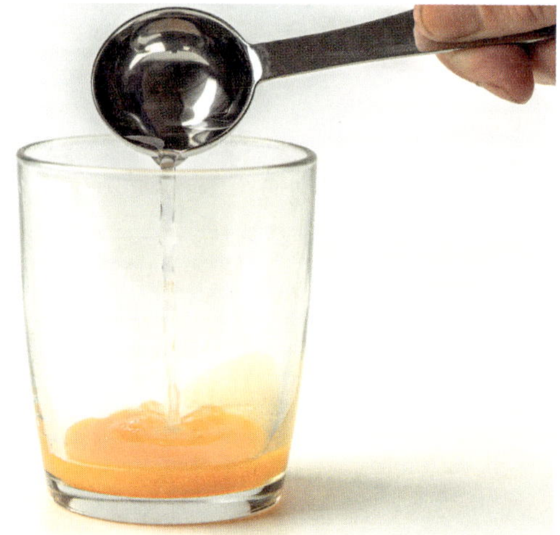

4 Geben Sie bis zu doppelt so viel weißen Essig wie Eigelb in das Glas und verschließen sie dieses gut. Schütteln Sie das Glas kräftig, um die Menge zu emulgieren. Die fertige Emulsion ist Ihr Temperabindemittel.

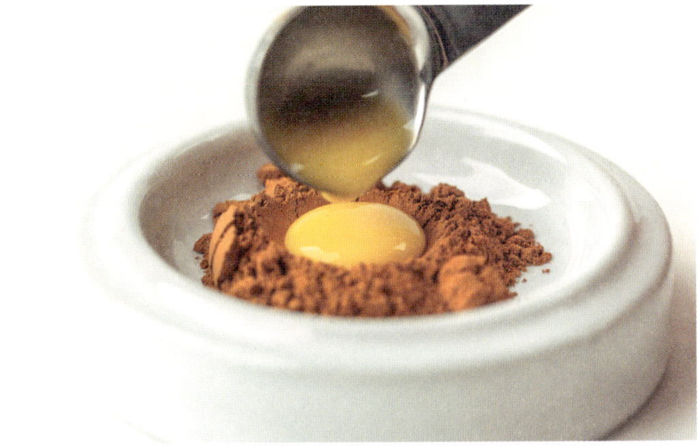

5 Um die Farbe herzustellen, beginnen Sie mit gleichen Teilen Temperabindemittel und vorbereitetem Pigment und vermischen beides wie bei den Aquarellfarben (zum Nachlesen siehe Schritt 4 auf Seite 77).

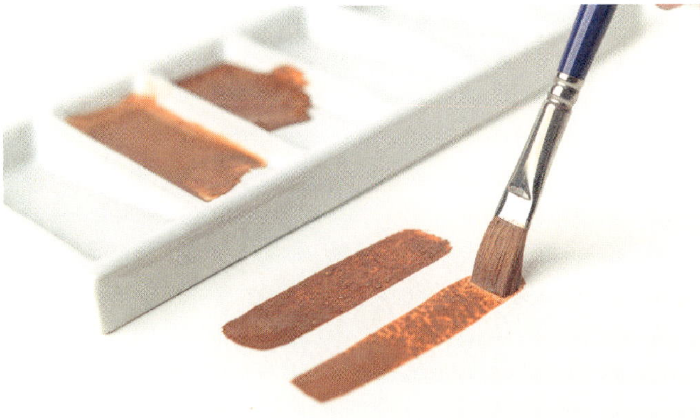

6 Zum Verdünnen fügen Sie der Mischung Wasser hinzu und schon ist Ihre Temperafarbe gebrauchsfertig. Sie kann mehrere Wochen im Kühlschrank aufbewahrt werden: Ein kurzes Riechen daran zeigt, ob sie noch in Ordnung ist.

Malen mit Tempera

Die klassische Maltechnik mit Temperafarben besteht darin, in einzelnen winzigen Pinselstrichen Farbe auf eine sorgfältig vorbereitete Gesso-Grundierung aufzubringen. Farbübergänge entstehen in der Wahrnehmung, es findet eine optische Mischung der gestrichelten einzelnen Farben statt. Sie können Tempera aber auch als flächiges Malmedium auf gutem Papier verwenden, genauso wie Gouache, Aquarell oder flüssiges Acryl.

Die einmal auf Papier gebrachte Temperafarbe lässt sich nicht noch einmal befeuchten oder verändern. Man kann sie lediglich nach dem vollständigen Trocknen übermalen; daher ist die sorgfältige Vorbereitung entscheidend. Sie sollten für jede Farbe, die Sie verwenden möchten, kleine Mischgefäße bereitstellen, damit Sie während des Malens nach und nach jede Farbe separat vorbereiten können. Eine Keramik-Mischpalette mit runden Mulden, die wie Blütenblätter um eine zentrale Vertiefung angeordnet sind, leistet gute Dienste.

Halten Sie Ihren Behälter mit der Temperaemulsion und Gläser mit sauberem Wasser griffbereit: ein Glas zum Pinselreinigen und eines, um mit der Pipette Wasser zum Verdünnen der Mischungen zu entnehmen. Auch sollten Sie sich mehrere Pinsel zurechtlegen, um die Farben getrennt voneinander anmischen zu können. Schließlich benötigen Sie ein Blatt Papier zum Testen von Farbe und Konsistenz.

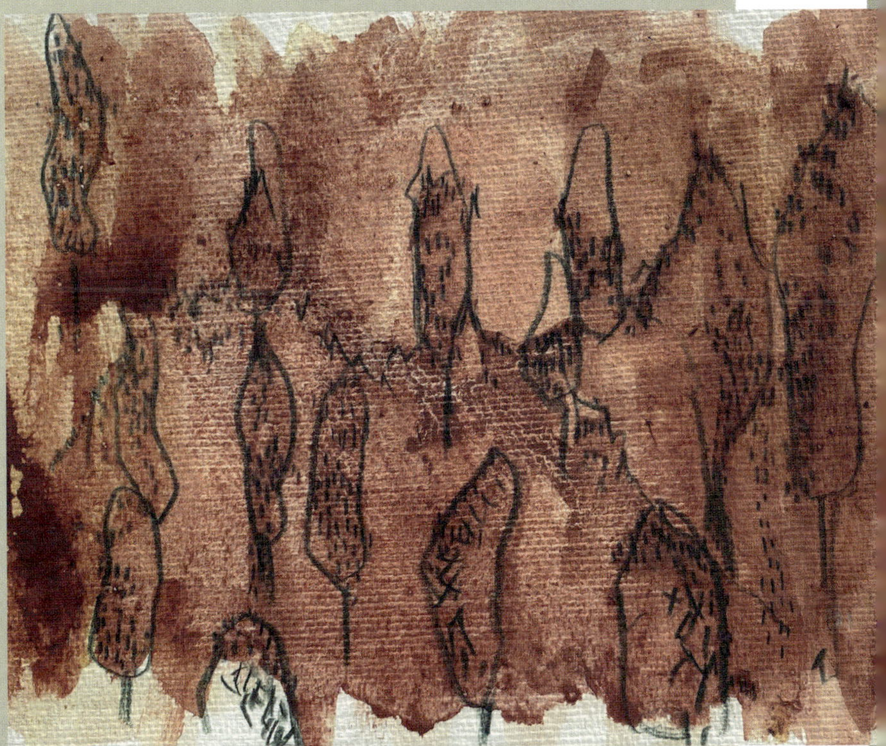

SKIZZE EINER MEDITERRANEN HÜGELLANDSCHAFT

Hergestellt mit Ocker in Temperabindemittel und Details in Aquarellstift

Eikläre

Das Bindemittel aus Eiweiß ist transparent mit leichtem Glanz. Es hat eine ähnliche Wirkung und einen ähnlichen Strich wie Aquarellfarbe, trocknet aber mit etwas mehr Glanz auf. Es ist ein vielseitiges Produkt, das schon im Europa des Mittelalters als Bindemittel in der Buchmalerei, auf Pergament und für die Schnittvergoldung neben Eitempera, Gummiarabikum, Kirschgummi, Haut- und Hausenblasenleim (Fischleim) Verwendung fand.

Sie benötigen

/ Eier
/ gebrauchsfertiges Pigment
/ weißen Essig
/ große saubere Rührschüssel
/ elektrisches Rührgerät (oder Schneebesen)
/ Küchenspatel
/ sauberes Glas
/ Messlöffel
/ steriles Vorratsgefäß mit Deckel
/ Pinsel und Papier

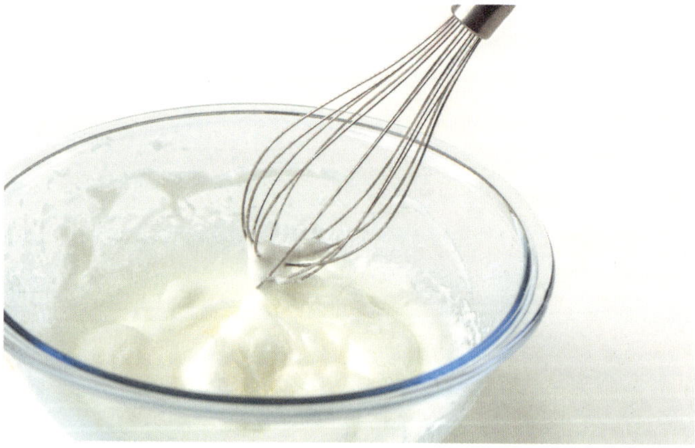

1 In einer großen Schüssel das Eiweiß zu steifem Schnee schlagen und beiseitestellen. So lange ruhen lassen, bis sich unter dem Schaum eine klare Flüssigkeit bildet; das dauert zwischen einer halben und zwei Stunden.

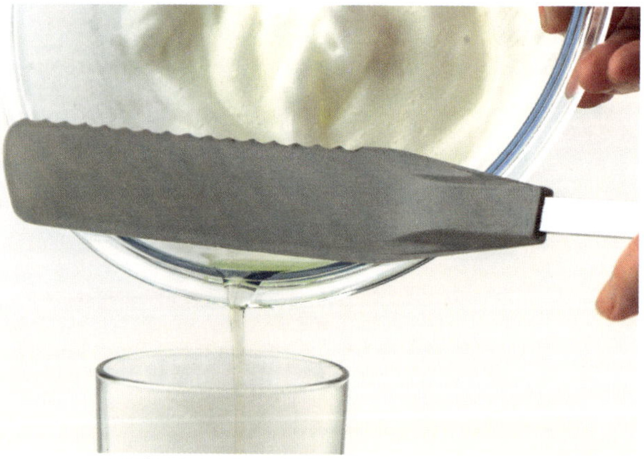

2 Mit einem Spatel den Schaum zurückhalten und etwa alle halbe Stunde die klare Flüssigkeit, die sich am Boden immer wieder absetzt, in ein sauberes Glas abgießen und in den Kühlschrank stellen. Nach ein paar Stunden gibt der geschlagene Eischnee keine Flüssigkeit mehr ab und kann weggeschüttet werden. Die Flüssigkeit im Glas ist die Eikläre.

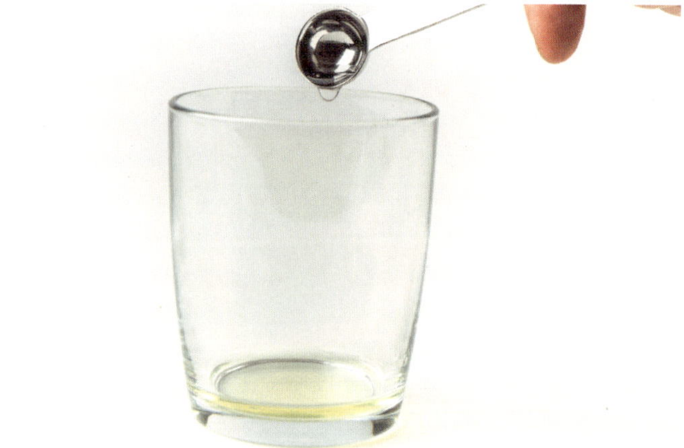

3 Nur einen Tropfen Essig zur Haltbarmachung hinzufügen und das Bindemittel ist fertig.

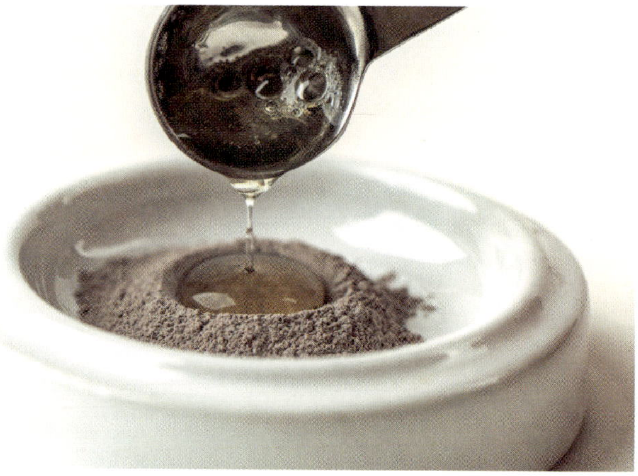

4 Um damit eine Farbe anzurühren, beginnen Sie mit gleichen Teilen Eikläre und gebrauchsfertigem Pigment und vermischen beide wie auf Seite 77 beschrieben.

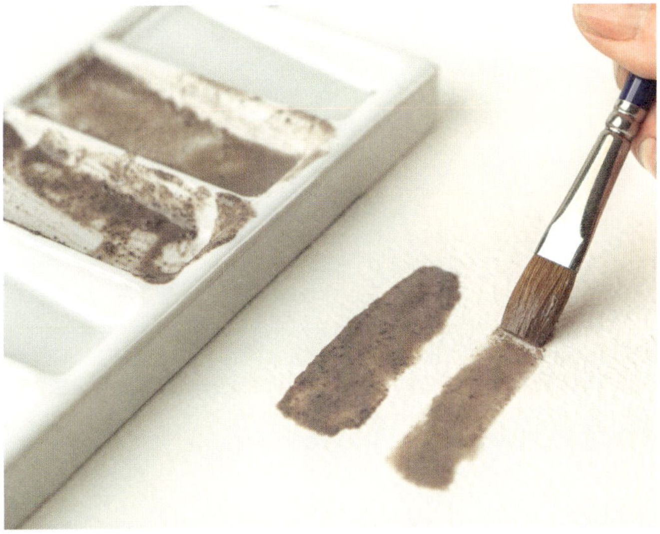

5 Mit Wasser auf die gewünschte Stärke verdünnen, dann wie Aquarellfarbe verwenden. Die Eikläre hält sich einige Wochen im Kühlschrank, da ich aber den Geruch von frischem Binder bevorzuge, brauche ich älteren auf. Anstatt ihn zu lange aufzubewahren, fertige ich Ockergrundierungen für Zeichnungen auf Vorrat an.

Malen mit Eikläre

Ich verwende Farben mit Eikläre zum Malen kleiner, detailreicher Arbeiten, da sie weniger verläuft als Aquarellbinder und nicht so stark glänzt wie Tempera. Wenn man beim Malen mit einem Pigment zwei unterschiedliche Farbtöne erzeugen möchte, kann man mit Eikläre einen kühleren und mit Tempera einen wärmeren Farbton erzielen. Dies lässt sich, wie ich von Daniel Chatto gelernt habe, mit sehr gutem Ergebnis bei Landschaftsmalereien mit Grünerde (Terre Verte) im Hintergrund anwenden. Kommt hier die Tempera- vor der Eiweißfarbe, wird die Illusion einer atmosphärisch bedingten Distanz erzeugt.

Für sehr detailreiche Arbeiten in kleinem Maßstab kann Eikläre pur zum Einsatz kommen, da sie so eine feine cremige Konsistenz besitzt. Für das Malen auf Papier verwende ich sie gerne verdünnt, in der Regel ein Teil Eikläre zu einem Teil Wasser, damit sie sich mehr wie Aquarellbinder verhält. Ich habe mit starker Verdünnung experimentiert und selbst dann bleibt das Pigment noch gut an dem Papier.

Was ich noch festgestellt habe: Eikläre kann verdünnt auch als Fixiermittel für Pastellkreiden genutzt werden. Man kann entweder das ganze Blatt Papier leicht anfeuchten, bevor man damit zeichnet, oder man verwendet eine Spritzpistole oder einen Pumpzerstäuber, um die fertige Zeichnung leicht zu besprühen. Es verfärbt sich nicht, riecht nicht, ist einfach und ungiftig in der Anwendung.

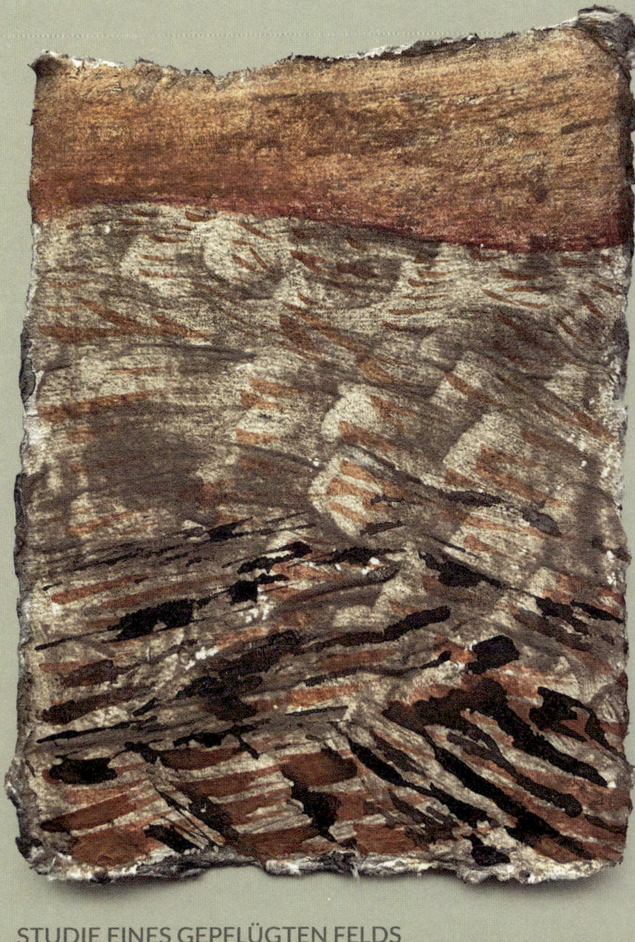

STUDIE EINES GEPFLÜGTEN FELDS

Tyneham Violett, Cochenille und Clearwell Gelbocker in Eikläre mit Eisengallustinten-Details auf Khadi-Hadernpapier

Veganes Bindemittel

2017 begann ich mit veganen Alternativen zu Eiern zu experimentieren. Aquafaba (das proteinreiche Wasser, das nach dem Kochen von Bohnen oder Kichererbsen übrigbleibt) war mir aus Kochzeitschriften gut bekannt. Nachdem ich gesehen hatte, wie es für die vegane Küche äußerst fotogen zu steifem Schnee aufgeschlagen wurde, kam mir ein Gedanke: Könnte man es vielleicht auch als Malmittel verwenden? Nach einigem Experimentieren stellte sich heraus, dass Aquafaba besser funktionierte als alle anderen pflanzlichen Bindemittel, die ich ausprobiert hatte. Und zudem war es noch viel schneller aufbereitet.

Ich suchte nach einem Namen für das, was ich hergestellt hatte. Und da ich nirgends einen fand, taufte ich es auf den Namen Veglair, eine Zusammensetzung aus vegan und Glair, der englischen Bezeichnung für Eikläre. Aquafaba als Bindemittel ist ein sehr mattes Medium, dem man mit Aquarellfarbe vermischt, etwas mehr Glanz verleihen kann. Für die hohe Kunst würde ich wahrscheinlich Kirschgummi als mattes Medium und Gummiarabikum als stärker glänzende pflanzliche Variante dem Aquafaba-Binder vorziehen. Ich habe Aquafaba jedoch in das Buch aufgenommen, um Sie zum Experimentieren mit dem zu ermuntern, was Sie ohnehin zur Hand haben.

Sie benötigen

/ eine Dose weiße Bohnen wie Cannellini, Butterbohnen oder Kichererbsen
/ gebrauchsfertiges Pigment
/ Wasser
/ Leinöl aus dem Kunstbedarf (wahlweise)
/ Messbecher
/ Sieb
/ große saubere Rührschüssel
/ elektrisches Rührgerät (oder Schneebesen)
/ Tee- oder Messlöffel
/ Vorratsgefäß mit Deckel
/ Pinsel und Papier

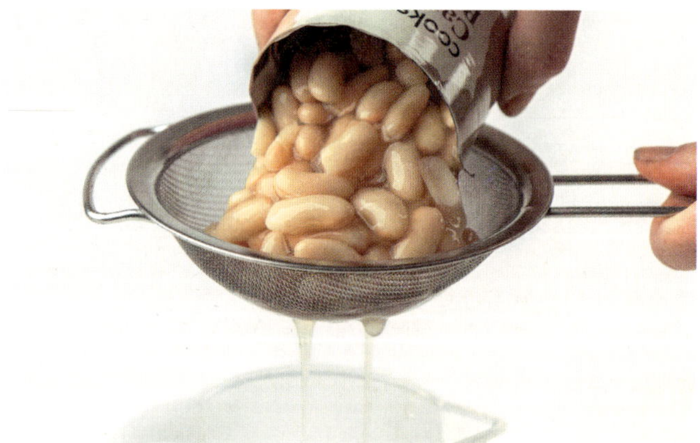

1 Cannellini-Bohnen durch ein Sieb in den Messbecher gießen. Es können alle weißen Bohnen verwendet werden, aber Cannellini-Bohnen haben den höchsten Proteingehalt und eignen sich daher am besten.

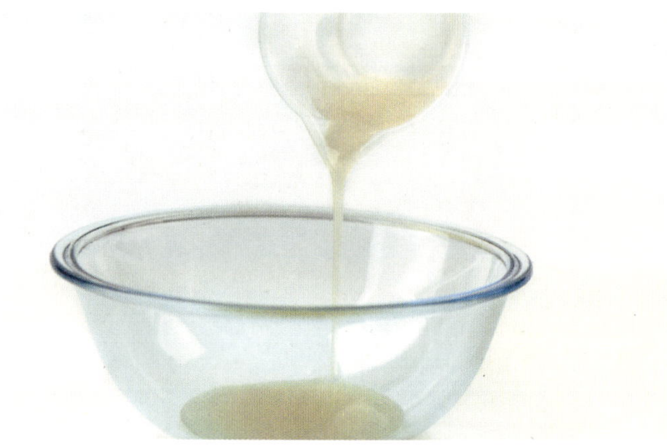

2 Absetzen lassen, dann die klare Flüssigkeit in eine Schüssel abgießen und dabei alle festen Partikel zurückhalten. Dieser Abguss kann so verwendet werden, wie er ist, er verleiht der fertigen Farbe jedoch einen sehr matten Effekt.

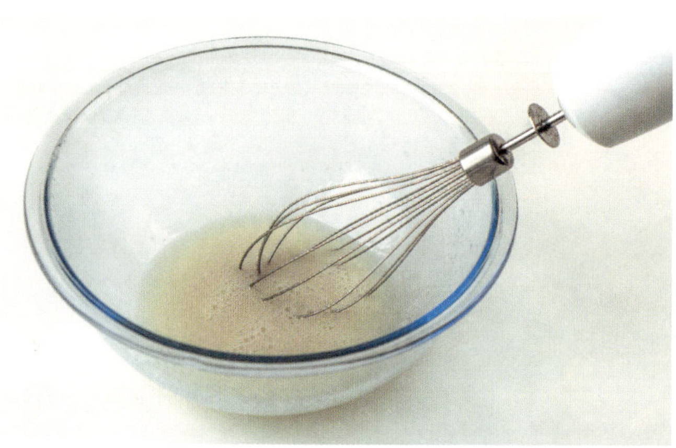

3 Um einen ähnlichen Glanz wie bei Eikläre zu erzeugen, rühren Sie das Dosenwasser mit zwei Teelöffel Leinöl und dem Rührgerät oder Schneebesen auf. Geben Sie vier Teelöffel Leinöl hinzu, wenn Sie den Glanz der Eitempera erreichen möchten. Durch die Zugabe des Öls entsteht eine Emulsion (Fett und Eiweiß in Suspension).

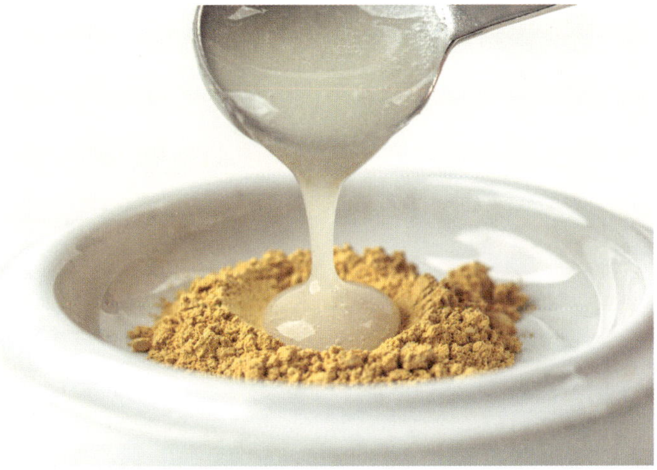

4 Zum Anfertigen der Farbe vermengen Sie gleiche Mengen Veglair und gebrauchsfertiges Pigment.

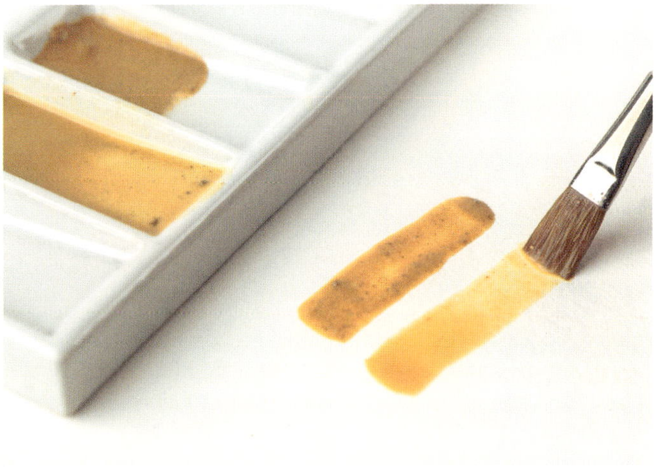

5 Mit Wasser auf die gewünschte Stärke verdünnen.

Malen mit Veglair

Der Aquafaba-Binder kann in ähnlicher Weise wie Eikläre verwendet werden (siehe Seite 111). Folgende Hinweise werden Ihnen bei der Erkundung helfen:

Viskosität Veglair ist weniger bindend als Eikläre, daher verdünne ich es nicht sehr stark, wenn überhaupt. Bei zu dünner Verwendung kann das Pigment vom Malgrund abrieseln. Wenn Sie zu Hause Bohnen kochen oder Flüssigkeit von mehreren Dosen zur Verfügung haben, versuchen Sie, die Flüssigkeit durch leichtes Köcheln einzudicken: Der abgekühlte Binder erhält dadurch bessere Haftfähigkeit.

Zusätze Um etwas mehr Glanz zu erzielen, können Sie der Mischung ein wenig Gummiarabikum-Lösung zusetzen oder am Ende als Glasur auftragen. Geben Sie mit einem elektrischen Rührgerät oder Schneebesen etwas Leinöl in das Gemisch, was die Farbe geschmeidiger und fließfähiger macht; Veglair bleibt emulgiert, ähnlich wie Öle im Eigelb. Die Farbe braucht etwas länger zum Trocknen als mit reiner Eikläre oder zugesetztem Gummi.

Ökologische Unbedenklichkeit Als umweltfreundliches, abfallvermeidendes Bindemittel ist Aquafaba kaum zu übertreffen, da es, wenn es keine Verwendung in Suppen und Eintöpfen findet, oft als Abfallprodukt weggeschüttet wird. Ich mag es wegen seiner guten Handhabung, besonders, wenn Kinder damit arbeiten. Und ich schätze seinen matten Farbeffekt.

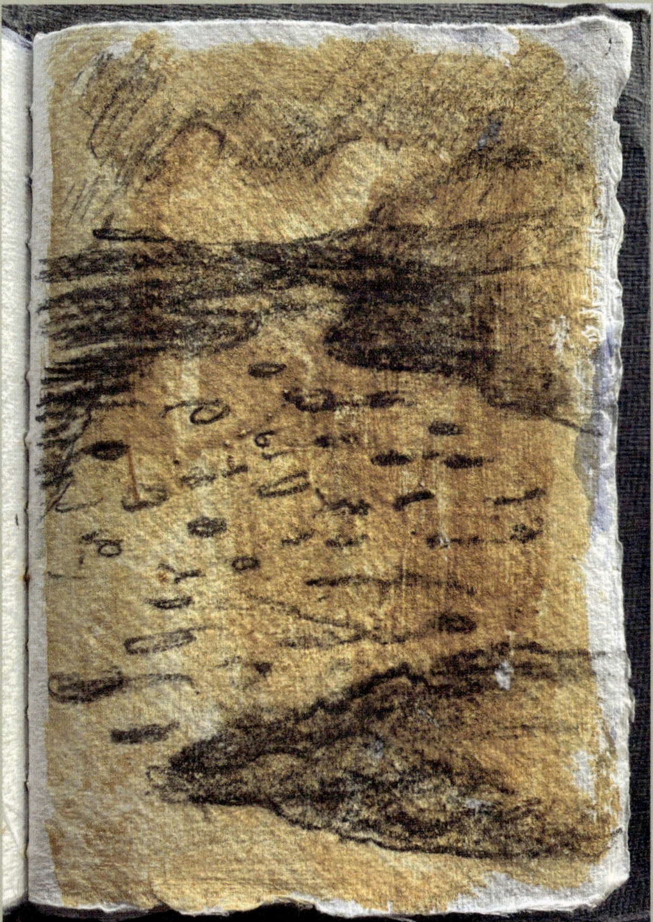

SICHT AUF DEN HAFEN IM REGEN

Dieses Bild, grundiert mit gelbem Ocker von der irischen Halbinsel Dingle in Aquafaba-Binder, lässt gut die matte Oberfläche erkennen. Die Szenerie wurde mit Weidenholzkohle ergänzt.

JENSEITS VON FARBEN

Mit unseren Farben lassen wir uns auf die Komplexität der Natur ein. Wir machen uns frei vom Streben nach Perfektion und erlauben es den Materialien, sich selbst auszudrücken. Unsere Linien, unsere Farben, unser Stil und unsere Methoden werden durch sie mitgeprägt.

Wir wollen nun ein wenig über das Anfertigen von Malfarben hinausgehen und uns ein paar Seiten lang die Herstellung einer einfachen, von alters her verwendeten Zeichentinte beziehungsweise -tusche ansehen. Auch um Werkzeuge und Mal- und Zeichenuntergründe soll es gehen. Die Natur bietet uns eine Unmenge an Werkzeugen, mit denen wir kreativ werden können. Schauen Sie sich zum Beispiel im Herbst um – Sie werden eine Fülle von hohlen Stängeln, Tierfell und -haaren an Zäunen entdecken. Wollbüschel von Schafen, daunige Samenköpfe, interessant geformte Samenstände und distelartige Karden – Sie finden allerlei Materialien und Pflanzen, von denen sich viele hervorragend für improvisierte Pinsel eignen.

Eisengallustinte

Sofern wir nicht sehr dunkle schwarze Farbe aus Ruß oder verkohltem Material vorliegen haben, sind Aquarellfarben nie so tiefschwarz wie die Tusche, die wir anfertigen werden. Eichengallen stecken voller Tannin, einer tiefdunklen Verbindung, die von einigen Pflanzen und Bäumen gebildet wird. Tinte ausschließlich aus Eichengallen ist braun, Eisengallustinte hingegen tiefschwarz, weil die Tannine mit Eisen in Form von Rost oder Eisensulfat *(Grünsalz)* reagieren und dunkle, stabile Verbindungen ergeben.

Sicher sind Ihnen diese Tinten schon auf illuminierten Manuskripten in ganz Europa begegnet, in England auf der *Magna Carta* und in Amerika auf der *Unabhängigkeitserklärung*. Anders als in Asien und im Nahen Osten, wo Rußtinte seit Jahrtausenden die Norm darstellte, waren in Europa gerbstoffhaltige Tinten die historischen Mittel der Wahl. Es wurde dabei auf Pergament gearbeitet.

Es gibt unzählige Rezepte für die Herstellung von Eisengallustinte. In dieser werden jeweils verschiedene Eisenquellen genutzt, einige beinhalten Essig oder Wein, andere verlangen ein Einweichen oder eine Fermentation. Wir werden zwei meiner Lieblingsmethoden ausprobieren, weil sie so einfach sind. Die erste habe ich sogar im Wald über einem offenen Feuer hinbekommen, ganz ohne spezielle Ausrüstung. Die zweite, die *Studiomethode*, ergibt ein verfeinertes Ergebnis mit besserem Fluss.

Da der Tanningehalt von Galläpfeln schwankt, sollten Sie die Mengen- und Zeitangaben in diesen Rezepten als Orientierungsmaßstab betrachten und sie wie bei einem Kochrezept variieren. Es ist möglich, die pulverisierten Gallen mehrere Male wiederzuverwenden. Sie erhalten dann weniger starke Braun- und Sepiatinten, die alle eine wunderbare Ergänzung zu Ihren selbst gemachten Malfarben darstellen.

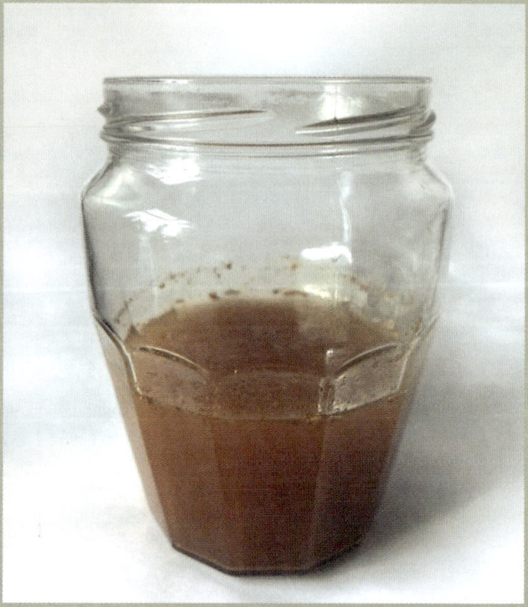

ROSTFARM

Als Grundzutat für die Herstellung von Eisengallustinte benötigen Sie eine orangefarbene Rostbrühe, die eine klebrige Anmutung hat. Einige Wochen vor der Herstellung der Eisengallustinte gilt es diese anzusetzen. Legen Sie einfach ein paar rostige Eisengegenstände in ein Glas oder einen Plastikbehälter, füllen Sie das Gefäß mit Wasser auf, bis das meiste Eisen bedeckt ist. Ein Teil sollte aber noch an der Luft liegt. Sie können einen Spritzer Essig hinzufügen und zur Beschleunigung der Eisenoxidation das Gefäß von Zeit zu Zeit leicht schütteln.

Bewahren Sie Ihre Rostfarm geschützt, aber an der Luft und fern von Haustieren und Kindern auf. Ein guter Platz könnte zum Beispiel eine Ecke des Gartenhauses sein, in der das Gemisch gefahrlos vor sich hinrosten kann.

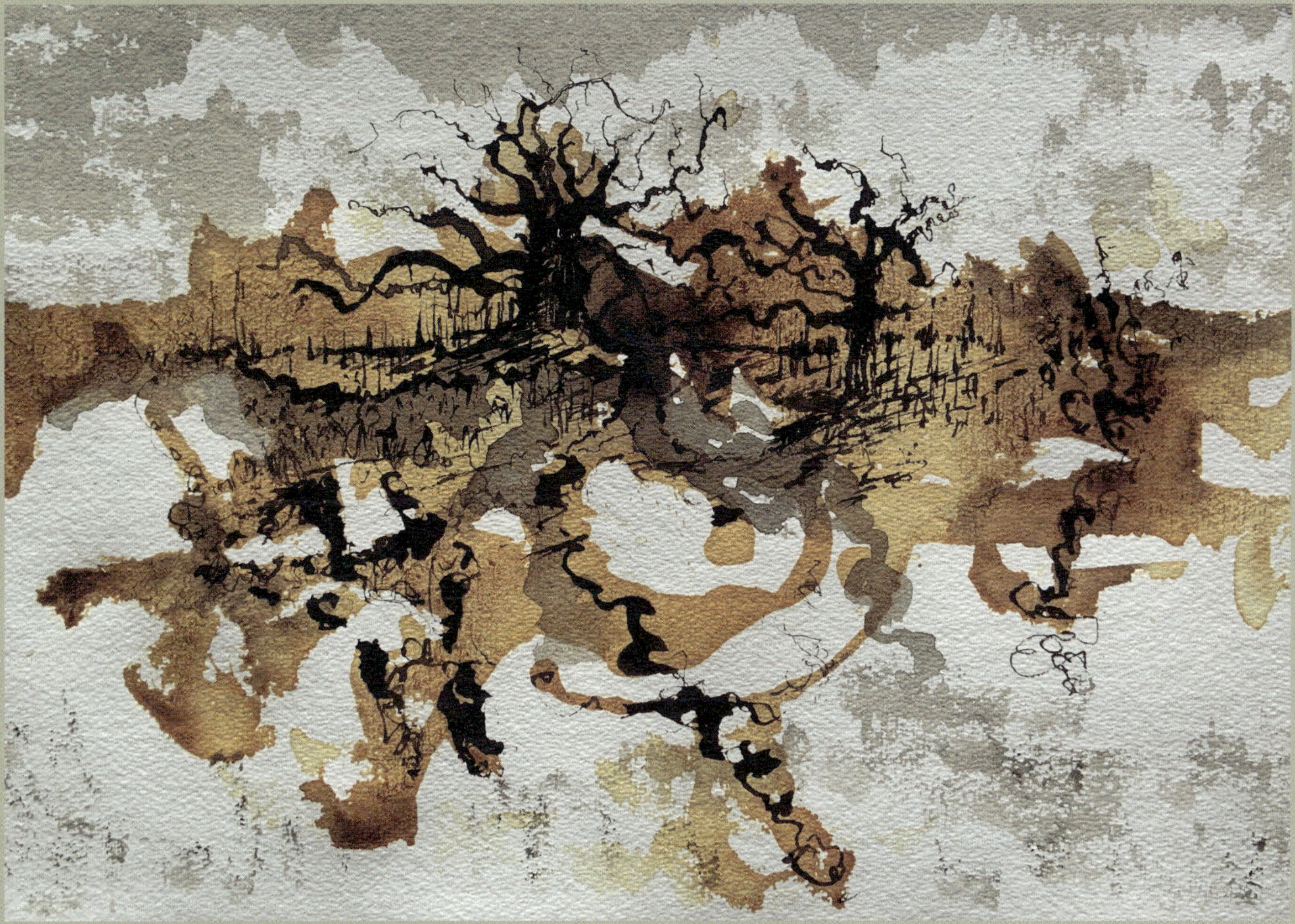

TWO OAKS 30 × 21 cm

Handgemachte botanische Tuschen auf Büttenpapier

Für meine erste Tusche warf ich rostige Nägel einfach in die kochenden Gallen. Diese Methode erscheint verlockend einfach, ist aber Verschwendung, da wir die Gallen nicht noch einmal wiederverwenden können. Davon abgesehen erhielt ich eine sehr schöne schwarze Tusche.

In der Sammlung von Nick Spahr

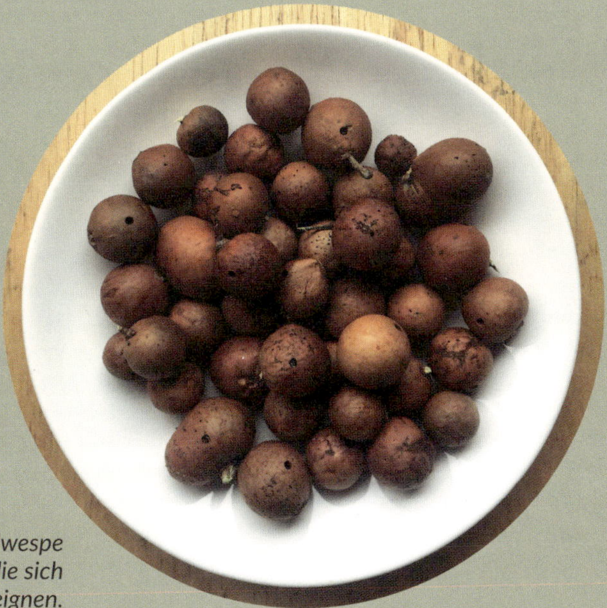

Die runden Galläpfel der gemeinen Eichengallwespe sind nur eine von vielen Sorten Eichengallen, die sich zur Herstellung von Tusche eignen.

Einfache Tusche

Mit der folgenden Methode entsteht eine ausdrucksstarke Permanentfarbe, geeignet zum Auftragen mit einem feinen Pinsel oder einer Zeichenfeder. Die Tusche bringt eine unregelmäßige feine Körnung und daher interessante Effekte mit sich. Tuschezeichnungen können mit Aquarellfarben übermalt werden, ohne dass sie verlaufen. Zwar ist der Name Eisengallustinte üblich – aber eigentlich müsste sie Eisengallustusche genannt werden, da sie sich nicht in Wasser löst.

Da sich im Voraus weder die genaue Menge der Gallenlösung noch des Eisens abschätzen lässt, kommt es hier sehr auf den optischen Eindruck und Ihr Gespür an. Sie werden schnell ein Gefühl dafür entwickeln, ob Ihre Tusche dunkel genug wird und wie Sie Farbe und Fließfähigkeit verändern können. Wenn Sie größere Partikel in der Tusche zurückhalten möchten, sieben Sie Ihre Tusche nur grob durch und mischen Sie die Partikel vor der Verwendung durch Aufschütteln. Verwenden Sie Löffel, Siebe und Töpfe zum Herstellen von Eisengallustinte am besten ausschließlich zu diesem Zweck und tragen Sie alte Kleidung oder eine gute Schürze: Die Tusche färbt wie der Teufel!

Sie benötigen

/ zerstoßene Eichengallen
/ Rostbrühe (siehe Seite 114)
/ Aquarellbindemittel
/ Wasser
/ zwei alte Kochtöpfe
/ Papierstreifen
/ kleines Sieb
/ Messbecher
/ Gläschen zur Aufbewahrung
/ Trichter (wahlweise)
/ weißes Papier und Pinsel oder Zeichenfeder zum Testen der Tusche

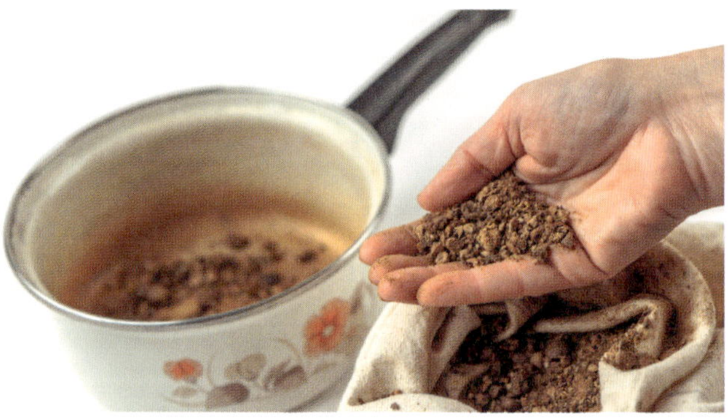

1 Zwei große Handvoll zerkleinerte Gallen in einen der Töpfe geben und mit doppelt so viel Wasser bedecken.

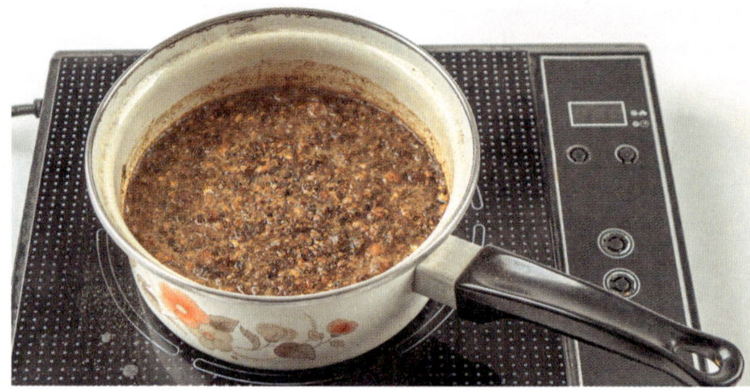

2 Bis zu einer Stunde lang sehr sanft köcheln und Wasser nachfüllen, sobald es unter die Gallenoberfläche sinkt. Alle 15 Minuten anhand eines Papierstreifens die Farbe prüfen. Je länger der Sud kocht, desto mehr Gerbstoffe lösen sich nach und nach. Das Braun wird umso dunkler.

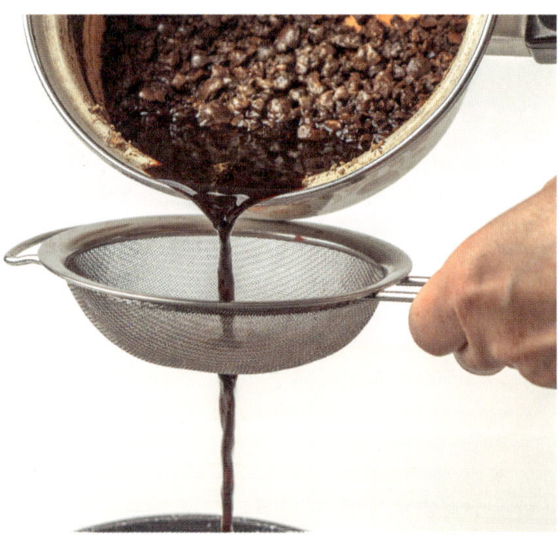

3 Ist die Flüssigkeit tiefbraun, gilt es den Topf vom Herd zu nehmen und den Inhalt in den zweiten Topf abzuseihen. Die gekochten Gallen können gleich noch einmal aufgekocht oder für einen späteren Einsatz beiseitegestellt und mehrmals wiederverwendet werden. Sie können die Gallen nach dem Kochen auch einfrieren, um sie zu einem passenderen Zeitpunkt wieder zu nutzen.

Tipp

Stellen Sie nach dem Abseihen einen Teil der schönen braunen Gallapfeltinte beiseite. So wie sie ist, ist sie bereits eine wunderbare farbige Schreibtinte.

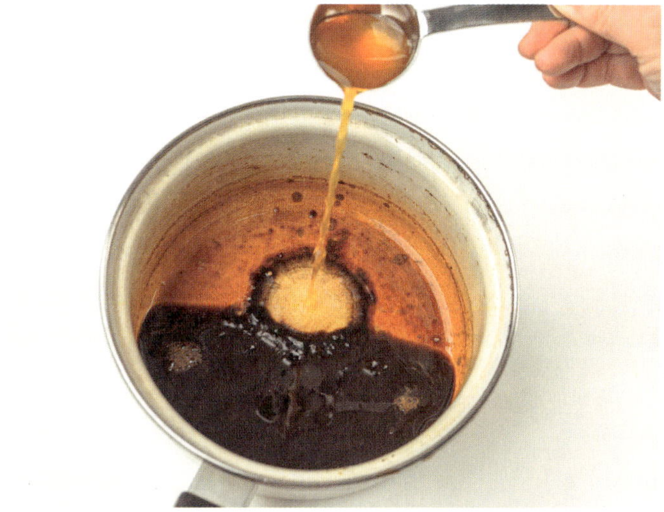

4 Geben Sie ein paar Löffel Rostbrühe aus Ihrer Rostfarm in die Gallenlösung. Da später abgeseiht wird, ist es in Ordnung, wenn sich ein Bodensatz bildet.

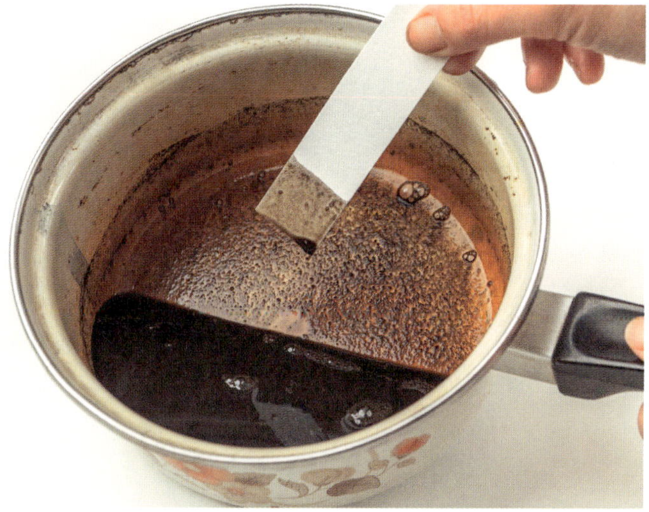

5 Durch die Eisenzugabe färbt sich die Tusche fast sofort dunkel; wenn nicht, müssen Sie die Tusche eventuell erneut erhitzen und umrühren. Testen Sie die Farbe mit Ihren Papierstreifen: Ist sie zu hell, reduzieren Sie die Lösung durch erneutes Erhitzen oder fügen Sie mehr Rostbrühe hinzu.

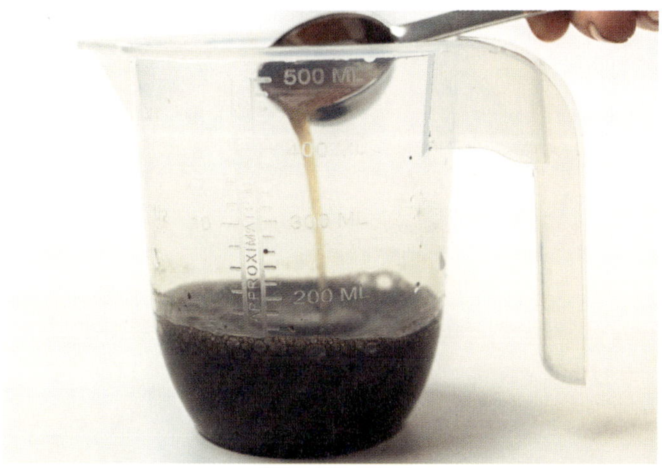

6 Ist die Farbe letztendlich tief dunkelbraun, gießen Sie die Lösung in einen Messbecher. Zur Erhöhung der Fließ- und Haftfähigkeit fügen Sie etwa zehn Prozent Aquarellbindemittel (oder Gummiarabikum- oder Kirschgummilösung) hinzu. Tun Sie dies auch bei der braunen Eichengallenflüssigkeit, die Sie zuvor beiseitegestellt haben. Nun können Sie sowohl die Gallapfeltinte als auch Eisengallustinte in Gläschen abfüllen und verwenden. Vor Gebrauch schütteln.

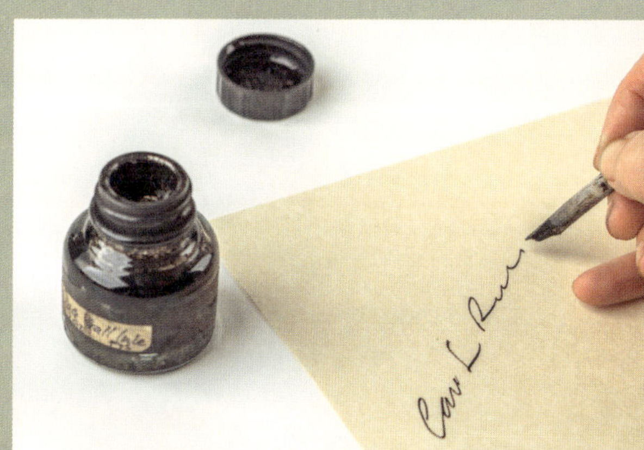

Arbeiten mit einfacher Tusche

Testen Sie Ihre Tusche auf Papier und optimieren Sie sie nach den eben beschriebenen Methoden solange, bis sie Ihnen gefällt. Mit dem Auftrocknen wird sie dunkler. Traditionell legte man zur Vermeidung von Schimmelbildung eine ganze Gewürznelke in das Gefäß.

Die Tusche kann mit einem Pinsel oder, wie oben abgebildet, mit einem Tauchstift verwendet werden. Nicht geeignet ist sie jedoch für die Verwendung in Ihrem Kolbenfüller, da die Tusche mit der Zeit die Feder korrodieren oder verstopfen kann.

Verfeinerte Studiotusche

Sie benötigen

- / pulverisierte Eichengallen
- / Eisensulfat, auch Grünsalz genannt
- / kochendes Wasser
- / Aquarellbindemittel
- / Gewürznelken (wahlweise)
- / hitzebeständiger Behälter
- / Esslöffel
- / Sieb mit Mulltuch
- / Messbecher oder großes Glas
- / Gläschen zur Aufbewahrung
- / Trichter (wahlweise)
- / weißes Papier und Pinsel oder Zeichenfeder zum Testen der Tusche

Diese Methode hat ebenfalls Tradition und ergibt eine sehr feine Tusche. Es handelt sich um schwarze Tusche, wie sie aus vielen historischen Handschriften wie dem *Book of Kells* und der *Magna Carta* bekannt ist. Sie ist ideal zum Zeichnen und zum Kalligrafieren. Bis ins zwanzigste Jahrhundert war sie der Standard in weiten Teilen Europas.

Für diese Tusche benötigen wir die Gallen in pulverisierter Form. Ich empfehle Ihnen, eine elektrische Kaffee- oder Gewürzmühle zu verwenden, nachdem Sie die Gallen grob zerstoßen haben. Alternativ können Sie die pulverisierten Gallen auch im Kunsthandel kaufen.

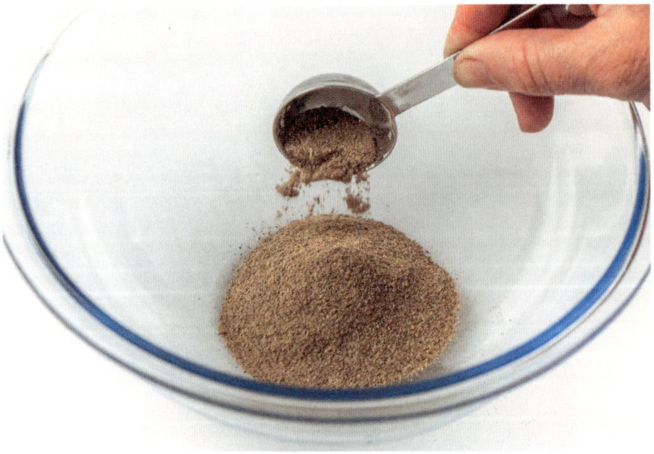

1 Zwei Esslöffel Eichengallenpulver in den hitzebeständigen Behälter geben.

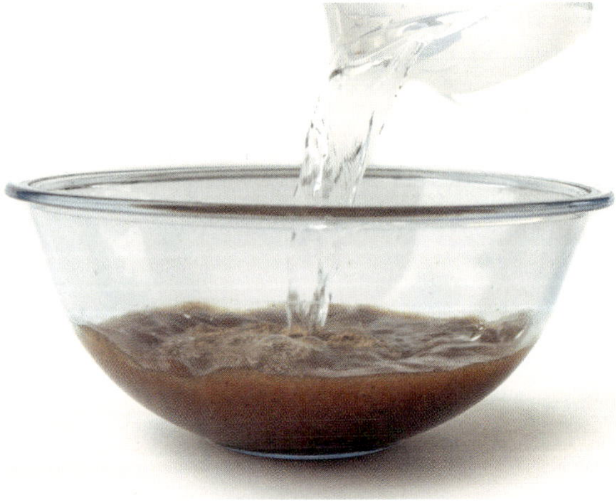

2 Mit 500 ml kochendem Wasser bedecken und eine Stunde lang ziehen lassen, dabei gelegentlich umrühren.

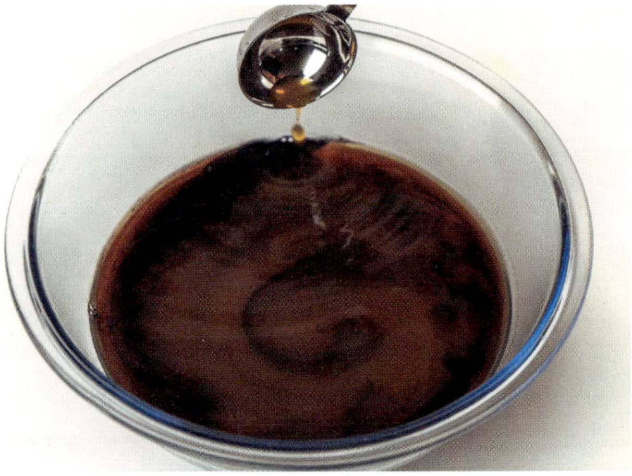

3 Einen knappen Esslöffel Eisensulfat hinzufügen und umrühren. Die Lösung sollte sehr schnell schwarz werden.

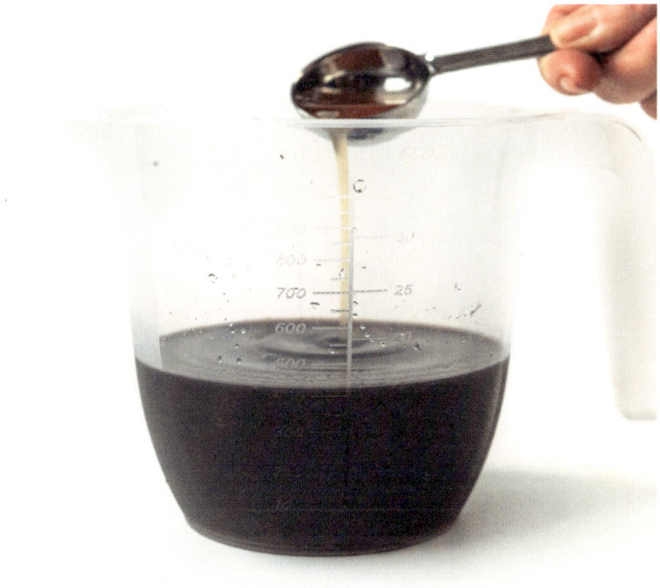

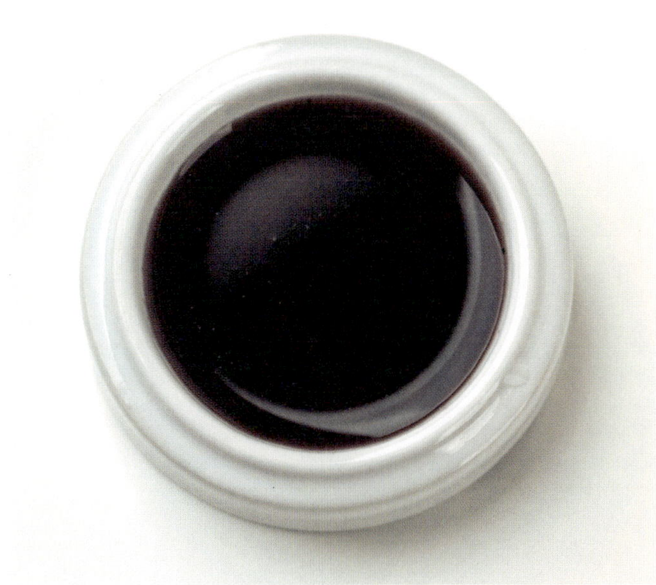

4 Durch ein Mulltuch in einen Messbecher oder ein großes Glas abgießen, dann den Aquarellbinder hinzufügen: bis zu zehn Prozent, wenn er auf Basis von Gummiarabikum, bis zu fünfzehn Prozent, wenn er auf Basis von Kirschgummi hergestellt wurde.

5 Ihre Tusche ist fertig zum Abfüllen und Verwenden. Wenn Sie möchten, können Sie eine ganze Gewürznelke hinzufügen, die traditionell als Duftstoff und Antipilzmittel verwendet wird. Vor Gebrauch schütteln.

Arbeiten mit feiner Studiotusche

Sie können die Viskosität und den Fluss Ihrer Tusche durch die Menge des zugegebenen Bindemittels beeinflussen. Ist die Tusche nicht dunkel genug geworden, wird möglicherweise mehr Eisensulfat benötigt. Es ist besser, am Anfang mit zu geringen Mengen der Zuschlagstoffe zu starten und später mehr hinzuzufügen und gegebenenfalls die Tusche erneut vorsichtig zu erhitzen.

Die Tusche kann leicht korrosiv wirken und ist daher nicht für den Gebrauch in Kolbenfüllern geeignet.

Ist Ihnen die Konsistenz zu dünnflüssig, können Sie die Tusche bei geringer Hitze durch Verdampfen einkochen.

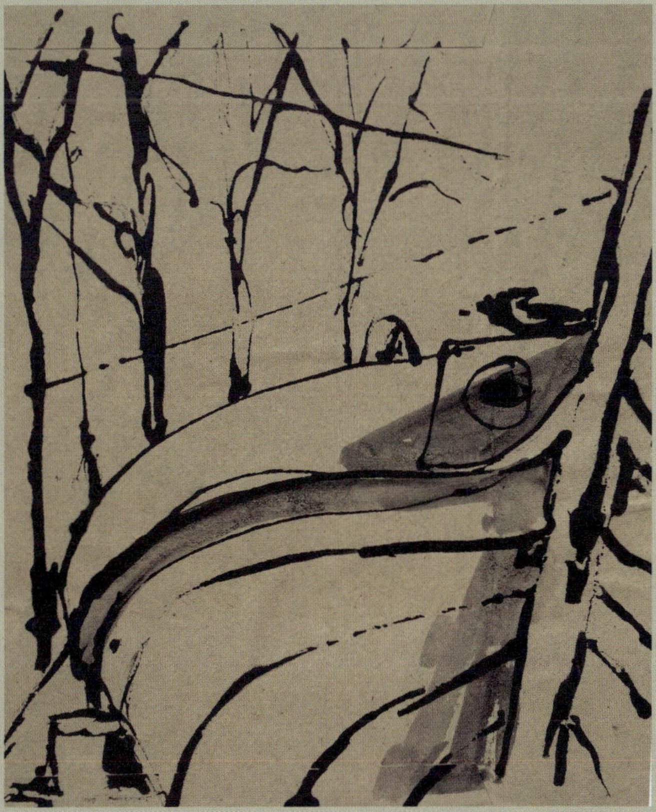

BARGE ON THE RIVER THAMES

Eisengallustinte und Lavierung auf einem alten Briefumschlag

Schreib- und Zeichengeräte

Tusche- bzw. Tintenstifte Schilfrohr, dünner Bambus, hohle Äste, Federn und einige andere Gegenstände natürlichen Ursprungs eignen sich hervorragend zum Zeichnen und Schreiben. Für richtige Federkiele muss man zwar die Feder zunächst härten und ein paar kundige Schnitte machen – eine wunderbare Kunst, die den Rahmen dieses Buches sprengen würde –, ein einfacher, doch ausgezeichneter Tuschestift lässt sich aber auch schnell und ohne viel Aufhebens herstellen. Rechts ist das Vorgehen beschrieben.

Anstelle der gleichmäßigen, maschinell kalibrierten Linien, die ein im Laden gekaufter Füllfederhalter erzeugt, erhält man mit einem Tauchstift eine lebendige Linie. Beim Aufsetzen des frisch eingetauchten Stifts auf das Papier ist er voller Farbe. Diese verbraucht sich, während Sie Ihre Linien ziehen. Schließlich muss der Stift erneut eingetunkt werden. Das ist wie mit dem Atem beim Singen eines Lieds oder beim Erzählen einer Geschichte. Aber eine Geschichte, die mit einer flachen, gleichmäßigen Stimme vorgetragen wird, klingt langweilig; Linien, die mit eingetauchten Stiften entstehen, besitzen oft mehr Lebendigkeit als die industriell produzierten Exemplare.

Pinsel Wir haben auch die Möglichkeit, aus uns umgebenden Materialien Pinsel herzustellen. Meine Freundin Avalon auf Hawaii verwendet die faserigen Samenstände des *Hala (Pandanus tectorius)* zur Herstellung von Pinseln, mit denen sie *Kapa* bemalt. *Kapa* sind die traditionellen Bastgewebe, die durch Ausklopfen des inneren Rindenbasts des *Wauke* (*Broussonetia papyrifera* – ein auf der Insel heimischer Baum) hergestellt werden. Avalons wunderschöne Pinsel haben mich in Ermangelung derartiger Samenstände dazu inspiriert, nach einheimischen Zweigen und Pflanzenfasern für Pinsel zu suchen.

Es gibt etliche Hölzer, die bereits früher zum Räuchern von Lebensmitteln oder für Werkzeuge verwendet wurden: Ahorn etwa, Esche, Birke, Buche, Hasel oder Obsthölzer. Ein kurzer, bleistiftdünner Zweig von einem dieser Hölzer eignet sich gut als Pinsel: Kauen Sie einfach das von der Rinde befreite Ende eines Zweigs, den Sie vorher eine Stunde lang in Wasser eingeweicht haben. Nutzen Sie kein Holz von giftigen Bäumen wie Eibe, Stechpalme und Rosskastanie: Nehmen Sie lieber Laub- als Nadelhölzer.

Diejenigen, die bereits mit dem Ganztiernutzungskonzept *(Nose to Tail)* vertraut sind und dieses umsetzen möchten, können auf Fell, Schwanz und Federn von Wildtieren zurückgreifen. Einer meiner Lieblingspinsel ist ein hohler Knochen, den ein Fuchs hinterlassen hat, bestückt mit einem Wollbüschel aus einer Hecke. Ein anderer ist ein kahler Stängel des Bärenklaus, den ich mit Distelwolle gefüllt habe. Wir können unsere eigenen Haarsträhnen oder Fellbüschel unserer Haustiere mit etwas Gummi oder Leim zusammenkleben und sie mit Faden umwickeln, um sie so in ein Schilfrohr oder ein hohles Zweigstück einzufügen. Nähzubehör wie Posamenten, Quasten, Bänder und Schnüre lassen sich zu sehr interessanten Pinselspitzen binden, die sich – je nachdem – perfekt für Lavierungen, Farbeffekte und breite Linien eignen.

Sobald wir beginnen, Dinge als potenzielle Pinsel zu betrachten, erscheint das Kaputtgehen von Pompons und anderen Textilien weit weniger traurig, immerhin können sie als Malwerkzeug ein neues Leben beginnen.

Einfacher Tuschestift

Schneiden Sie ein Stück Schilfrohr oder eine Vogelfeder mit einer Schere etwas länger zu, als Sie den fertigen Stift haben möchten. Halten Sie das Stück fest in einer Hand und schneiden Sie dann mit einem Bastelmesser das dickere Ende schräg an. Arbeiten Sie dabei immer von sich weg. Der Stift ist, so wie er ist, gebrauchsfertig; für feinere Linien können Sie die Spitze schmaler zuschneiden, für breitere Linien flachen Sie sie ab.

Tauchen Sie den Stift in Ihre Tusche, zeichnen und experimentieren Sie. Danach waschen Sie ihn in Wasser aus. Damit er keinen Schimmel anzieht, trocknen Sie ihn gründlich, bevor Sie ihn an einem luftigen Ort verwahren.

Einfacher Federpinsel

Verwenden Sie die abgeschnittene Spitze der Feder, mit der Sie Ihren Tuschestift hergestellt haben. Schneiden Sie sie so zu, dass sie in einen dünnen, hohlen Holunderzweig, in ein Schilf- oder ein Bambusrohr passt. Einen Abschnitt des Federkiels nützen Sie als Zwinge, um die Federästchen zu einer schönen Spitze zu bündeln. Auf dem Bild rechts können Sie das Prinzip oben sehen. Ersetzen Sie die Pinselspitze, nachdem sie abgenutzt ist, durch neue Formen und Federarten. Möwe, Rabe, Schwan, Gans und Truthahn geben gute Federn, aber fast jede Feder kann letztlich zu einem interessanten Pinsel werden.

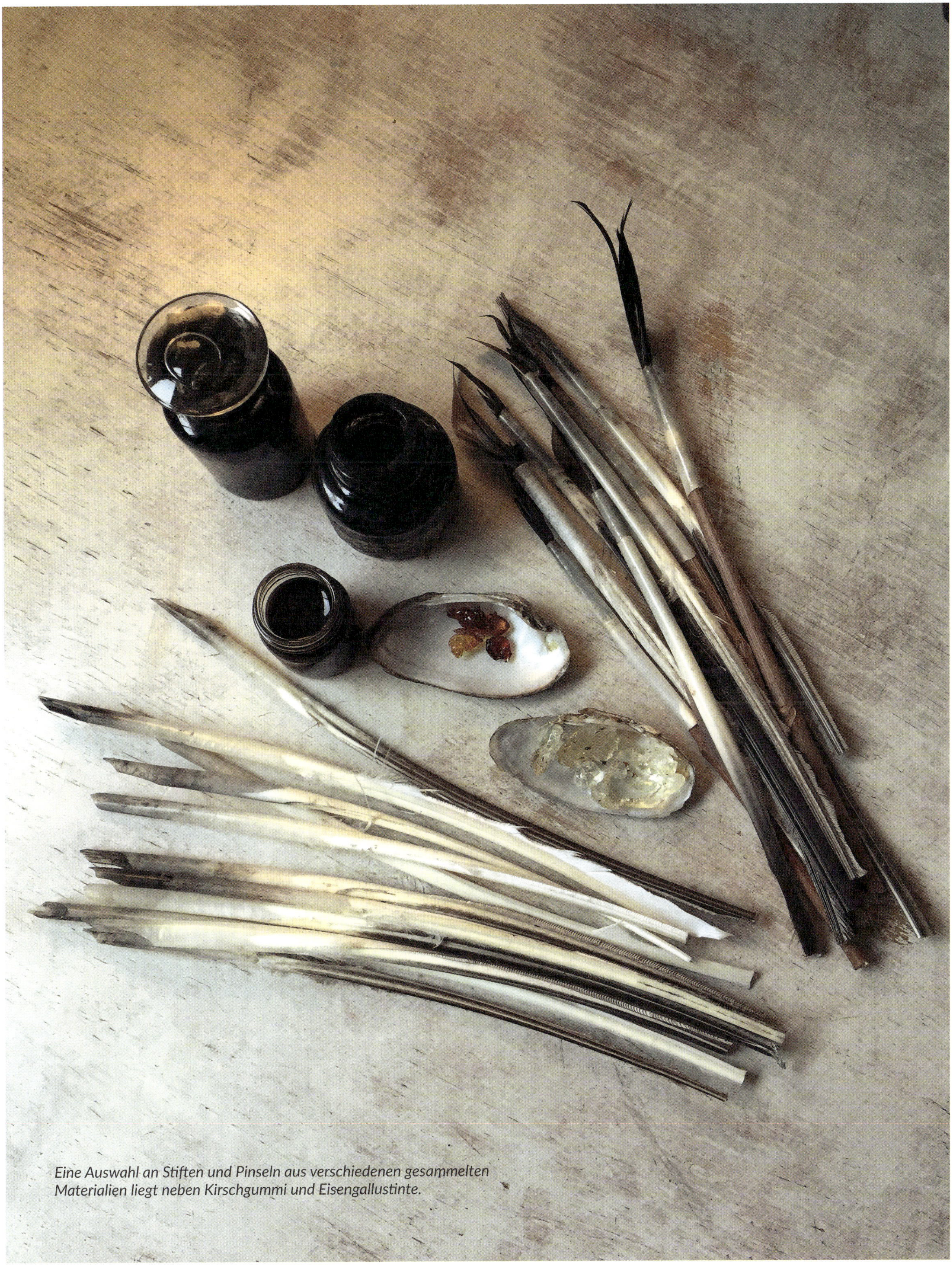

Eine Auswahl an Stiften und Pinseln aus verschiedenen gesammelten Materialien liegt neben Kirschgummi und Eisengallustinte.

Papiere, Bildträger, Malflächen

Zum Arbeiten mit den selbst hergestellten Farben können Sie Ihr übliches Aquarellpapier oder Ihren Aquarellblock verwenden und müssen für den Anfang nichts Neues oder Besonderes kaufen. Schwereres Aquarellpapier von guter Qualität ist für die Endversion Ihrer Kunstwerke optimal. Es ist stark genug, um Ihre Farben und Tuschen ohne Wölbungen oder Aufweichen aufzunehmen.

Es gibt jedoch eine ganze Bandbreite an viel zu selten genutzten natürlichen Trägermaterialien, die sich zum Malen und Zeichnen mit den selbst hergestellten Farben eignen. Daher schauen wir im Folgenden mit den Augen von Jäger:innen und Sammler:innen darauf, was es noch gibt.

Altpapier Wenn Ihnen eine garantierte Langlebigkeit nicht wichtig ist, können Sie Papier wiederverwenden. Vieles aus Ihrer Altpapiertonne wird wegen seines Aufdrucks, seiner Form oder Textur für interessante Effekte sorgen. Die Farben, die wir in diesem Buch behandelt haben, sind säurebeständig, womit sie uns völlige Freiheit bei der Wahl des Papiers lassen.

Birkenrinde Manchmal kann man beobachten, wie sich dieses wunderbare Material von den Bäumen schält (siehe S. 40). Das „Papier“ ist sehr langlebig, da die Rinde konservierenden Teer enthält.

Andere Rinden Einige Bäume wie die Platane, einige Eukalyptusarten und bestimmte Zierbäume schälen naturgemäß Teile ihrer Rinde ab. Die Rindeninnenflächen sind von hellerer Farbe. Achten Sie auf Insekten oder Fäulnis.

Naturholz Getrocknete und kurz angeschliffene Scheiben naturbelassenen Holzes können, insbesondere für Eitempera, eine hervorragende Malfläche ergeben. Mit etwas verdünnter Gelatine oder verdünnter Eikläre lässt sich die Oberfläche noch verbessern.

Altholz Um altes Holz aufzubereiten, schleifen Sie das Stück leicht an und wischen es frei von Staub. Vor Verwendung von helleren Farben grundieren Sie es mit einer blassen neutralen Farbe oder mit Kreidefarbe unter Zusatz von Stärke, Eikläre oder Gelatine. Die Bearbeitung folgt dann mit Gouache oder Eitempera.

Stoffe, Leinwand und andere Textilien Auf eine Platte aufgezogen, geben Stoffe eine schöne Strukturoberfläche oder Halt für dickere Malmittel. Obwohl die Farben und Tuschen, die wir hergestellt haben, nicht speziell auf Stoffe ausgelegt sind, funktionieren die meisten darauf gut.

Pergament Pergament ist ein idealer Träger für unsere Farben und Tuschen. Über mindestens tausend Jahre lang wurde die überwiegende Mehrheit der europäischen Bücher aus Pergament hergestellt. Auch heute ist es noch möglich, Pergament zu beziehen.

Altes Leder Wer für Wiederverwendung eintritt, kann helles Leder oder Wildleder von ausrangierter Kleidung nutzen, um es mit Eisengallustinte zu bemalen.

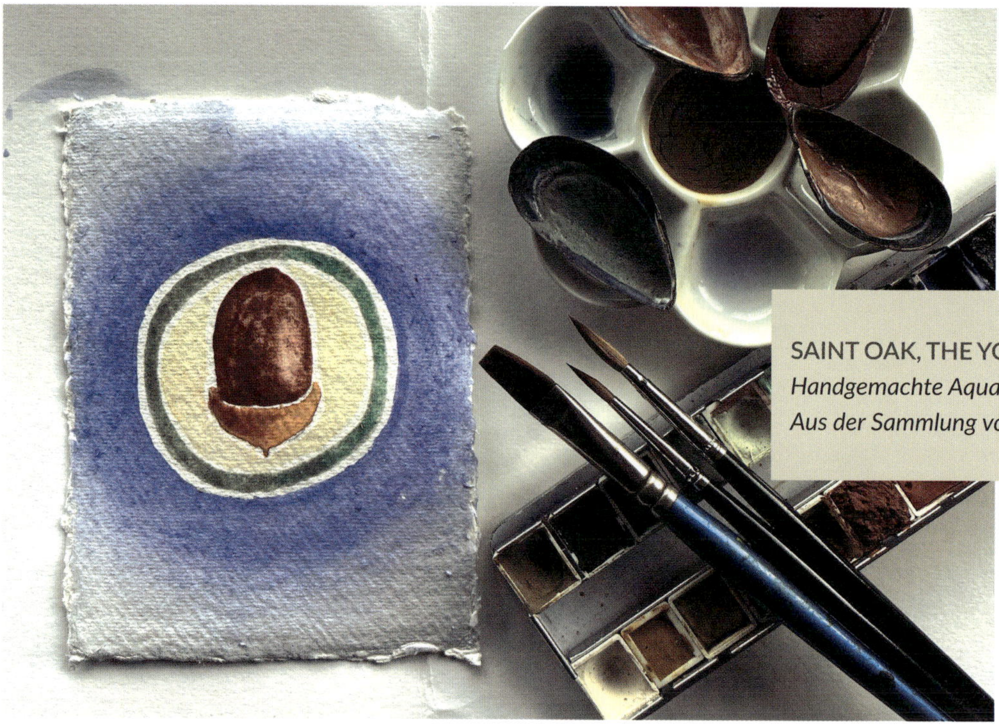

SAINT OAK, THE YOUNGER 11 × 16 cm
Handgemachte Aquarellfarben auf Khadi-Papier
Aus der Sammlung von Mark Penson

Dekore

Ich möchte Sie ermutigen, nach Herzenslust herumzustöbern und mit verschiedensten Oberflächen zu experimentieren. Lassen Sie sich von unseren Vorfahr:innen inspirieren und verschönern Sie Ihre Wände mit bemaltem Tapetenpapier. Aus Papier oder Pappe, aufgezogenem Stoff oder gefundenen Brettchen lassen sich Bilder, Wimpelketten und Wandbehänge fertigen. Feiern Sie Ihre Feste mit Festtagsschmuck und Partydekorationen, die Ihnen und Ihren Lieben Freude bereiten. So kommen Sie künftig problemlos ohne Lametta und die üblichen Plastikkugeln aus.

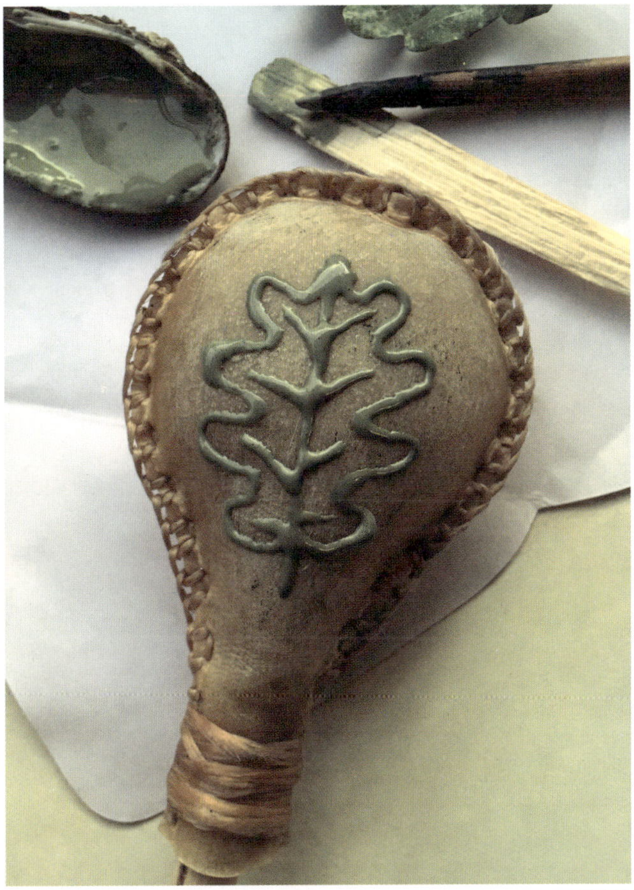

RASSEL AUS ROHLEDER 18 × 41 cm

Diese Rassel wurde von Susan Cross angefertigt. Für die anschließende Verzierung mit Eichenlaub wurde selbst hergestellte Aquarellfarbe von so dicker Konsistenz verwendet, dass sie einen Reliefeffekt erzeugt.

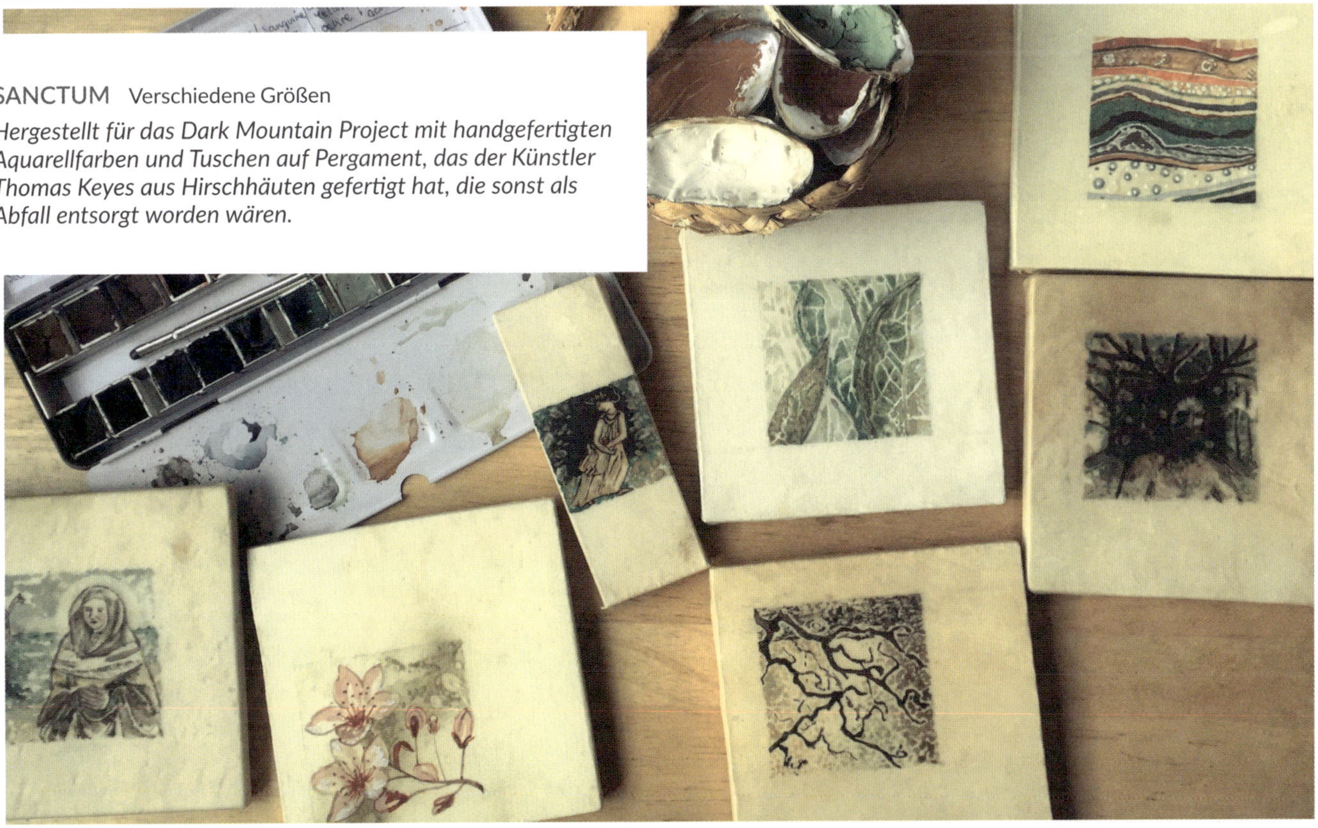

SANCTUM Verschiedene Größen

Hergestellt für das Dark Mountain Project mit handgefertigten Aquarellfarben und Tuschen auf Pergament, das der Künstler Thomas Keyes aus Hirschhäuten gefertigt hat, die sonst als Abfall entsorgt worden wären.

NÄCHSTE SCHRITTE

„Es gibt keinen Ort auf Erden, an dem die Menschen die Farbe unter ihren Füßen ignoriert hätten."

In den Transsilvanischen Alpen Rumäniens werden mit leuchtendem Ocker Blumenmuster auf weiß getünchte Hauswände gemalt. Im indischen Teil des Himalayas bemalt man die Stirn derjenigen, die durch die hohen Ausläufer des Gebirges pilgern, mit einem Goldocker-Tilak. In Schweden werden Steine, die in der Wikingerzeit errichtet und beschriftet wurden, noch immer jedes Jahr mit kräftigem rotem Eisenoxid instandgesetzt – die Langschiffe und Krieger sehen dann so frisch aus wie am ersten Tag ihrer Aufstellung. In England kümmern sich die Einheimischen jedes Frühjahr um die Kreidesteine, sodass Riesen und Pferde leuchtend aus den grünen Hängen zu springen scheinen. An keinem Ort der Welt haben die Menschen die Farbe unter ihren Füßen je ignoriert.

Von Land, Leuten und Traditionen lernen

Vielleicht gibt es in Ihrer Nähe spannende archaische, traditionelle oder innovative Kunstwerke mit Erdpigmenten zu besichtigen und zu würdigen, zu unterstützen oder zu schützen. Ich möchte Sie ermuntern, vor Ihrer Haustür mit der Suche zu beginnen und so viel wie möglich in dieser Hinsicht über Ihren Wohnort in Erfahrung zu bringen. Machen Sie das, und zwar unabhängig davon, ob Ihre Vorfahr:innen von hier stammen oder erst vor Kurzem zugezogen sind. Nach und nach, während wir vielleicht eine Methode oder ein Material untersuchen, das uns fasziniert, können wir dann unser Interesse in geografischer, historischer oder thematischer Hinsicht erweitern.

Inspiration kann von überall herkommen: von einer bestimmten Farbe, einer beiläufigen Bemerkung in einem Dokumentarfilm, einem Roman, einem Lied.

Meine Freundin Heidi Gustafson hegt große Liebe zu Ocker, nicht nur wegen der Farbe oder weil es ein Rohstoff für die Weiterverarbeitung ist. Nein, es geht um die Materie an sich. Ihre Forschungen dazu und ihre Mustersammlung sind für mich und viele andere ungeheuer inspirierend. Lucy Mayes ist fasziniert von den Farben der städtischen Abfälle in London. Ihre London-Pigments-Produkte erweitern unsere Vorstellung dessen, was als Farbquelle in Betracht kommt: Sie regen uns an, genauer hinzuschauen, was weggeworfen wird. Was mich betrifft, so wurde mein Interesse an historischen und natürlichen Pigmenten neu belebt, nachdem ich *The Wake* von Paul Kingsnorth gelesen hatte, einen Roman, der um 1066 nach Christus spielt, zur Zeit der Unterwerfung der Menschen in England durch die einfallenden Normannen. Ich wollte ein paar Szenen des Buchs nachzeichnen und fragte mich, welche Materialien damals zur Verfügung standen. Ich besorgte mir Bücher über illuminierte Handschriften, Kostüme und Gegenstände aus dieser Epoche und sah sie mir in Museumssammlungen in natura an. Das brachte mich dazu, Hirschhaut-Pergament und dafür geeignete Tuschen und Farben herzustellen und mich genauer mit den Farbstoffen und Pigmenten der angelsächsischen Periode auseinanderzusetzen.

Es gibt unendlich viele Möglichkeiten im Umgang mit gesammelten Pigmenten und natürlichen Kunstmaterialien. Wir müssen uns nichts aneignen, was uns nicht zusteht. Und wir müssen auch nicht sklavisch ausschließlich nach Innovationen suchen. Es gibt einen Mittelweg, bei dem wir unserer Intuition vertrauen, bei dem wir unsere Quellen, Lehrer:innen und Vorfahr:innen respektieren und benennen und bei dem unsere Kunst zum Guten in der Welt beiträgt.

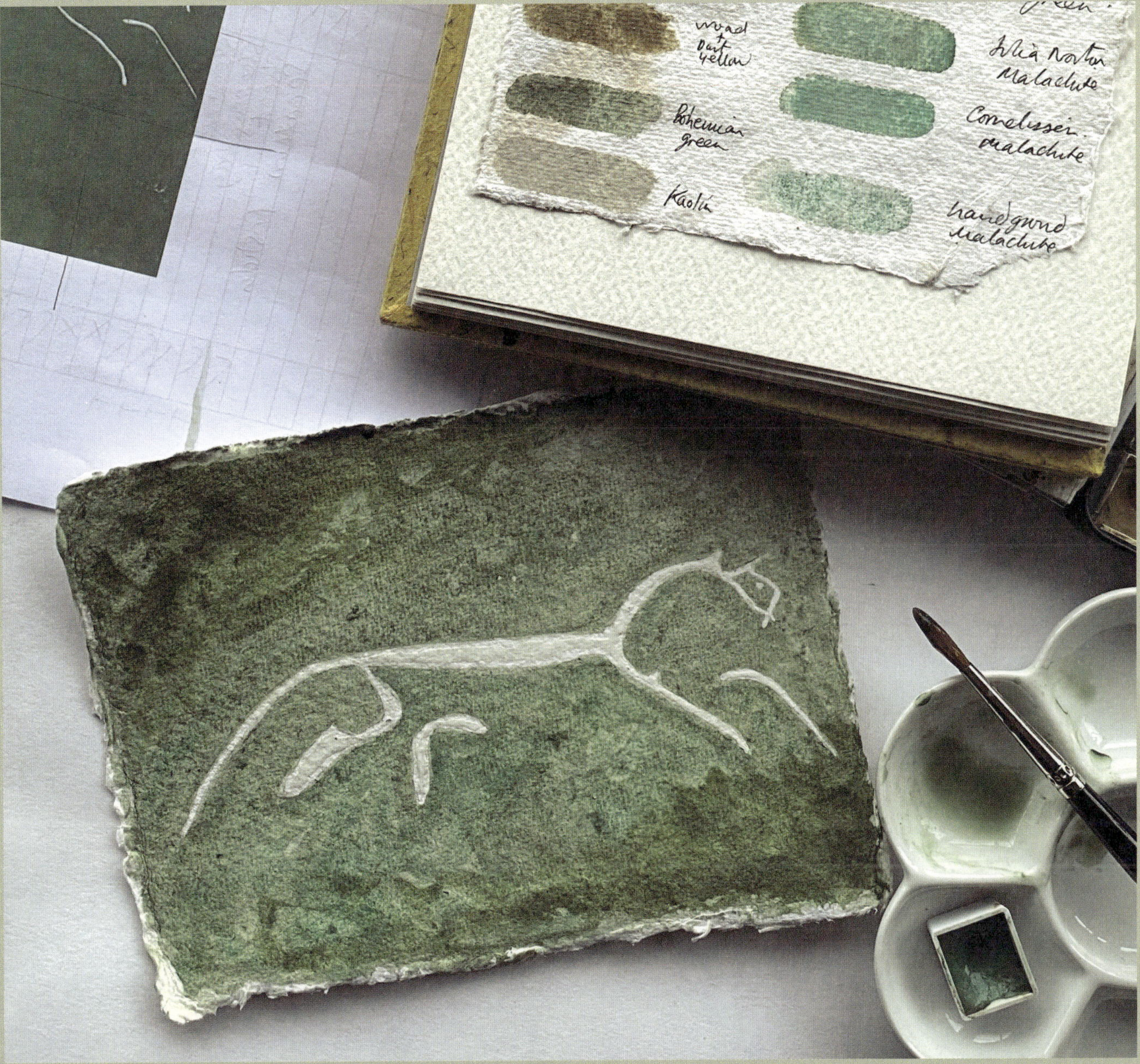

STUDIE DES UFFINGTON WHITE HORSE
40,5 × 28 cm

Aquarellfarben aus Böhmischer Grüner Erde und Malachit, Tusche aus Sanddornbeeren und weiße Kreidegouache

Aus der Sammlung von Stewart Lee

Wie in der Einleitung erwähnt, haben die Bewohner der britischen Inseln seit Langem monumentale Pferde und andere Figuren in die Hügel gescharrt und so die leuchtend weiße Kreide unter der Grasnarbe zum Vorschein gebracht. Einige von diesen Scharrbildern, wie das von meiner Oma beschriebene, sind nur wenige hundert Jahre alt, andere viel älter: es sind etwa tausend Jahre im Falle des Cerne Abbas Giant *oder dreitausend Jahre beim prähistorischen* Uffington White Horse.

GLOSSAR

Anreiben Verfeinern von Farbe durch kreisende Bewegungen eines Glasläufers auf einer Anreibeplatte.

Aquafaba Dickflüssiges Wasser aus Dosen von Hülsenfrüchten wie Kichererbsen oder weißen Bohnen.

Bildträger Material, auf das beim Malen Farbe aufgetragen wird, z. B. Papier oder Leinwand.

Bindemittel Substanz, die Pigmentteilchen für die Farbherstellung zusammenhält.

Eichengallen Gerbstoffreiche Wucherungen, die Eichen als Reaktion auf parasitäre Wespen bilden. Gallen sind traditionelle Gerbstoffquelle für Tinten und Tuschen.

Eikläre Farbbindemittel auf Wasserbasis, hergestellt mit abgesetztem Eiweiß.

Eisensulfat auch Grünsalz, Ferrosulfat oder, in alten europäischen Rezepten Vitriolum oder Grüner Galitzenstein genannt.

Emulsion Winzige Tröpfchen einer Flüssigkeit in einer anderen, in der sie nicht löslich sind, z. B. Fetttröpfchen in einem Temperabindemittel.

Farbmittel Oberbegriff für alle farbgebenden Substanzen.

Farbnäpfe Handelsübliche, mit Aquarellfarben befüllte oder leere Kunststoff- oder Keramiktöpfchen. Die Größe eines halben Napfes ist die kleinste Menge und entspricht etwa 2 ml oder einem halben Teelöffel Farbe.

Farbstoff Farbgebende Substanz, die sich chemisch mit einem Substrat verbindet und in Wasser auflöst.

Farbton Farbeigenschaft neben Intensität und Helligkeit/Dunkelheit einer Farbe.

Fresko Malerei mit Farben auf Wasserbasis auf noch feuchtem, frisch verputztem Untergrund.

Gelatine Wasserlösliches Eiweißgel aus tierischen Kollagenquellen, das als Bindemittel Verwendung findet.

Gesso Gemisch aus Gips und Leim; wird traditionell als feine Malgrundierung auf Holzplatten gestrichen.

Glasläufer Handgerät mit plan geschliffenem Boden zur feinen Zerkleinerung oder Vermischung von Pigmenten mit einem Bindemittel auf einer Anreibeplatte.

Glycerin Mittel, das Aquarellfarbe zugesetzt wird, um eine Wiederbefeuchtung zu ermöglichen.

Gouache, auch Plakatfarbe Deckende Farbe auf Wasserbasis aus Gummiarabikum und Kreide oder anderen Füllstoffen.

Gummiarabikum Wasserlösliches Gummi von bestimmten Arten des Akazienbaums mit vielen künstlerischen und kulinarischen Anwendungen.

Kalk Gewaschene, fein gemahlene Kreide oder anderes Calciumcarbonat, das b bei der Herstellung von Farbe oder Füllstoffenverwendet wird.

Körnung Größe der Partikelteile in den Pigmenten. Zusammengeklumpte Pigmentteilchen können in der Aquarellmalerei attraktive, ungleichmäßige Oberflächeneffekte erzeugen.

Lackpigment Pigment, das durch Ausfällung eines Farbstoffs auf einem unlöslichen Substrat hergestellt wird. Es entstehen undurchsichtige Farbpartikel, die nach dem Trocknen und Zerreiben zur Herstellung von Farben verwendet werden.

Lichtbeständigkeit oder Lichtechtheit Merkmal eines Materials, das sich farblich nicht verändert, auch wenn es längere Zeit dem Licht ausgesetzt ist.

Mörser Schale aus Stein, Messing, Porzellan oder Holz, die mit einem Stößel oder Pistill seit prähistorischen Zeiten zum Zerstoßen, Zerkleinern, Zerstampfen, Mahlen, Reiben und Mischen verwendet wird.

Ocker Eisenoxid enthaltende Erdpigmente.

Optische Mischung Wahrnehmung einer dritten Farbe, entstehend durch das Nebeneinanderstellen zweier separater Farben, wie es sich der Pointillismus zunutze machte.

Pigment Farbgebende Substanz, die aus unlöslichen Partikelteilchen besteht.

Rückbefeuchtungsmittel Farbzusatz, der das Austrocknen verhindern soll, wie Honig oder Glycerin.

Schlämmen Veredelung von Pigmenten durch Mahlen, Waschen und Sedimentieren.

Springtide Hochwasserstand kurz nach Voll- oder Neumond, wenn der Unterschied zwischen Hoch- und Niedrigwasser besonders groß ist.

Standöl Öl, das bei Reaktion mit Luft (Oxidation) zu einem festen Film aushärtet bzw. trocknet (z. B. Leinöl, Mohnöl).

Stärke Substanz, die vor dem Malen auf Papier oder eine andere Fläche aufgetragen wird, um diese weniger porös oder saugfähig zu machen.

Tannine Pflanzliche Gerbstoffe (Polyphenole), die in der Gerberei sowie der Tinten- und Farbstoffherstellung verwendet werden.

Tempera Allgemeine Bezeichnung für Aquarellfarben, die mit Eigelb hergestellt werden.

Terre Verte, auch Grünerde Seit der Antike verwendetes grünes Erdpigment.

Terroir Begriff aus der Landwirtschaft, der das Zusammenspiel aller natur-gegebener Standortfaktoren eines Gebiets, einschließlich Boden, Klima und Geländeform bezeichnet.

Veglair Mein veganes Bindemittel aus Aquafaba und Leinöl, mit dem Bindemitteln auf Eibasis (siehe Eikläre und Tempera) ersetzt werden können.

Vivianit Hydratisiertes Eisenphosphatmineral, das Pigmente von blau über grün bis grau liefert.

Weiterführende Literatur

Gustafson, Heidi: *The Book of Earth*
Abrams Books, 2023

Logan, Jason: *Make Ink: Ein Leitfaden zur Herstellung natürlicher Tinte*
Haffmans & Tolkemitt, 2019

Medlej, Joumana: *Wild Inks and Paints*
Majnouna.com, 2021

Medlej, Joumana: *Inks and Paints of the Middle East*
Majnouna.com, 2020

Neddo, Nick: *Malwerkstatt Natur: Farbe, Papier, Pigmente, Federn und Stifte aus Naturmaterialien selbst herstellen*
AT Verlag, 2016

Neddo, Nick: *Malwerkstatt Natur für Kinder: Stifte, Farben, Stempel und mehr aus Naturmaterialien*
Haupt Verlag, 2022

Weitere Buchtipps und Hinweise auf Bezugsquellen finden Sie auf www.haupt.ch/wilde-farben

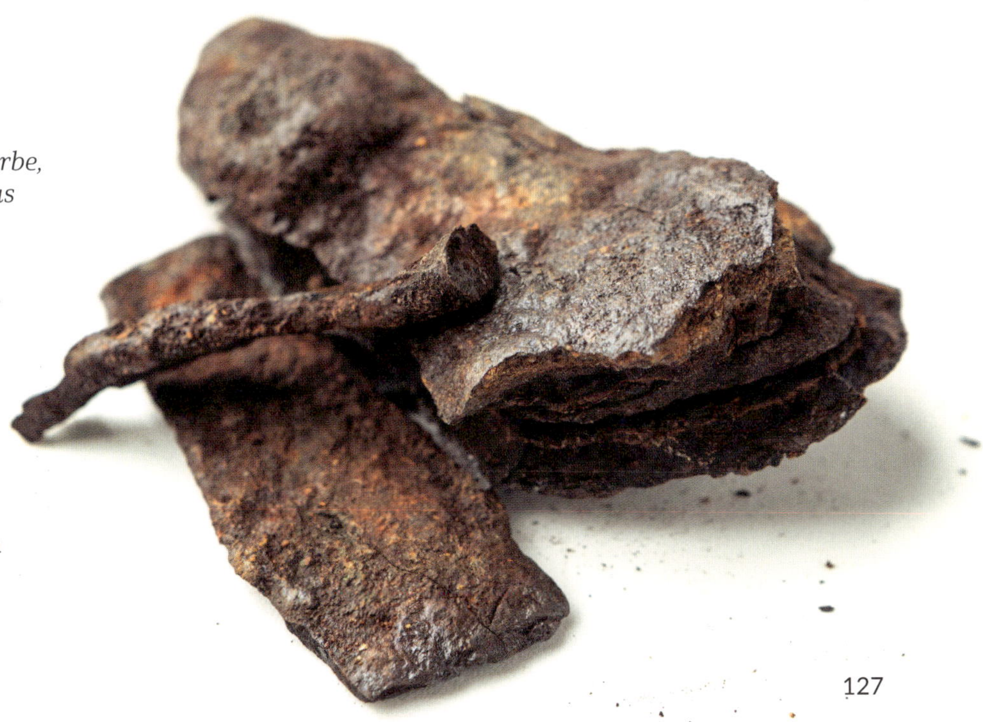

STICHWORTVERZEICHNIS

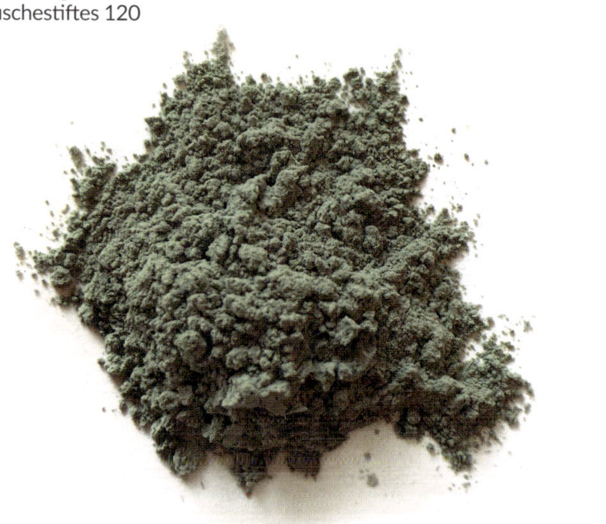